LA FERMETURE

DU MÊME AUTEUR

Aux Éditions de la Table Ronde

L'HÔPITAL.
LA CERISE. (Prix Sainte-Beuve 1963.)
CINOCHE.
BLEUBITE.
LES COMBATTANTS DU PETIT BONHEUR. (Prix Renaudot 1977.)
LE CORBILLARD DE JULES.
LE BANQUET DES LÉOPARDS.
LA MÉTAMORPHOSE DES CLOPORTES.
LE CAFÉ DU PAUVRE.
THÉÂTRE : LES SALES MÔMES.

Aux Éditions Flammarion

LES ENFANTS DE CHŒUR.

La Jeune Parque

L'ARGOT SANS PEINE OU LA MÉTHODE À MIMILE.
(En collaboration avec Luc Étienne.)

Collection « Livre de Poche »

L'ARGOT SANS PEINE OU LA MÉTHODE À MIMILE.
(En collaboration avec Luc Étienne.)
LE CAFÉ DU PAUVRE.

Collection « Folio »

LA CERISE.
L'HÔPITAL.
CINOCHE.
BLEUBITE.
LES COMBATTANTS DU PETIT BONHEUR.
LA MÉTAMORPHOSE DES CLOPORTES.
LE CORBILLARD DE JULES.
LE BANQUET DES LÉOPARDS.

Alphonse
Boudard

la fermeture

13 avril 1946 :
la fin des maisons closes

ÉDITIONS ROBERT LAFFONT
PARIS

IL A ÉTÉ TIRÉ DE CET OUVRAGE SUR VELIN CHIFFON DES PAPETERIES LANA VINGT-CINQ EXEMPLAIRES NUMÉROTÉS DE 1 A 25 PLUS QUELQUES EXEMPLAIRES D'AUTEUR, LE TOUT CONSTITUANT L'ÉDITION ORIGINALE

ISBN 2-221-04280-8 (édition brochée)
ISBN 2-221-05026-6 (édition numérotée)

A Michel-Claude Jalard
sans qui ce livre ne serait pas.
... en amitié.

« Mais dès que l'éclairage des rues est réduit, ils viennent, tous, nous retrouver. Et quand nous nous tenons devant eux, tout juste vêtues d'une chemisette, leur belle éloquence s'évanouit, leur imagination s'effondre, leur arrogance disparaît : et ils se mettent à balbutier comme des gosses qui voudraient pour deux sous de friandises. »

Amélie Mélié, dite Casque d'Or
Mes jours et mes nuits

En guise de préliminaires
à une date d'Histoire
pas comme les autres.

« C'est la base d'une civilisation millénaire qui s'écroule. »

Pierre Mac Orlan

S'il dit vrai, Pierre Mac Orlan, ça n'éclate pas dans la Presse de ce jour-là, le 13 avril 1946... ni même le lendemain... C'est en deux lignes que *Le Figaro* du mardi 16 annonce que « *Le* Journal Officiel *a publié la loi interdisant les maisons de tolérance sur l'ensemble du territoire français.* » On est loin apparemment d'une date importante... d'un 14 Juillet de l'histoire de la civilisation française. Pour ainsi dire, le débat a été rapide, escamoté, voté entre deux discussions sur les problèmes du ravitaillement, de l'épuration et du projet de Constitution de la future IVe République.

Il faut avant tout replacer tout ça dans le contexte... l'immédiat après-guerre. On en était encore aux restrictions de papier pour la Presse... les quotidiens avaient droit à deux pages et ils avaient du sensationnel en veux-tu en voilà à se foutre sous les rotatives. Même le procès du docteur Petiot ne faisait pas le gros titre à la Une. Un criminel qui avait pourtant un palmarès extraordinaire. Les ossements de vingt-sept victimes dans la chaux vive. Répertoriées officiellement. Lui-même se vantait d'en avoir estourbi bien davantage. Soixante, affirmait-il. Il exagérait peut-être un peu... les assassins se laissent prendre parfois par les griseries de la vanité.

On avait déjà les Soviétiques en Iran... la guerre plus ou moins froide qui nous menaçait. Les nazis sur le banc d'infamie de Nuremberg. Des troubles à Trieste... des problèmes sérieux au Viêt-nam qu'on appelait alors l'Indochine... Et puis toujours depuis six ans ces éternelles questions de bouffe... les cartes de rationnement... la viande, le lait, les matières grasses qui manquaient dans les poêles à frire du Français libéré au ventre creux. On avait bien supprimé la carte de pain en juin, sans doute par démagogie puisqu'on était obligé de la rétablir en décembre. De Gaulle venait de claquer la porte du gouvernement en janvier. Nous étions sous le gouvernement d'un certain M. Félix Gouin qui allait quelques mois plus tard sombrer dans un pitoyable scandale de vinasse.

La France redevenait un pays de petites combines, petits congrès politicards après une période kafkaïenne... héroïque, dira-t-on plus tard dans les manuels scolaires... Ambiguë en réalité, indéchiffrable, incompréhensible pour qui ne se donne pas la peine d'étudier tout ça à la loupe, à la longueur d'enculage de mouches vertes ou bleues au fond des bibliothèques.

Ça me revient en mémoire ce temps-là dans la grisaille d'une sorte de médiocrité envahissante... des préoccupations triviales, sordides à la limite. Enfin de mon point de vue de jeune ancien combattant de la Résistance. Demi-solde déjà... désœuvré, incertain, comme disait le poète. A peine si je jetais un œil sur le journal... Seulement, l'affaire de la fermeture des claques alimentait tout de même le bouche à oreille, les conversations autour du zinc, à la cantine des ateliers, dans les fauteuils club des bars chics... les cours de lycées... peut-être dans le fond des sacristies... savoir! Dans l'inconscient collectif, on rejoignait Pierre Mac Orlan. Cette Mme Marthe Richard qui était à l'origine, nous disait-on, de la loi du 13 avril était une vedette en come-back. Après l'espionne fringante au service de la France en 14-18, nous l'avions sur le retour en pourfendeuse de vice, de souteneurs et de taulières. Elle avait obtenu gain de cause et c'était devenu cette loi draconienne du Gouvernement Provisoire. Toutes les maisons de tolérance interdites sur l'ensemble du territoire. La fermeture au plus tard dans un mois pour les communes de moins de 5 000 habitants... trois mois pour les cités entre 5 000 et 20 000 habitants. Six mois pour les autres, toutes les grandes villes de l'Hexagone. Clair et net et sans la moindre indemnisation pour leurs propriétaires. En sus, un renforcement du Code Pénal concernant le proxénétisme... tout un arsenal de peines allant de six mois à deux ans de gnouf... avec des amendes à rallonge et s'il s'agissait de faux poids mis au turf... les jeunes filles mineures... à l'époque, moins de vingt et un ans... là, le coup de bambou! Le doublement du tarif. Le texte prévoyait les circonstances où ces demoiselles pouvaient être contraintes avec une *arme apparente ou cachée*. Ce qui semblait tout de même des cas de figure exceptionnels!... Bref, une série joyeuse de dix articles propres à plonger la gent maquereautine dans des abîmes de gamberges plutôt maussades. Signé Félix Gouin, le Président provisoire et de son ministre de l'Intérieur André Le Troquer. Lorsqu'on connaît la suite de notre Histoire de France, rayon gaudriole... qu'on se projette... je ne sais... douze ou treize ans plus tard... M. Le Troquer partie tout à fait prenante dans une affaire de ballets roses... de petites filles en tutu, rats de l'Opéra présentés à cézig pour des tripatouillages qui n'avaient rien d'électoraux... moi, je dois vous avouer que ça m'encocasse la lecture pourtant aride du *Journal Officiel*.

Voilà le résumé des choses... L'ombre tutélaire de Marthe Richard sur cette opération d'haute vertu. L'ambiance était aux épurations de toutes sortes, il faut le rappeler à ceux qui sont nés par la suite... les instruire un peu sur ce qui passionnait leurs aïeux les plus proches. On régénérait la France, on la lavait des souillures de quatre années d'Occupation. Travail incroyable, impossible quand on se penche sur la question quarante ans plus tard. N'empêche, les collabos s'entassaient derrière les hauts murs de nos établissements de pénitence et de redressement, la plupart, comme de juste, des sous-fifres, des connards par trop visibles, des chèvres et des boucs émissaires. On chassait, traquait les traîtres, les profiteurs de la misère du peuple... tous les gavés du marché noir! En tout cas dans les discours, sur les affiches électorales. On désignait les responsables de la défaite, de nos déconfitures multiples, de la famine, les infamies, les tortionnaires, les fourgues de la patrie en gros et en détail. Ça ne donnait pas une ration de pain beurré supplémentaire, une timbale de lait hebdomadaire pour les mômes... mais le peuple a besoin de discours, il faut croire... c'est sa poésie à lui. Il ne vit pas que de tartines et de jambonneau. On le verra vingt-cinq ans plus tard s'élever contre les horreurs de la consommation reine.

On m'aurait demandé alors qui était Mme Marthe Richard... Elle évoquait sans doute dans les tiroirs de ma tronche un film avec Edwige Feuillère et Erich von Stroheim que j'avais vu avant la guerre... à l'âge de douze, treize ans. Une histoire de Deuxième bureau, d'espionnage. Genre roman de Pierre Nord... *Double crime sur la Ligne Maginot.*

Elle resurgissait en sorte de dame patronnesse, égérie du M.R.P. ... le parti des curetons, des cagots... des pisse-froid, bande-mou, etc. On ne publiait même pas sa photographie dans la Presse. Je me l'imaginais sans doute comme une dame au chapeau vert, une bigote de démonstration.

Dans le tableau de l'après-Libération de Paris, en rappelant que cette personne avait en 14-18 fait des prouesses dans les services secrets, au point d'être responsable de la défaite des sous-marins allemands dans l'Atlantique, on mettait dans le mille. On était encore à l'heure de *la Marseillaise* aux carrefours, des inaugurations de monuments à la gloire de nos héros de la Résistance. Les Boches, on en sortait... ils nous avaient flingué du monde, pillés, déportés, réduits en esclavage pendant plus de quatre ans. Tout ce qui pouvait rappeler qu'on avait pu déjà les blouser à la guerre précédente, ça émoustillait le chaland, le lecteur de Presse. Surtout s'il avait eu tendance à croire au bon papa Pétain, à l'arbre de Noël vichyssois... s'il s'était laissé bercer par les sirènes, ne serait-ce que d'une oreille, de la Collaboration. On exorcisait nos démons obséquieux, nos trouillomètres à moins dix... avec des couplets martiaux, des fanfaronnades sans risque.

Que cette Marthe Richard, brevetée héroïne, nous réapparaisse en mère la pudeur, pourfendeuse de putes et de proxénètes, seuls quelques grincheux, quelques esthètes entichés du *One two two,* y voyaient de quoi se la mordre, se faire une série de réflexions douces-amères sur la société nouvelle que cette mesure annonçait. Ça faisait aussi la joie... un thème de sketches pour les chansonniers à *La Lune Rousse, au Théâtre de Dix-Heures.* Jean Rigaux n'en finissait plus avec Marthe Richard devenue sa plus belle tête de Turc. En France, tout finit en calembredaines, en fox-trot, sur les planches... Yop la boum!

Ce que je fabriquais ce 13 avril 1946? Je devais courir après le casse-croûte... le minimum vital... une paire de pompes... une paire de fesses... via le cœur en émoi, n'est-ce pas... C'était l'époque dont je parle dans *Le Café du Pauvre.* En tout cas, ça ne m'a pas marqué la souvenance. On passe à côté de certains événements très considérables, aux conséquences multiples pour l'avenir, et on ne s'occupe que de futilités... on se précipite dans le journal sur un fait divers sanglant... les amours de la Princesse avec un groupe de capitaines! Lorsque Christophe Colomb est revenu après sa découverte de l'Amérique, on n'y a peut-être pas fait attention. On l'a pris pour un rigolo. Ainsi vont les choses du monde!

Les bordels, on ne s'en rendait pas bien compte, jouaient un rôle de première importance dans la société bourgeoise. Temples de la sexualité à une époque où le mariage était sacré, ça permettait aux messieurs d'aller se déborder l'inconscient, de réaliser leurs petits ou gros fantasmes... aux jeunes gens de s'éduquer, se dégourdir, on disait alors dans notre langage vulgaire, le poireau... aux militaires dans les villes de garnison de se changer de l'atmosphère fétide de la chambrée... les gueulantes des sous-officiers de carrière. Ils participaient d'un ordre social apparemment très solide avec l'Église catholique et le privilège des bouilleurs de cru.

En outre, le claque inspirait les artistes... on verra tout ça plus loin dans les détails. Ils servaient aussi la renommée touristique de notre belle France... Bien des étrangers ne foulaient pas tellement notre sol, les rues de nos villes pour s'engouffrer dans nos cathédrales, nos basiliques... ça leur servait peut-être d'alibi, mais *les maisons* aux volets clos étaient bien souvent à l'ombre de nos plus flamboyants édifices religieux. Les vrais croyants pouvaient ainsi passer des délices de la *Villa Bel-Air...* de *la Patte de chat* ou du *Palais Oriental* à la grille du confessionnal... repartir d'une âme purifiée après avoir déposé leur semence en de vils réceptacles. On murmurait que les ecclésiastiques avaient leurs entrées secrètes dans ces établissements réprouvés par la morale et tolérés par la police. N'est-ce pas... en attendant ce monde meilleur à la droite du Père Éternel... les petites gâteries savantes des pécheresses... ça leur permettait de patienter! Le bordel prenait toute sa saveur, son mystère lubrique avec cette notion du sixième Commandement bafoué... Le péché ajoutait quelque chose à la sexualité. Rien ne le remplacera pour les bandaisons honteuses.

Je suis parvenu à l'âge adulte au moment où tout ça allait basculer. Depuis la Communale, avec mes petits potes, on borgnottait la porte des claques. Rue du Moulin-des-Prés où j'allais user mes fonds de culottes sur les banquettes de l'école laïque et obligatoire, on était à proximité des deux bobinards du XIIIe arrondissement... le *Grand 9* du boulevard Auguste-Blanqui et, encore plus près de l'école, celui de la rue Gérard. Le matin, on allait jeter un œil en passant à l'heure du ménage. Les fenêtres alors étaient ouvertes... comme partout, on y voyait pendre des draps, des couvertures, des polochons. La lourde, en bas, quelquefois était entrouverte, on apercevait un comptoir, ça ressemblait tout bonnement à un bistrot... N'empêche, on rêvait, on se racontait des fariboles les uns les autres... qu'on avait vu et comme je te vois des femmes nues, avec leurs nichons comme ça... toute la fourrure de leur minou. Certains poussaient la mythomanie jusqu'à des hauteurs de branlettes garanties bonnes chiottes.

Je n'ai pu enquiller dans ces lieux si attractifs qu'une fois mes dix-huit berges accomplies. Les dames sous-maîtresses veillaient sérieux au grain question détournement de mineur. Les flics ne transigeaient pas sur ce genre d'histoire. Les imberbes boutonneux, on leur demandait leurs faffes. S'il vous manquait un seul jour sur votre carte d'identité, on ne traversait pas le hall d'entrée. « Mon cher enfant, revenez plus tard. » Version chic... Dans le pire des cas, la vioque revêche et parfois avinée vous conseillait d'essayer, en attendant l'âge de trombiner les nanas, d'essayer un peu pour voir, les délices de l'homosexualité passive.

Pour dire vrai, être tout à fait sincère, mes incursions rue Gérard et au *Grand 9*, ça m'a plutôt laissé la biroute en berne.

Officiaient, dans ces taules d'abattage, des gravosses qui avaient dû déjà se taper en série les petits marsouins de la Coloniale... toute l'infanterie de marine de Gallieni au Tonkin, à Madagascar... éponger les tirailleurs, les tabors marocains du maréchal Lyautey. Ça me fait, entre parenthèses, une nouvelle réflexion toute vive... chargée historique... qu'on a largué notre empire colonial, tous les fleurons de nos conquêtes dans les années qui suivirent la fermeture des boxons. La preuve, une fois de plus, que tout se tient... la marine à voile... mon légionnaire qui sentait bon le sable chaud... les curetons en soutane... La Vierge Marie célébrée dans toutes les églises avec une kyrielle de saints... et puis les maisons de tolérance pour que tout ça fonctionne bien.

Ça ne me porterait pas tant à militer en faveur de la réouverture des boxons les quelques fois où je m'y suis fourvoyé. Surtout dans ma période guerrière en 44-45... le long de nos itinéraires libérateurs... Coulommiers, Montmédy, Nancy... les B.M.C... (bordels militaires de campagne) où les mignonnes à bourrelets de graisse, en socquettes et tutu rose, les mamelles flasques sur le bide, recevaient les hommages bandants de soixante... quelquefois jusqu'à des quatre-vingts grivetons par jour. Une braguette n'était pas encore fermée qu'une autre s'ouvrait. Ça égoïnait à la chaîne. Le service de santé de l'armée contrôlait les entrées, les sorties... numérotait les matricules... le jet de permanganate pour la bébête des amateurs. C'est dire la joie, la volupté de la chose. Ne montaient à l'assaut de ces fesses molles que les inconscients, les morfales sexuels... et puis les Arabes dont on disait qu'ils encaldossaient les chèvres, des vaches, à défaut de ces pouffiasses de choc. Sans le savoir, elles garantissaient, protégeaient la vertu des vraies jeunes filles, de leurs mamans... et même celle de nos animaux domestiques.

Je vous décris bien succinctement les plus basses taules... les assommoirs du sexe. Je vais avoir l'occasion d'y revenir, ne vous inquiétez pas. Bien entendu il y en avait, si j'ose me permettre cette vermoterie, pour toutes les bourses. Là, c'était le meilleur marché, la passe au plus bas prix. J'ai connu dans les environs de Pau en 1945, lorsque je me remettais à l'hosto d'une blessure glorieuse récoltée sur le champ de bataille de

Colmar, une maison bien accueillante, carrément dans la campagne... la verdure... un frais ruisseau qui se prélassait... un jardin tout autour fleuri de roses, de marguerites... de violettes... la façade enliseronnée. Si ma mémoire ne flanche pas, ça s'appelait *Le Val Rose,* cet endroit. Une tenancière, accorte quinquagénaire, vous accueillait le micheton avec des gentillesses verbales... des compliments sur votre physique... l'apitoiement presque sincère à propos de nos blessures, nos souffrances endurées sur le front d'Alsace par des froids dont les Palois n'ont pas idée! Tout ça pour finir de libérer notre patrie. Je subodorais tout de même qu'elle avait reçu naguère les officiers de la Wehrmacht avec autant d'affabilité. C'était son style, elle ne pouvait pas s'en empêcher. Dans un salon genre Louis XV ou XVI... les pensionnaires venaient se présenter... coquines, mutines... toutes froufroutantes. Le rituel classique dans les bonnes taules qu'on appelait « le choix ». On vous apportait, comme sur un plateau, les pensionnaires dont disposait l'établissement... les divers petits lots... brunes ou blondes... menues ou potelées.. rêvasseuses ou vicelardes, l'œil en chanfrein qui vous sournoisait des choses inavouables. Les soldats deuxième pompe, c'était pas tout à fait le genre de la crémerie, mais Madame n'était pas bêcheuse, elle octroyait aux uns et aux autres le même sourire. Elle avait dû faire des ravages dans sa jeunesse, se faire casquer en conséquence toutes les grâces qu'elle prodiguait aux messieurs. Oh, elle connaissait les difficultés financières des petits héros libérateurs! On entendait les oiseaux dans le jardin. Je me souviens comme si j'y étais encore, j'étais venu là guidé par un copain éclopé lui aussi... un lascar de la Deuxième Division blindée, un libérateur de Paris originaire de la région. Ça ne supportait pas un seul instant la comparaison entre ce coquet boxon bourgeois et les taules d'abattage de Nancy... Coulommiers... de Barbès, du quartier de l'École-Militaire à Paris.

Le haut de gamme, tout le monde en parlait... bien peu avaient de quoi s'y perdre corps et âme. *Le Chabanais... le One two two* et puis *le Sphinx,* on murmurait des tarifs pour la moindre sucette dans ces lupanars somptueux à vous laisser l'humble travailleur sans un flèche le lendemain de sa paye.

Sans doute quarante ans à l'avance subodorais-je que j'allais écrire un ouvrage sur la question pour l'édification des générations futures... toujours est-il que j'ai voulu, avant cette fameuse fermeture, y jeter un œil dans ce *Sphinx*... me rendre un peu compte par moi-même des magnificences de l'endroit. Ça se situe donc six mois après ce fameux décret du 13 avril... donc en octobre ou novembre. Guigon qui est venu me solliciter, un pote d'enfance, le fils d'une concierge de la rue de la Pointe-d'Ivry. Il grattait, ce Guigon, chez Panhard... manutentionnaire ou magasinier... quelque chose de ce genre. C'était pas le client non plus pour aller s'envoyer en l'air au *Sphinx,* seulement il avait envie tout comme moi de ne pas mourir absolument idiot. On disait merveilles du *Sphinx*... que les nanas là-dedans avaient de quoi réveiller les plus rétives bandaisons des plus blèches vieillards. On citait Albert Sarraut, ancien Président du Conseil de la IIIe parmi les actionnaires de la maison. En tout cas... la rumeur publique entretenait cette conviction. Parmi la clientèle, on énumérait un gratin pas croyable de ministres, généraux, ambassadeurs, académiciens des plus catholiques, des magistrats debout ou assis, des ténors du Barreau ou de l'Opéra, des doyens de diverses Facultés... des bonzes en visite... le comte Ciano, gendre de Mussolini... des empereurs d'Orient... émirs du Moyen, etc. On a affirmé qu'Eva Braun, avant de convoler avec Hitler, était venue passer une soirée là, avec des amis de l'ambassade du Reich. Ça allait jusqu'à des cardinaux, le nonce apostolique, qui venaient là s'offrir quelques fruits tout à fait défendus par la Saint-Mère l'Église, mais bien juteux tout de même, mon Éminence!

Sûr, avec Roger Guigon, Roro pour les ouvrières de son atelier, on avait pas l'intention de s'offrir une de ces créatures de rêve, prêtresses du temple de l'amour. En se retournant les fouilles, on pouvait tout juste s'écluser une coupe de Moët et Chandon au bar. La sous-maîtresse, d'ailleurs, a eu vite fait de jauger nos capacités picaillonnes. Un seul regard. Par la suite, j'ai appris que la taulière était une nommée Martoune, haute figure de la profession. Était-elle là ce soir où on s'est pointé au rade? Il m'a semblé, à une table avec des filles et des clients, distinguer une personne aux allures de commandement... une gravosse maquillée adéquate... moulée dans une robe de satin... avec des bagouses, des perles... Celle qui nous a accueillis au bar, j'en ai déduit que ça devait être une sous-maque. Elle nous a souri juste ce qu'il fallait. « Messieurs, une petite coupe ? » Voilà... servi... pesé... on n'avait plus qu'à la vider notre coupette, sortir ensuite de nos profondes la monnaie et ne pas s'éterniser sous les lambris dorés d'un claque qui ne correspondait pas avec nos minables costards du dimanche, nos petites cravates en rayonne.

D'une certaine façon, j'étais un peu déçu... je m'imaginais quoi ? Le paradis ! Ça existe que dans la tête, le paradis... dans les gamberges des plus dingues. Le style autour c'était du 25-30... Art Déco... Exposition coloniale. On en voulait pour notre fraîche cependant... j'essayais de me fixer bien dans la tronche les images... la piste de danse... le sol mosaïqué... les petites niches moelleuses autour... une sculpture du fameux Sphinx... tout autour des bas-reliefs pseudo-égyptiens représentant des gonzesses à poil... J'entrevoyais des salons... un ascenseur métallique pour le septième ciel... Le plafond... une sorte de verrière et puis, comme dans un dancing, la boule de cristal qui tournait. Il me semble qu'en sourdine un phonographe nous diffusait un tango... un slow... de la musique douce appropriée.

On apercevait les mignonnes en tenue plus que légère qui s'affairaient dans les recoins, les petites loges garnies de velours, auprès des clients. On en voyait qui les emmenaient vers l'ascenseur... Quelques couples dansaient sur la piste. Ça se passait tout ça dans les chuchotis, les gloussements, les rires étouffés... les froufroutis. Nous parvenaient aux naseaux des parfums, des effluves propres à nous donner l'envie de grimper avec une de ces ravissantes... s'enfermer dans une chambre tapissée de miroirs... de l'égoïner à la tartare, à la duc d'Aumale [1]... n'en plus finir...

Guigon prétendait que des jeunots comme nous, on pouvait se faire embaucher pour régaler une bourgeoise devant un monsieur défaillant. Les épouses parfois accompagnaient leur mari. Elles venaient boire un verre. On causait de la chose plutôt que d'autre, n'est-ce pas. Le prétexte des hommes

1. Jeu de mots : position facile à imaginer si on écrit « à duc dos mâle ».

d'affaires qui prenaient l'apéritif au *Sphinx* aussi simplement qu'au bar du *Claridge,* ça me paraît, à bien réfléchir aujourd'hui, une justification assez hypocrite. En tout cas, on ne devait pas être tombé le bon jour... personne n'avait besoin de nos jeunes ardeurs.

– Dommage que ça ferme... Sinon, on aurait fait des économies pour revenir.

Ce qu'il a proféré, mon ami... beau ne pas être beaucoup plus évolué que cézig, j'ai respiré la mauvaise phrase... le truc à ne pas dire...

Le regard chargé, à la fois de mépris et d'une sorte de commisération, que la sous-maque nous a lancé valait à lui seul le déplacement. On mesure les choses de l'existence et de la bonne marche de la société à des petits riens de ce genre. Ça vous éduque plus radical que les traités de philosophie pour peu qu'on capte les ondes autour de soi.

Guigon, il était de ces zèbres qui mettent toujours à côté de la plaque, les pompes en plein dans la bouse, le complément oiseux là où il vaudrait mieux se contenter du sujet et du verbe.

On s'est retrouvés un peu plus tard sur l'asphalte du boulevard Edgar-Quinet comme deux naves, deux pommes blettes, deux loquedus que nous étions indubitablement. Quelque temps plus tard, une affiche sur la porte du *Sphinx* annonçait la mise en vente aux enchères du mobilier... On poussait un peu trop loin, je trouve, l'exorcisme... Le préposé aux Beaux-Arts, qui ne s'appelait pas encore ministre de la Culture, eût été bien inspiré de conserver en l'état l'intérieur de quelques maisons closes de haut niveau pour en faire des sortes de musées coquins. Aujourd'hui, on y engouffrerait les touristes... entre la visite du Louvre, la grimpette à la tour Eiffel... les autocars y déverseraient leur contenu de Hollandais, Japonais, Anglo-Saxons... leurs appareils photos... leurs caméras dernier modèle. La France, je vous l'accorde, c'est Jeanne au bûcher, le Soldat inconnu, la croix de Lorraine à Colombey, mais c'est aussi, avec les caves de Reims, nos jolis boxons de jadis et naguère. Le pourquoi je me lance dans cette aventure, plumitif à la recherche du foutre perdu sur l'autel de la putasserie.

Quand messieurs les tauliers
et mesdames les taulières
s'endimanchent pour assister
à une séance du Conseil municipal.

« De là disent aucune que d'oster les bordels publiques, c'est non seulement espandre partout la paillardise, qui estoit assignée à ce livre-là, mais encore esguillonner les hommes à ce vice par la malaisance. »

MONTAIGNE
(*Essais*, livre II, chap. XII)

Moi qui vous cause avec mon petit porte-plume... qui vous entretiens par feuilles imprimées interposées, j'ai eu, dès cette époque de la fermeture, l'occasion de rencontrer au hasard des truandages et de leurs conséquences quasi inéluctables... quelques séjours en cabane... de faire connaissance, donc m'entretenir, écouter des protagonistes première main au sujet de cette affaire qui vous passionne, je l'espère. Toutes sortes de harengs petits ou gros... quelques tauliers, placeurs ou autres qui avaient joué un rôle dans ce drame ou cette comédie, comme on veut...

Dire qu'ils étaient sur le paveton, qu'ils ne s'en remettaient pas, serait tout à fait excessif. Au contraire, on aurait dit, ils s'étaient reconvertis la plupart sans grands dommages et c'est en cela que la loi Marthe Richard n'avait apporté aucune solution au fameux problème du proxénétisme et de la prostitution. Au lieu d'être dans les maisons closes, à l'abri des intempéries, toutes ces dames en écossaient sur le trottoir, au coin de la rue là-bas sous le bec de gaz... à peine si elles avaient le droit de rester dans le couloir des hôtels de passes les jours et les nuits de grand vent, de pluie diluvienne, de rafales neigeuses. En tout cas, les plus minables, celles de l'abattage... pour les autres, c'était le temps des clandés... des petits lupanars en appartements tout de même assez confortables. Le micheton bourgeois aime ses aises... n'est-ce pas... et s'il a des manies, des vices, des fantasmes un peu biscornus, à Barbès dans les hôtels borgnes, pas question de jouer au petit garçon qui va à l'école et fait caca dans sa culotte... les radasses du coin n'ont pas le temps de le talquer ou de lui faire pan-pan cul-cul.

C'est à tort qu'on appelle la loi du 13 avril 1946, loi Marthe Richard qui n'était pas député à l'Assemblée nationale, mais simplement Conseillère municipale. Mais c'est à la Mairie de Paris que tout a commencé l'année précédente et c'est là que notre chère Marthe nationale a ouvert le feu... le 13 décembre 1945 précisément. Parée de sa Légion d'honneur, de son passé d'espionne au service de la France, s'appuyant sur la vertu, elle est montée à la tribune de la grande salle des délibérations.

Par conscience professionnelle, j'ai voulu voir les lieux de façon à mieux vous rapporter cette séance. Ça s'est agrandi depuis l'immédiat après-guerre. Aujourd'hui, Jacques Toubon ou Paul Quilès ont un micro pour se faire entendre. Marthe Richard dut, elle, donner de la voix. A travers mes recherches, je n'ai obtenu aucune indication sur ses talents oratoires... si elle avait l'élocution facile, le verbe net, la phrase onctueuse... ou alors si elle débitait ses salades monocordes... si elle glapissait, criaillait... sans doute que non pour ces deux dernières manières, ses adversaires se seraient fait une joie de nous le rapporter. En tout cas, elle fut plutôt convaincante et je suis enclin à lui prêter une voix assez agréable.

Elle a cinquante-six ans à l'époque... c'est une femme de belle allure, bien conservée, de beaux yeux bleus, le teint frais, les cheveux décolorés en blond très clair. Incontestablement, elle a ce qu'on appelle de la classe... du charme probablement. Outre son passé 14-18, elle se réclame de la Résistance où elle aurait encore une fois fait quelques misères à nos ennemis héréditaires. C'est grâce à ses titres de combattante clandestine qu'elle a été élue, dès les premières élections d'après la Libération, Conseillère municipale. Sur une liste chapeautée plus ou moins par la Démocratie chrétienne... le M.R.P... Mouvement républicain populaire... Un nouveau parti sur l'échiquier politique français, issu de la Résistance et qui va obtenir de si bons scores dans les consultations électorales de l'après-guerre qu'il se partagera le pouvoir avec les socialistes et les communistes. Il représente quelques résidus de la droite honteuse et la masse de catholiques encore assez pratiquants en ce temps-là. Il se doit donc de défendre la famille, les institutions bien pensantes à l'ombre de l'Église. Les femmes de bonnes vie et mœurs, les mères de famille, nouvelles électrices par la grâce du général de Gaulle, tournicotent, caquettent autour des soutanes, des bénitiers, dans les sacristies. Les consignes de vote se donnent en même temps que la pénitence au confessionnal.

Ça, c'est nouveau en France... ça ébranle le règne des notables radicaux-socialistes laïques à tous crins et fervents soutiens du système qui nous occupe... *la tolérance.*

Marthe Richard, pour le M.R.P. – ou plutôt pour une liste dans cette mouvance – a été recrutée par son chef de la clandestinité, un certain Henry Baron sous les ordres duquel en août 44 elle a libéré la capitale... plus précisément le garage des autobus de la Porte Saint-Cloud, ce qui est tout de même moins meurtrier que le mur de l'Atlantique. Baron, dira plus tard Marthe Richard, a insisté pour qu'elle figure sur sa liste. Il avait besoin d'une femme de tête, une prestigieuse, une pure pour faire aboutir de grandes réformes... pour régénérer la patrie. Marthe affirme qu'elle a refusé cet honneur et que Baron a passé outre et l'a cloquée sur sa liste sans son consentement... qu'elle fut en quelque sorte une Conseillère malgré elle... qu'elle a même voulu démissionner trois mois plus tard et que le Préfet de la Seine tenait tellement à sa présence qu'il a refusé sa démission... Voilà... Paris... la France ne pouvait plus se passer de Marthe Richard. Résignée, la pauvrette s'est mise au travail, comme toujours avec sérieux, sans esprit de recul ni de compromission et tout est parti d'une visite à *La Petite-Roquette*.

Cette prison de femmes n'existe plus. Devant son portail, au XIXe siècle, on y guillotinait les méchants... enfin, les méchants pas veinards et sans relations comme de juste. On n'imagine pas – le lecteur ou la lectrice d'aujourd'hui – quel cloaque était *La Petite-Roquette*... Une infection... une plaie purulente au cœur de Paris. Tous les récits, les témoignages là-dessus sont unanimes. C'était une geôle abominable où régnait la pire promiscuité, la crasse, les parasites, la maladie, la souffrance, la malnutrition... tout le cortège fatidique de la misère et de l'opprobre. S'entassaient là les voleuses, les criminelles, les infanticides, les escrocs, les faussaires et, depuis l'août 44, les collaboratrices plus ou moins coupables. Ça allait de celles qui s'étaient fait tringler par des Teutons trop affectueux aux auxiliaires féminines de la Gestapo, en passant par toutes sortes de militantes de Doriot ou de Déat. Et aussi, ce qui nous intéresse ici, les prostituées. D'habitude, on les bouclait à *Saint-Lazare*, le Dépôt hospitalier prévu à l'usage des dames qui s'étaient mises en infraction... celles qui racolaient là où il ne fallait pas et qui n'étaient pas en règle avec les services sanitaires. (Toutes les putes en carte étaient tenues d'aller passer des visites médicales régulièrement.) Embarquées dans les rafles, si on leur trouvait quelques gonocoques à la traîne, quelques tréponèmes... des bricoles d'ordre vénérien... ça leur valait de rester au trou pour se soigner.

C'est le spectacle de ces filles, les confidences qu'elle reçoit d'elles, qui va tout déclencher chez la bonne Marthe Richard. Elle écrit au Préfet de Police... elle prépare une interpellation au Conseil municipal concernant le sort des détenues... l'hygiène des prisons. Elle est déchirée, écorchée vive... elle n'aura de cesse d'avoir contribué à guérir, refermer quelques blessures, quelques ulcères de notre société. En tout cas, c'est ce qu'elle va dire, écrire par la suite dans ses mémoires. Elle s'intéresse aussi aux femmes enceintes incarcérées... rien de ce qui souffre, gémit, se brise ou se déchire ne lui est indifférent. Elle propose la création de *centres spéciaux* pour toutes ces misérables. Elle finit par visiter *Saint-Lazare*. Là, c'est carrément le Moyen Age... le déversoir des filles soumises toutes plus ou moins vérolées... plus ou moins condamnées par les hommes et leurs terribles lois. C'est encore plus accablant que *La Petite-Roquette*. Toute une littérature *réaliste* a évoqué *Saint-Lazare*... *Saint-Lago* pour les initiés... Une célèbre chanson de Bruant.

« N'empêche qu'aujourd'hui j' suis dans l' tas...
A Saint-Lazare! »

Ça fleurait bon la poésie du trottoir... l'apitoiement d'un court instant chez le bourgeois en mal d'émotion dans les boîtes montmartroises. Quant à y voir de plus près, ce n'était pas son affaire.

De visite en visite... consultation de statistiques concernant la prostitution, le proxénétisme... les maladies vénériennes, Marthe Richard finit par regarder d'un peu plus près le problème des maisons closes. Il paraît que là au moins le contrôle médical y est des plus stricts... ce qui tendrait à prouver que les filles y sont mieux que dans la rue.

Eh bien, non! Elle enquête, elle se rencarde sérieusement et elle en arrive à la conclusion qu'au contraire la prophylaxie y est tout à fait approximative... truquée pour les bénéfices des exploitants de femmes. Dans les taules d'abattage, elles subissent les étreintes à la chaîne, sans aucune mesure hygiénique. Il s'agit donc d'une fausse sécurité... Marthe Richard, elle, pousse la conscience professionnelle jusqu'à visiter, escortée de flics de la Mondaine, les maisons de la plus basse catégorie... le fameux *Fourcy* dit le *Fourcaga* en argot, dans le quartier Saint-Paul et *Le Panier Fleuri* à La Chapelle fréquenté surtout par les Nord-Africains. Elle cause avec les pensionnaires... elle les confesse adroitement. Elle obtient des révélations stupéfiantes, répugnantes, révoltantes sur les conditions dans lesquelles elles pratiquent leur triste métier. Son dossier s'épaissit... elle va bientôt entrer en piste, les abolitionnistes ont enfin trouvé leur Jeanne d'Arc.

Depuis fort longtemps, ils existent aussi bien en France qu'à l'étranger. En Angleterre, une femme de pasteur a obtenu l'abrogation de règlements concernant la prostitution dès la fin du siècle dernier. On a peu à peu interdit les maisons closes en

Norvège, en Suède, en Allemagne avant Hitler. Tous les pays protestants... c'est à noter... les pays catholiques, l'Italie, l'Espagne et la France gardent leurs putes à l'abri.

Les partisans de l'abolition marquent tout de même des points, certaines municipalités interdisent les bordels... Colmar, Strasbourg, Sarreguemines, Grenoble.

En 1936, un ministre du Front populaire, Henri Sellier, dépose un projet de loi à la Chambre des députés en vue de la fermeture. On le rejette et on murmure que les tenanciers, organisés en une sorte de syndicat dont je vous parlerai plus loin, ont mis le paquet pour casser le coup. Paquet de quoi ? Adressé à qui ? On se doute, mais on n'en saura jamais rien.

Un mauvais point en 1945 pour les tauliers, le gouvernement de Vichy les a plutôt protégés. M. Peyrouton, ministre de l'Intérieur, leur a accordé une reconnaissance officielle... une sorte de statut.

Le climat paraît favorable à Marthe Richard pour passer à l'attaque. Certes, on ne peut pas imaginer qu'elle soit naïve, utopiste au point de croire que la prostitution va disparaître en France, mais au moins l'État ne fermera plus les yeux. Le système de la tolérance est inadmissible dans un pays démocratique.

Elle se cherche des appuis... M. Léo Hamon, rapporteur général du budget, Mme Legrand Falco, présidente d'une association abolitionniste. Les représentants du M.R.P., bien sûr. Un parti qui se réclame du christianisme ne peut pas ouvertement défendre les maisons closes.

Jusqu'alors l'Église avait eu sur la question des réponses chèvre et chou, ambiguës... dilatoires, mais les temps sont venus pour elle de se mettre au diapason de la Démocratie chrétienne... en attendant mieux.

Marthe Richard trouve aussi des arguments de poids pour mettre dans son sac les communistes et même les socialistes S.F.I.O. Entrée au Conseil municipal en avril, dès le mois de juillet elle monte à l'assaut de la forteresse. Elle va laisser son nom dans l'Histoire, bien des académiciens ne sont pas foutus d'en faire autant.

Il est permis de s'interroger sur la rapidité de cette offensive.

Je ne vais pas y manquer et je ferai part de mes réflexions au fur et à mesure de cet ouvrage. Certains prétendent que ce sont les hommes du M.R.P. qui l'ont poussée sur le devant de la scène. Ça ne serait pas impossible concernant une autre femme. Marthe est d'une trempe bien spéciale, on va s'en apercevoir. Pour l'instant, je vous poursuis le récit limpide, la bande dessinée moralisatrice de l'opération.

De toute façon, les conclusions de Marthe Richard sur la prostitution sont à prendre tout à fait au sérieux. Derrière tout ça, il y a les maques... en gros, je les appelle ainsi, mais bien sûr ils sont divers, riches ou à côté de leurs pompes. Il y a les grands patrons de cette maffia et les hommes de main... les imbéciles en armes, les irrécupérables de la gâchette, les demeurés et les malins... J'en ai fréquenté suffisamment pour vous les dépeindre sans complaisance. L'engeance est indéfendable quant à la morale, certes... De quelle façon étrange peuvent-ils jouer un rôle nécessaire dans la société ? Je ne sais, mais il doit bien y avoir quelque part, dans quelque recoin philosophique, un semblant de réponse. Ils existent... ils sont toujours là, en grivelle à pont, le false à la mal au bide... ceux de Casque d'Or... en Borsalino, costard croisé, bagouses aux doigts... tatanes en croco, ceux de l'après-guerre... et à présent en jean, blouson... cool... décontract! Je les retapisse dans certains petits rades tenus par de vieilles amies... des veuves de voyous avec lesquels j'avais partagé la gamelle de derrière les barreaux. La loi Marthe Richard ne les a pas tellement dérangés, ces harengs... ils ont des facultés de reconversion, de récupération étonnantes. Les nanas, sans doute sous l'influence du langage mode 68, les appellent maintenant des proxos, ce qui manque un peu de poésie, avouez-le.

Enfin, on va les voir en action un peu plus tard, si vous le permettez... les choses sont un peu emmêlées... pour les comprendre, il va me falloir tirer les fils un à un... nous armer de patience.

Après quelques passes d'armes, quelques escarmouches, Marthe Richard porte l'estocade le 13 décembre 45. Au Conseil municipal... quatre mois avant la loi adoptée par l'Assemblée nationale. J'ai eu un certain mal à vous fixer la date historique de la fermeture. Le 13 décembre 45, c'est la bataille, la victoire gagnée... le 13 avril 46, c'est l'armistice... le traité final. J'ai choisi, j'avoue, au pif. Au bout du compte, chaque bordel a fermé en fonction des arrangements avec les mairies, les préfectures... les autorisations ultimes de la police.

Le jour de cette mémorable séance, Marthe est en tailleur et chapeau blanc. Le bada féminin est encore de rigueur dans les églises, les raouts, les cérémonies, les lieux chics. Elle monte à la tribune avec ses feuillets à la main. Elle s'est tapé un petit verre de rhum avant de quitter son banc, comme une condamnée à mort pour se donner du cœur au ventre. On pourrait croire que la salle est pleine, que tous ses collègues sont là. Ça ferait mieux dans le tableau historique mais les chaises, fauteuils en bois sombre garnis de cuir, ne sont pas tous garnis des fesses de leur titulaire... Beaucoup s'en faut. C'est assez courant dans les assemblées parlementaires... les lois, les décisions capitales n'intéressent pas vraiment les représentants du peuple. Ils sont futiles, vaniteux... ils ne pensent qu'à être réélus. N'allez pas chercher plus loin la cause de vos malheurs, des impôts qui vous écrasent, de l'incohérence qui nous gouverne sans discontinuer malgré les changements de régime et j'ai tendance à croire que c'est le moindre mal malgré tout... que s'ils s'occupaient plus de nous, ça serait pire.

S'il n'y a pas lerche de Conseillers municipaux dans la salle de délibérations, en revanche les tribunes sentent la marée. Ça se presse, se bouscule... tous les tenanciers, les taulières, les sous-maques, les placeurs, les Julots qui ont pu entrer sont là. Ils ont fait la queue pour assister à la destruction de leurs chères maisons. Là, je me permets d'imaginer... les messieurs Albert, Eugène l'élégant, Gaston la Peugeot, Charlot l'éventré venu spécial de Reims... Milo gueule en or... le Gros René... le Petit Léon... Nono de Belleville... M'sieur Marcel Jamet du *One*... Fraisette pour les intimes... Martel du *Sphinx*... et puis les dames, les maîtresses et les sous-maques emperlousées, maquillées toute putasserie pavoisante... Mme Germaine de la rue Montyon... Mmes Ida, Fabienne, Mado, Denise, Liliane, Rachel, Georgette, Paquita, Maguy, Fernande... la chère Martoune, la grande amie de Michel Simon! Si elles sont attentives! On entendrait le tireur le plus habile voler un portefeuille lorsque Marthe Richard parvient en bas de la tribune. La salope qui veut la mort d'une institution si utile au bien public... à la santé morale et sexuelle! Quelle mouche la pique?... Ça gamberge meurtrier dans les tronches de ces messieurs-dames. Il doit y avoir parmi tous ces bordeliers et leurs maquerelles les quelques poulets de rigueur de la Mondaine... Ça les concerne au premier chef... N'oublions pas que les boxons sont leurs viviers. Tout ce qui y traînasse, s'y prélasse... y jouit... y trépasse parfois... ils sont rencardés première pogne! Leurs fiches au Quai des Orfèvres soigneusement rangées dans leur placard rose... garnies de toutes les perversions, les manies les plus saugrenues des plus hautes personnalités. Des choses qui ne sommeillent que d'un œil... qui peuvent servir en temps utile... en période de crise... en temps de troubles! Le moindre assassin de rentière qui vient dépenser son butin dans les lupanars de luxe n'a pas le temps de s'offrir la dernière négresse recrutée au Sénégal spécialement pour les obsédés coloniaux... que... hop! il se retrouve cadènes aux poignets, déjà aux aveux avant d'être sur le gril de la Criminelle.

Ça se tient, s'emmanche, si je puis dire, depuis la nuit des républiques, des royautés, des papautés... la police et la prostitution. Les deux mamelles de n'importe quel ordre établi. Mme Richard n'y comprend rien... ou elle fait semblant... elle mène un jeu que les flics ne comprennent pas. A moins que les mieux au parfum, ceux des Renseignements généraux, soient à la coule... connaissent toute la mécanique de l'affaire... le dessous des cartes. Moi, je suis comme vous pour le moment... spectateur de la séance... j'écoute Marthe-la-Vertueuse. Tout ce qu'elle dira va faire tilt dans cette France d'après l'Occupation allemande. La Presse issue de la Résistance, de François Mauriac à Camus, fait dans la pureté, la désinfection, la justice, je vous ai dit. Toute la question, toujours en Histoire, se replacer dans le contexte, sinon c'est à plus rien y comprendre dans les mentalités des guerres de religion, de la Révolution... de 1870... 14-18, etc. Les tribunaux épurateurs sont en plein travail... on condamne chaque jour les traîtres, les amis du Maréchal... on a flingué Pierre Laval en octobre... on envoie se laver les panards au bagne le moindre deuxième classe de la Légion des Volontaires contre le bolchevisme, la L.V.F.

Les boxons, ce qui va les achever, c'est leurs compromissions avec les Fritz. M'sieur Marcel du *One two two* a beau proclamer qu'il a caché dans ses caves de nombreux Israélites, des aviateurs ricains en fuite... il reste que les joyeux drilles de la Carlingue venaient après leurs heures ouvrables rue Lauriston oublier les cris de leurs victimes entre les cuisses de ses plus belles créatures. Dommage que nous n'ayons pas un enregistrement de l'intervention de Marthe Richard, sa vive interpellation à l'adresse du Préfet de Police! Avait-elle la voix assez forte pour être bien entendue des rabatteurs, placiers, taulières... tous les représentants du Syndicat des tenanciers. Il existait, bien sûr, officiellement sous le nom d'*Amicale des maîtres d'hôtels meublés de France et des colonies*. Quel était le caïd, le Krasucki, le Bergeron, l'Edmond Maire de cette Centrale de travailleurs? Riton les yeux bleus? Charlot le Zouave? Auguste le Rabouin? Un de ces hommes de poids au sobriquet qui fleure l'avant-guerre... les bals musette... les Fortifs... la comédie humaine des truands d'Auguste Le Breton.

Marthe démarre avec une citation de Jean Jaurès... « *Le courage de chercher la vérité et de la dire.* » Jaurès, ni les socialistes, ni les communistes ne vont le lui contester. C'est un martyr de la gauche... un symbole... un intègre combattant pour le progrès social. Les M.R.P., tout en récoltant les suffrages des électeurs de droite, se veulent eux aussi sociaux, réformateurs, chrétiens de retour aux origines... à la vraie parole du Christ. Avec Jaurès, elle ouvre bien son offensive, la belle Marthe... et après ça, c'est son implacable réquisitoire. Tout y passe... la femme à l'encan... les honteux profits de ce trafic de chair humaine... les prostituées à l'abattage... les véroles et les chaudes-pisses... les enfants qui racolent pour les bordels, etc. Elle y mêle le marché noir, toutes les tares de l'après-guerre. Elle prononce les mots, les formules qu'il faut... *Propreté morale!... Épuration... Extirper le mal à sa racine!* Et le mal, c'est ce système de la prostitution organisée, patentée et couverte par la police. C'est-à-dire la tolérance et ses maisons d'accueil. Certes, elle reconnaît qu'il y a des femmes qui tapinent... des essaims... rue Saint-Denis, à Pigalle, à Barbès, au Bois de Boulogne! Les marcheuses et les chandelles sont plus nombreuses que les pensionnaires des 177 bordels de Paris... mais l'essentiel n'est-il pas d'anéantir le système qui légalise en quelque sorte le proxénétisme. Mettre à bas le règlement de police... « *viendra ensuite le nettoyage de la rue et du trottoir.* » Je remarque, en passant, qu'il n'est pas encore commencé quarante ans plus tard... ça tapine de plus belle et se sont adjoints aux dames les travestis... Il faut donc croire que Marthe Richard ne s'attaquait essentiellement qu'aux maisons closes et je saurai par la suite pourquoi... Enfin, elle y va bonne jactance... Elle propose qu'on abolisse la police des mœurs qu'elle appelle *police de la prostitution favorisée* qui porte atteinte au prestige de la Préfecture de Police!

Là, sans doute, pousse-t-elle le bouchon trop loin... les Mœurs, elle ne les aura pas. Par la suite, ils vont changer d'appellation mais, eux, ils vont tenir. Tous les régimes, les gouvernements de droite ou de gauche ont besoin de leurs services. Je suppose que leurs représentants dans les tribunes en étaient fermement convaincus... que ce passage de la péroraison de Mme Richard leur semblait tout à fait excessif... c'est-à-dire sans objet.

Ensuite, elle plongeait dans les chiffres pour étayer ses arguments. Près de 1 500 nanas emprisonnées dans les boxons... galériennes des souteneurs... exploitées jusqu'à la ménopause et même parfois au-delà dans les maisons réservées aux troupes coloniales. Les femmes viennent d'obtenir le droit de vote, Marthe Richard voudrait leur faire prendre conscience des problèmes posés par le proxénétisme. Il s'agit d'un fléau... Derrière les maisons de tolérance, elle dénonce un trust. Le mot n'est pas fait pour déplaire aux marxistes de l'Assemblée. Un trust, dont on ne parle pas comme celui de l'industrie automobile ou des aciéries, mais qui n'en est que plus redoutable. International, méthodiquement organisé et qui a une influence considérable dans le pays. Il pourrit tout, il achète les consciences, les fonctionnaires, les commerçants... il finance certains partis politiques à l'occasion. Les honnêtes gens n'ont que le droit de la fermer. La maffia des tenanciers dans cette période de pénurie contrôle tous les trafics du marché noir. Ils ont de la viande, du pain, des fringues, de l'essence. Ils font des fausses cartes d'alimentation... Ces messieurs et leurs maquerelles se gavent tandis que nos enfants manquent de lait... nos malades de pénicilline. Elle y va sévère, la dame en blanc... elle barbouille le tableau à la fiente fumante... fléau social... lèpre... déchéance... bouillon de culture! Et puis le coup de grâce... l'imparable. Marthe Richard en appelle à la Sainte Résistance... « *durant l'Occupation, les maisons de tolérance ont été des centres actifs de la trahison... leurs tenanciers, des pourvoyeurs de la Gestapo.* » Elle se propose de lever le voile qui couvre les activités de nos Julots pendant la guerre. Certains travaillaient directement avec la rue Lauriston où sévissait la pire équipe, celle de Bonny et Lafont. Elle prétend, et ça n'a jamais été prouvé depuis, que nos tauliers fournissaient en filles les B.M.C. nazis du front de l'Est. Elle ne cite personne, mais elle s'adresse d'une certaine façon à la police. « *Les coupables sont toujours là... rois du pavé de Paris et d'ailleurs.* »

Le morceau est enlevé... aux chrétiens protecteurs de la vertu, conservateurs des bonnes vie et mœurs... pourchasseurs des péchés de la chair, vont s'allier les communistes, les patriotes du parti des fusillés. Leur représentant en la circonstance, c'est Raymond Bossus, maire du XXe arrondissement. C'est par excellence un homme d'appareil, membre du Comité Central. Il est populaire, prisonnier évadé, il a fait de la Résistance. Tout ce qu'il va dire est l'émanation du Parti. Il intervient dans le bon sens, demande le châtiment des traîtres... leur arrestation immédiate.

Dans les tribunes du public s'émeut-on de ces menaces? Connaissant un peu l'espèce poissonnière... le comportement des Jules... je les imagine attentifs, certes... s'efforçant de garder leur flegme... souriant, se curant les dents, se lançant des regards les uns les autres en lousdoc... amusés, ironiques. Ils ont pensé à la question et trouvé quelques parades. Les moins prudents, on les a déjà collés au mur dans l'euphorie libératrice. J'irai jusqu'à dire que pour les plus compromettants, on a précédé le mouvement. Des fois qu'ils deviennent trop bavards, ça ne coûtait pas grand-chose de les faire dessouder par quelques nervis. Pendant les grandes journées flingueuses d'août 44, toutes les balles ne se sont pas perdues sur les façades des monuments. On a trouvé des héros le nez dans le ruisseau pas par la faute à Rousseau, ni à von Choltitz, ni à la

Milice de Darnand. Beaucoup s'en faut. Certains barbillons, Julots casse-croûte se sont fait étendre avant d'avoir compris qu'il n'est pas facile de devenir octogénaire dans ce métier. Il y faut une drôle de science... une attention de tous les instants... un machiavélisme inné, instinctif. Je vais vous faire connaître un peu plus loin un homme exemplaire à ce sujet, un vrai pirate des mers voyoutes infestées de drôles de requins. Presque parvenu à son lit de mort, il me confiera quelques bricoles puisqu'il savait que je me défendais au stylo depuis que j'ai pris ma retraite truandière. Par souci peut-être de laisser tout de même une trace de son passage sur la planète. La nature humaine est si vaniteuse qu'elle est capable de choses très inattendues pour survivre dans les mémoires... L'industrie des statues et des plaques commémoratives a encore de beaux jours devant elle.

Revenons à notre Bossus... Raymond pour les camarades... un enfant du Maréchal Staline bien obéissant, discipliné à toute épreuve. Il vole donc à la rescousse de Marthe Richard... le grand parti des travailleurs votera pour l'abolition. Pourrait-il en être autrement? Mes connaissances en la matière me laissent penser que c'était possible... que ça pouvait être une question de gros sous. A la Libération, le P.C. a su traiter avec certains collabos, les blanchir – s'ils ne s'étaient pas trop montrés sur l'avant-scène – moyennant finances, adhésion... marche à l'ombre du Parti. Ça vous éclaire sur l'attitude d'un tas de gens... écrivains, comédiens, industriels, hommes politiques de droite ou du centre. On a dit, raconté dans les officines de Presse, que Maurice Chevalier, notre Momo national, s'était refait une virginité en envoyant la soudure... un gros paquet... aux bonnes œuvres du Parti. Ce qui a permis à Louis Aragon de le célébrer avec Jeanne d'Arc aux couleurs de la France.

Après tout, si la police faisait ses choux gras de renseignements dans les bobinards, pourquoi pas le P.C.? Le chantage est une arme autrement efficace que la Fermeture. C'est parfois précieux de connaître les vices, les secrets d'alcôve de ses adversaires... à quelle cuisine sexuelle ils se font mijoter les rognons.

J'en viendrais à croire que tout s'est décidé bien avant ce

13 décembre... les petites rencontres en lieu sûr, les tractations diverses. Raymond Bossus ne peut pas être tellement surpris par les révélations de Marthe Richard quant à la trahison des tauliers. Dès 1941, les F.T.P. du M.O.I... les hommes de Manouchian ont commis quelques attentats dans les maisons, laissé quelques bombes de fabrication artisanale au vestiaire des habitués. Je suppose qu'ils avaient des raisons, ils ne butaient pas n'importe qui par simple plaisir.

Raymond Bossus va amener l'eau du Parti communiste au moulin de la belle Marthe. On va effacer définitivement une tare sociale... « *Paris se doit de garder sa place de première capitale du monde et ne pas se laisser souiller davantage.* » Texto. Ça vous prend un air d'ironie lorsqu'on voit les choses en 1985... Paris couvert de sex-shops... de boîtes de pédés... de travestis brésiliens... de putes motorisées... de michetonneuses à tous les carrefours. Mme Richard, pas plus que le camarade Bossus, ne pouvait croire que la simple fermeture des maisons allait métamorphoser Sodome et Gomorrhe en cité des justes et des chastes. D'ailleurs, quelques journalistes et écrivains vont s'en donner à ce sujet. Galtier-Boissière en première ligne comme toujours. Dans son *Crapouillot,* il va aligner l'espionne au service de la France sans lui faire le moindre cadeau. Il en résultera quelques petits procès croustillants que Marthe gagnera mais en faisant jouer une loi d'amnistie. C'est un peu ce qui va m'amener, me motiver aujourd'hui à la recherche de la vérité... une partie pour le moins! Je suis ainsi fait, sans doute à cause de mes antécédents de toutes sortes, judiciaires et de naissance, à essayer toujours de voir un peu ce qu'on me dit de ne pas voir, de jeter un œil sur l'envers du décor... les dessous de la mariée... l'image d'Épinal. Rien n'est très simple dès qu'il s'agit de l'histoire grande ou petite des hommes... Quant à la sainte pureté, passez muscade! Au mieux, ses thuriféraires sont idiots... ses grands prêtres complètement dingues ou alors d'une hypocrisie achevée.

Cette première journée au Conseil consacrée aux maisons de tolérance se termine par la lecture du projet Marthe Richard... une proposition commune avec un certain Pierre Corval, celui-là dûment mandaté par le M.R.P. On invite expressément le Préfet de Police à boucler tous les bordels de la ville de

Paris. On ajoute pour faire bon poids les maisons clandestines, l'interdiction du racolage, de tous les actes de nature à troubler la décence publique. On inclut les pédales dans le projet... Individus de mœurs spéciales. On les désignait de la sorte, nous n'en étions pas encore à nos frères différents, comme disent aujourd'hui les curés sans soutane. Les tenanciers, eux, on annonce qu'on va les traquer, débusquer ceux qui se sont mouillés avec les Allemands, les envoyer pourrir sur les paillasses humides de Fresnes... confisquer leurs profits illicites pour les distribuer aux pauvres. Les harengs par la même occase n'ont qu'à numéroter leurs écailles... des instructions vont être données à la police pour les mettre à tout jamais hors d'état de nuire à l'épanouissement de la condition féminine.

Je vous dispense de la lecture pure et simple du texte. Il est à la fois fastidieux comme toutes les choses de ce genre... tout à fait creux, illusoire, hormis la décision de fermer les maisons. Notamment au sujet des proxénètes... Tout l'art de la police, a dit quelque part Napoléon, est de ne pas voir ce qu'il est inutile qu'elle voie. L'exercice du métier de souteneur, les poulets pouvaient l'occulter sans problème pourvu que celui qui en bénéficie sache cracher au bassinet des renseignements.

Certes, les flics des Mœurs vont s'en relever de cette loi imbécile. Ils finissent toujours par s'adapter, biaiser, se retourner. Seulement c'est un principe qu'ils défendent... presque un système de gouvernement, celui qui consiste à *autoriser ce qui est inéluctable pour mieux atteindre ce qui trouble plus gravement l'ordre public... la sécurité des citoyens.*

D'une certaine façon, quelques conseillers municipaux sont assez partisans de ce système. Oh, ils y vont sur la pointe des pieds! Le climat est à la vertu... un peu comme aux plus belles heures de la Convention sous Robespierre et Saint-Just. Un certain M. Amiot monte à la tribune et fait son possible pour défendre la tolérance avec assez d'habileté. Bien sûr, il rend hommage à une femme de la qualité de Marthe Richard, il ne peut pas faire autrement, mais il pense que pour la police et pour la santé publique, la réglementation de la prostitution est préférable... qu'on ne solutionnera rien en supprimant la brigade des mœurs puisque... « *Si, par hypothèse, on supprimait toutes les prostituées clandestines et les souteneurs qui en vivent, toutes les femmes en carte et souteneurs qui en vivent, toutes les maisons de tolérance avec les patrons et les patronnes, les pensionnaires qui y séjournent et les souteneurs qui en vivent, et qu'on parque tout ce monde dans une île, vous savez tous très bien que trois mois après, il y en aurait exactement autant, sinon plus, avec cette différence que ce ne serait pas les mêmes. »*

Il révèle ensuite quelques chiffres qui plaident en faveur des maisons... que les soldats américains débarqués en France depuis juin 1944 ont été contaminés par les maladies vénériennes dans des proportions énormes – environ 50 % de l'effectif – par des filles travaillant dans la rue hors de la protection sanitaire de la tolérance puisque les bordels sont interdits aux G.I.'s. Et il rappelle que l'État prélève par voie fiscale 52 % des bénéfices des tauliers, ce qui fait de lui le premier proxénète de France. En conséquence, M. Amiot propose sans rire qu'on nationalise les maisons et qu'elles fonctionnent désormais uniquement sous contrôle médical.

Bien entendu, son idée est accueillie non par des rires mais des protestations indignées! Un autre Conseiller, Robert Betolaud, conteste la thèse de Marthe Richard selon laquelle *tout le mal vient des maisons, foyers de perversion, chevilles ouvrières de ce réseau de souteneurs et de pourvoyeurs qui vont débaucher les femmes... que le germe est là et qu'en le tuant on atteindra la ramification tout entière.* Il pense au contraire qu'il faut s'en prendre tout d'abord à la prostitution des rues et aux souteneurs en renforçant les lois répressives à leur endroit... en particulier l'article 331 du Code Pénal. Qu'il ne faut pas se hâter de légiférer sans bien étudier toutes les conséquences de l'abolition.

Combats d'arrière-garde. Pierre Corval, représentant du M.R.P., cosignataire du projet Marthe Richard, se charge de balayer les arguments de la vieille sagesse... du compromis avec le mal nécessaire! Il s'élance sur les hauteurs, M. Corval... lui, il veut vaincre le vice en s'attaquant à ses pourvoyeurs, la misère, le chômage, l'alcoolisme! Il faut créer un service de police féminine pour contrôler les bonnes mœurs et s'occuper du reclassement des filles perdues et désireuses de retrouver un gagne-pain honnête. Il se défonce d'une envolée à propos *de l'âme la plus obscure qui peut si elle le veut s'élever vers la lumière et qui répondant à l'appel de sa conscience peut alors vaincre tous les tauliers, les souteneurs du monde qui ne sauraient l'arrêter dans son ascension!*

Entendant une pareille péroraison, dans les travées du public, les tenanciers n'en croyaient pas leurs oreilles! Ça les rassurait presque... on se perdait dans les rêveries, donc on allait retrouver au bout du compte un minimum de bon sens. Mais d'une certaine façon, il me semble que les principaux chefs, les cadors de la corporation avaient fait leur deuil de la tolérance. Pas leur genre de s'éterniser sur des positions intenables. Depuis les débuts de la IIIe République, l'Amicale avait su déjouer les traquenards les mieux montés. Les attaques contre leur vénérable institution, ils en avaient subi plus d'une. Périodiquement, un parlementaire entamait par voie de Presse une petite campagne indignée contre ce véritable fléau social... etc., toujours à peu de chose près le même refrain... les malheureuses filles victimes de la condition prolétarienne et de ses séquelles, l'alcoolisme, l'immoralité... élevées sans Dieu dans les taudis et qui deviennent la proie des exploiteurs de pain de fesses. Ça faisait le sujet de quelques articles dans un journal, une revue d'audience discrète... L'Amicale comprenait fort bien ces appels... ces petits coups de lattes qui signifiaient que le moment était venu d'éclairer un peu le cher représentant du peuple, de cracher au bassinet, d'envoyer de quoi faire la soudure d'une fin de mois difficile d'un parti, d'une œuvre charitable quelconque. Les représentants de l'Amicale se réunissaient et on dépêchait un délégué pour rencontrer l'auteur de ces articles avec une enveloppe. Comme par enchantement, la campagne de Presse s'arrêtait, le parlementaire se calmait la plume sur d'autres sujets, d'autres exercices de style.

En réfléchissant, je me suis dit que notre dame Richard avait peut-être voulu en croquer. En étudiant un peu ce qui émergeait de son passé, les coins d'ombre de sa biographie, ça m'a paru tout à fait vraisemblable. Je me demandais alors pourquoi les choses ne s'étaient pas arrangées de la sorte. Peut-être avait-elle été dépassée par les événements, prise à son propre piège. Une mécanique si bien huilée à la Belle Époque ne pouvait plus fonctionner après les bouleversements de la dernière guerre.

Je vous parle de ma gamberge future... lorsque j'ai commencé à m'intéresser d'assez loin d'abord à ce problème. La rencontre, dans les années 65-67, avec un personnage tout à fait aux premières loges lors de ces débats au Conseil municipal, m'a mis sur la bonne voie sans d'ailleurs que je la recherche. Ça m'intéressait, comme ça, par simple curiosité sans idée d'en faire un fromage littéraire. Bel Armand, je vais vous l'appeler, ça serait ennuyeux pour sa descendance, sa famille, de vous dévoiler, ne serait-ce que son véritable sobriquet. Pas encore l'instant de vous le faire entrer en scène. Pour le moment il est là, figurant, parmi ses pairs sans plus. On le remarque juste par son élégance stricte qui tranche un peu d'avec les autres autour qui donnent encore dans le tape-à-l'œil barbeau... Lui, il a entravé la coupure, qu'il n'y a jamais intérêt à pavoiser voyou. Son costard grande coupe à fines rayures... ses pompes vernies... sa cravate sombre lui donnent l'air d'un industriel. Il planque les tatouages de sa jeunesse sous des chemises en soie marquées à ses initiales. Faut vraiment être de ses intimes, ses bons potes, pour qu'il se laisse aller à une jactance de haute verdure, pour qu'il secoue un peu le vieil homme. Il a écouté Marthe Richard... elle l'a fait doucement sourire mais, il me l'avouera, il lui tire son chapeau. Il trouve que c'est une épée dans son genre, une gonzesse hors du commun. Pas du tout la cheftaine démocrate-chrétienne qu'elle se plaisait à nous le faire accroire.

On reviendra sur ces questions de Gestapistes baignant dans l'huile des bordels. Ça vaut le détour. Au Conseil, on s'est étendu sur les Bonny-Lafont, Codebo, Ricord, certains déjà fusillés, d'autres en cavale... deux ou trois sans doute dans la salle. Marthe Richard dira que Marcel Jamet de la rue de Provence, M'sieur *One two two,* a même son automobile dans la cour... une Cadillac, elle précise, qui ne manque pas, comme nos ambulances, d'essence pour rouler. Ça respirait le pugilat! Au finish, les Amiot, Betolaud et consorts se sont inclinés, le projet de fermeture fut adopté à main levée par soixante-dix voix contre une. Celle d'un radical-socialiste dont l'Histoire n'a même pas retenu le nom.

– C'était un vieux client, m'a révélé Bel Armand vingt ans plus tard au cours d'un dîner.

Un excellent homme qui aimait s'offrir des petites séances de martinet rue Navarin dans une taule à façade gothique où toutes les dames étaient vêtues de cuir... corsetées noir... les bottines à hauts talons... les bas à résille. En tout cas pour un masochiste, il a fait preuve de courage... ce n'est pas monnaie courante dans le cheptel politique.

Les autres opposants, les anti-abolitionnistes se sont manifestés de façon plus sournoise. Après le vote, ça s'est mis à freiner des quatre fers pour l'application de l'arrêté municipal. Des instructions formelles venant du ministère de l'Intérieur pour suspendre les opérations de fermeture. Le nom du ministre, je vous l'ai dit : André Le Troquer. Sans doute trouvait-il abusif qu'on vienne lui troubler ses plaisirs, l'empêcher de s'offrir de la débauche... La rumeur, par la suite, l'a prétendu au mieux avec le Syndicat... l'Amicale des tenanciers. Allait-il jusque-là ? Toujours est-il qu'il n'était pas le plus fort... Il ne s'agissait que d'un combat d'arrière-garde. La décision de fermeture qui ne concernait que la ville de Paris et sa banlieue allait s'étendre à tout le territoire. Bientôt M. Pierre Dominjon, député M.R.P., va proposer à l'Assemblée Constituante que le décret Marthe Richard s'applique à toutes les villes de France.

A la Chambre, de nouveau ça va discourir et interpeller et palabrer et ça n'apportera rien de neuf après les débats du Conseil municipal. On reparlera des maladies vénériennes en recrudescence depuis 1939... dix fois plus estiment les services de santé. Ça pourrait donner des armes aux conservateurs, si timides soient-ils dans le débat. Ça va rester quelque temps le cheval de bataille des anti-abolitionnistes mais la pénicilline va leur couper l'herbe sous le pied. Dans les deux ou trois ans qui suivent la vérole autant que la chaude-pisse vont s'étioler à coups de seringue. Tout un monde s'effacera avec le bordel... les blennos chroniques, les soins au permanganate... les instruments de torture, béniquets et autres. D'elles-mêmes les putes se feront soigner pour préserver leur petit outil de travail.

Je renonce à vous détailler, dépouiller les débats à l'Assemblée Constituante autour du projet Dominjon et qu'on appellera ensuite Marthe Richard. A tort, en prenant les choses au pied de la lettre mais à raison puisque tout s'était cristallisé autour de son nom en décembre au Conseil municipal de Paris. Les députés ne diront rien de plus. Ça ne semble pas les passionner beaucoup. La plupart sont dans la nature... *empêchés,* c'est le terme qui couvre l'abstentionnisme à la Chambre. Ils sont donc une quarantaine à l'ouverture de la séance. On assiste à quelques passes d'armes à fleuret moucheté et l'abolition est adoptée presque à la sauvette.

Le *Journal Officiel* rapporte en final les paroles du Président de l'Assemblée qui devait être Vincent Auriol... *Projet de loi tendant à la fermeture des maisons de tolérance et au renforcement de la lutte contre le proxénétisme.*

Il n'y a pas d'opposition?

Le titre demeure ainsi rédigé.

Personne ne demande la parole?...

Je mets aux voix l'ensemble du projet.

Et voilà. L'ensemble du projet mis aux voix est adopté.

Le J.O. ne donne pas plus de précisions sur le vote... les pour et les contre... On ferme et il faudra Pierre Mac Orlan pour souligner l'importance de cette décision.

N'étaient les conséquences de l'affaire, ça n'a pas tellement grande allure ce débat sur la pureté, l'assainissement de la France. Au Conseil municipal, Marthe Richard au moins avait su donner à la chose une certaine dimension... faire passer un petit frisson dans son auditoire.

Après ce vote du 13 avril... Le texte publié au *Journal Officiel* du 14, il ne restait plus que les formalités d'application. Dans les mois qui suivent, un peu partout, ça va donner lieu à quelques scènes, tableaux vivants de haute graisse. On va pleurer dans les fausses chaumières du *One two two...* sous les lambris dorés du *Chabanais...* le salon pompéien... la grotte de Capri... sur les bergères Louis XV! Même dans les taules d'abattage... se faire des adieux déchirants. On imagine mal que les filles aimaient souvent leur prison... Madame et Monsieur. La plupart préféraient cent fois se faire tringler des journées entières plutôt que d'être à la chaîne chez Renault fraîchement nationalisé.

Marcel Aymé dans une nouvelle intitulée *Conte du Milieu* a

su nous restituer de sa plume ironique et tendre l'ambiance d'une veille de fermeture dans une maison close. J'aurai l'occasion de revenir sur le sujet... vous croquer quelques saynètes, quelques anecdotes qui valent le détour.

Il me semble qu'il faudrait auparavant qu'on fasse un petit retour en arrière... qu'on se plonge dans le passé, le très ancien à tire-d'aile et le plus récent au train de sénateurs... ceux-là mêmes qui fréquentaient les plus beaux salons où les demoiselles se présentaient au choix.

– Quel dommage qu'il n'y ait plus eu de sénateurs en 46, avec eux, on nous aurait jamais bouclés.

Une vieille amie me disait cela un soir à son rade rue Dussoubs dans les anciennes Halles. Une personne de grande sagesse à la fin de sa vie mouvementée parmi les harengs et les flics. On pouvait lui faire confiance.

Histoire succincte de la galanterie
et de ses maisons d'accueil
depuis l'âge de pierre jusqu'à
l'ère de la bourgeoisie absolue.

Qui fut le premier maque... la première pute ? Est-ce Adam qui envoya Ève, non aux asperges, mais à la pomme ? Est-ce Ève qui d'elle-même s'est farci le Diable, le Satan pour ramener à son petit premier homme le fruit défendu ? On pourra débattre sur ce sujet jusqu'à la fin des temps sans arriver à une conclusion certaine.

Pour être moins biblique, plus darwiniste, il est bien possible qu'il y ait eu des Julots néandertaliens... des petites Cromagnonnes qui faisaient les broussailles à défaut de trottoir... Dans le fond de sa grotte, l'homoproxo attendait que sa gravosse lui ramène son morceau d'auroch, de mammouth quotidien... S'il était naze, trop osseux, becté aux vers, gare aux abattis de sa Lucie... il la corrigeait à coups de massue... la croix des vaches au silex ! Vous allez me rétorquer que j'ai une bien piètre image des artistes de Lascaux... Certes, ils devaient pas être tous souteneurs, ni toutes leurs nanas arpenteuses de savane. C'est bien d'ailleurs ce qui en fait le prix. Le jour où toutes les femmes deviendront putes, c'en sera fini des problèmes de la prostitution et du proxénétisme. Ça sera peut-être ça la véritable cité radieuse prédite par les plus vaillants utopistes.

D'après les ouvrages les plus sérieux de savants historiens ou sociologues, la retape est un phénomène urbain. On ne commence à en parler qu'à partir du moment où les villes apparaissent avec leurs trottoirs et c'est bien compréhensible. Le lupanar suit la civilisation. L'évidence. En dehors de mes suppositions préhistoriques, de mon interprétation hasardeuse de la Genèse, les chroniqueurs signalent les péripatéticiennes dès que les humains se mettent à vivre dans la pierre. Une maison bientôt leur est réservée. C'est le progrès, on n'y peut rien.

A Athènes, en tout cas, on en est sûr... les fouille-ruines, les rats de bibliothèques sont formels. Le fondateur, si l'on peut dire, est un des Sept Sages de la Grèce... Solon, que l'on a célébré au Ve siècle avant Jésus-Christ pour avoir ouvert ces temples d'Amour. On les appelait des *dictérions*. On y recevait les hommes des Jeux Olympiques, les matelots. On précise – les savants toujours – qu'on y consommait des gonzesses pour des sommes tout à fait modiques... Sans doute étaient-elles des esclaves, des petits lots de guerre pris à l'ennemi. Quoique ce soit la période de la *prostitution sacrée* d'après le docteur Lacassagne, on mentionne déjà derrière le temple où l'on célèbre le Phallus par des danses, des chants quasi religieux, l'existence de proxénètes, de tenanciers qu'on appelle *pornothropos*. Ça ne paraît pas qu'on les pourchasse, ils n'exploitent pas un métier chargé d'opprobre. Que les amateurs de Vénus versent leur obole, quoi de plus naturel. Dans toutes les églises, les chapelles, les mosquées, les synagogues, les basiliques, on invite toujours les fidèles à extirper quelques piécettes de leur poche... pour l'entretien des lieux et du clergé. On va faire l'amour spirituel avec Dieu, mais dans un sens il est maqué le Seigneur, la Sainte Vierge aussi et les anges qui doivent en refiler de la jaquette puisqu'ils sont sans sexe.

Malgré cet aspect religieux, sacré des *dictérions*... le Sage Solon avait codifié la prostitution comme sous notre IIIe République. Un peu bourgeoisement, si je puis dire... en rapport avec le fric, l'obole. Il y avait les putes à soldats, la basse catégorie, l'équivalent de nos pensionnaires de maisons d'abattage. Pas de préambule, de blabla. La porte est ouverte, la dame est là... on se la calse à la papa ou en levrette – les vases en témoignent – et salut, beau militaire!

Dans les boxons de la classe moyenne, le cadre, les décors

étaient plus chaleureux. La musique... ça danse, ça chante. Les nanas se parfument, se toilettent le minou... se fardent. Tout le cirque habituel. Il s'agit d'aguicher le micheton pour qu'il trique sous son péplum et envoie ses drachmes... la monnaie de l'époque. Et je vous signale en passant que l'État prélevait sa dîme. Les bordels étaient quasiment nationalisés... les tauliers un peu fonctionnaires.

En haut de l'échelle, on trouve les courtisanes... des affranchies, des étrangères... Les plus beaux sujets et qui savent profiter de ce don du ciel que représentent une paire de miches pour le festin du dieu Priape. Elles sont installées dans le luxe et, pour le racolage, elles expédient leurs larbins dans les rues, sur le port. A eux de ferrer le gros poisson. En quelque sorte la chose se pratique à présent par voie de Presse, dans les périodiques de la fesse où passent les petits annonces des bains thaïlandais.

Certaines de ces péripatéticiennes de haute gamme ont laissé un nom dans l'Histoire. On se souviendra encore d'elles alors que Giscard plus ou moins d'Estaing et François Mitterrand seront aux oubliettes de la mémoire.

La dolce vita athénienne nous donne à rêver... Aspasie, Phryné, Laïs... on imagine des drôles de parties de jambes en l'air avec ces belles dames du temps jadis. Elles ne se tapent presque exclusivement que des célébrités... Périclès, Alcibiade, Praxitèle... On n'a pas, c'est bien dommage, de détails très précis sur les rigolades trouduculières de ces joyeux drilles. Sans doute ne faisaient-ils pas beaucoup mieux que nous, tout Grecs antiques qu'ils étaient. On a beau se triturer les méninges, se pogner à mort, on en revient à un certain nombre de figures, si je puis dire, imposées. Seules quelques bricoles mécaniques, électriques ou plastiques ont pu apporter des innovations à nos dévergondages.

Le dieu Pan est de toutes les orgies... on le vénère dans tous les *dictérions*... On est dans un univers où les putes font partie de l'ordre social ouvertement. Qu'en est-il du maquereautage, du mâle profiteur du cul de sa ou de ses dames ? On n'a pas lerche d'indications sur ce personnage... ne doutons pas qu'il est là. Plus ou moins dans l'ombre... taulier, entremetteur, rabatteur, on n'arrive pas à concevoir la prostitution même sacrée sans lui. Dans une société où elle est non seulement admise ouvertement comme d'utilité publique, mais célébrée dans les temples d'amour, on pourrait croire que le proxénète n'a pas lieu d'être... qu'il est surtout un produit de l'interdiction. C'est compter sans les dames... le goût de gâter un petit chéri ou un gros voyou. D'où quelques difficultés pour Marthe Richard et pour tous ceux qui se sont attelés au problème du proxénétisme.

Chez les Romains, ça marche à peu près de la même façon. Le bordel qui s'appelle *lupanaria* n'est peut-être plus un lieu sacré... mais Priape reste un dieu... les jeunes filles sont invitées à l'adoration du braquemart comme nos pucelles du couvent des oiseaux à celle du Sacré-Cœur et de l'Eucharistie. On a ouvert une quarantaine de *lupanaria* dans Rome et, bien sûr, il y en a pour tous les goûts, tous les niveaux de vie. Ça devient même comme la consommation alcoolique avant-guerre en Bretagne où l'on pouvait se taper des bolées de cidre et du Calva aussi bien dans les boulangeries qu'à la poste. Je ne sais quel empereur, voulant freiner un peu l'activité des putes, provoqua le contraire... tous les commerces devinrent clandés. On pouvait s'envoyer en l'air chez le barbier, le boucher, dans les thermes, etc. Les prostituées avaient une tenue imposée... la toge ouverte sur le devant et des chaussures rouges. Les tenanciers et proxénètes sont privés de leurs droits civiques... déclarés infâmes pour mieux leur prélever des impôts.

L'histoire de Rome ne peut certes pas se résumer, se schématiser en quelques lignes. Ça court sur plusieurs siècles. Au début, on était sévère question mœurs et au fur à mesure les choses se relâchent jusqu'aux Bacchanales... au culte d'Isis importé d'Égypte. Cependant, d'un bout à l'autre de l'hégémonie romaine sur le monde, les putes sont là, plus ou moins admises officiellement, plus ou moins respectées, plus ou moins taxées, et finalement Flora, la déesse du printemps, deviendra aussi celle des prostituées. Tous les grands auteurs les célèbrent... les poètes, les peintres... les sculpteurs... les graveurs.

De temps en temps, d'une époque l'autre... les gouvernements, les empereurs changent d'attitude à leur égard. Bien sûr, Caligula, Néron ou Héliogabale ne risquent pas d'inventer l'abolitionnisme. Les proxénètes sont moins bien admis, mais ils sont toujours là, en coulisse, à tirer les marrons du feu au cul. On les rançonne, c'est bien normal, mais ça ne paraît pas qu'on les poursuive en raison de l'immoralité de leur fonction. Il est vrai que l'esclavage fait partie des institutions sous l'Antiquité gréco-romaine... les putes sont, pour la plupart, des esclaves privilégiées mais esclaves tout de même.

Arrive le christianisme et, bien sûr, il va foutre la merde... faire de l'amour un péché... convertir quelques empereurs qui vont, comme les M.R.P., essayer d'interdire la prostitution. Théodose II, empereur d'Orient, au Ve siècle fait boucler les lupanars. Résultat : la prostitution clandestine fleurit de plus belle... exactement comme aujourd'hui, quarante ans après la loi Marthe Richard.

Sur tout ça, on ferait des volumes, des romans... Moi, je suis obligé d'aller vite. L'Empire romain déjà s'effrite lorsque les chrétiens apparaissent. Beau en faire du *Canigou* pour les lions, ils prolifèrent, ils ont la foi qui vous fout les empires à terre.

Les Barbares alors se radinent... Ostrogoths et Wisigoths... des drôles de loulous burgondes... Attila avec ses Huns... toutes sortes de féroces qui s'emparent des villes, s'infiltrent... prennent les places que les Romains ne défendent plus. Cependant les chrétiens résistent au choc, ils finissent par baptiser toute cette engeance. On pourrait croire qu'elle va se calmer, baigner dans l'eau bénite... que les vertus du Seigneur vont triompher. Rien n'est si simple, c'est plutôt le contraire qui se déroule. Les Barbares imposent leurs mœurs, tout chrétiens qu'ils sont devenus, ils forniquent à tour de bite... Et les muretons deviennent réalistes par la force des choses... opportunistes et tolérants. Ce qui veut dire qu'ils admettent le lupanar. Voilà... ils ferment les yeux, confessent... absolvent les filles publiques au Concile d'Aix.

Les rois mérovingiens se font baptiser à Reims, mais ils se comportent comme des émirs, des pachas orientaux... des maques de grande envergure. Jusqu'aux évêques qui s'entourent parfois de véritables harems. Le stade de l'église primitive est déjà loin.

Quelques rois plus tard... c'est-à-dire des siècles... des Carolingiens, des Capétiens vont revenir à une espèce d'ordre moral dont les filles font toujours les frais. Ils alternent... on passe de la débauche à la rigueur. Celle-ci ne tient pas... la nature finit toujours par briser son carcan. Certains princes sont entourés de nanas qui ressemblent comme des sœurs à des putes. Les véritables, celles des rues et des maisons, finissent par avoir leur corporation comme les artisans, les marchands. Puisque l'époque est à Dieu, elles font pénitence pour la forme et elles sont de toutes les cérémonies religieuses, les processions, les œuvres pies... les chemins de croix. Leur sainte patronne, c'est Madeleine... pécheresse repentie.

L'Église codifie le bien et le mal. Selon le dogme, les plaisirs de la chair recherchés hors de la procréation sont fustigés, rejetés aux ténèbres extérieures où règne Satan et tous ses diablotins. En conséquence, les prostituées, ceux qui les protègent et ceux qui les consomment sont dans le péché de luxure. Saint Louis, après quelques tentatives pour prohiber le métier des ribaudes, sera obligé de se rallier à la tolérance comme toujours sous le poids des faits... la politique n'est que l'art de composer avec le Réel. On crédite le saint monarque d'avoir le premier institué, permis officiellement en tout cas, les *bordeaux* au Royaume de France. D'ordre du Roi, ils sont éloignés du centre des villes, des églises, des hôpitaux, mais enfin ils sont bel et bien en place... avec leur enseigne, leur lanterne! Certaines filles de joye opèrent dans les *estuves*... les établissements de bains. La police, bien entendu, surveille tout ça... Comme les *ruffians* et les *maquerelles* risquaient le pilori, le fer rouge et autres plaisanteries de ce genre, on comprend comment les hommes de la maréchaussée pouvaient les avoir à leur pogne.

Avec des hauts, des bas... des retours en arrière, des heurts inévitables, le système va fonctionner jusqu'au XVe siècle.

C'est l'époque de la Cour des Miracles à Paris... une sorte de ghetto de brigands, de vagabonds, de mendiants... de putes et de proxénètes... Le Royaume d'Argot avec sa langue secrète. Les truands souteneurs, on les appelle des *maquignons* par analogie à ceux qui vendent des bestiaux à la foire. Ils *maquignonnent* les femmes. Abréviation, facilité de langage... maquignon, par apocope, deviendra maque et arrivera jusqu'à nous après avoir été maquereau et de là toutes sortes de poissons... hareng, brochet, barbeau, sauret.

La moitié de notre argot a ses origines à la Cour des Miracles... La langue secrète des truands ayant été éventrée peu à peu va nourrir le parler populaire... et celui-ci le bon français tout court. Pour aboutir au dictionnaire d'académie comme les mots *antan, patibulaire, minois, trimard, lésiner*, etc.

Avec Villon, l'échotier François, nous pénétrons de plain-pied dans le monde des filles et de leurs protecteurs par la poésie, la très grande littérature. Entre la fin du XVe siècle et la période d'avant la Deuxième Guerre mondiale, quels que soient le roi, le régime politique... les lois répressives ou réglementaristes, le milieu de la prostitution reste à peu près le même. C'est la mentalité profonde de l'Éternel Julot que Villon nous révèle dans sa ballade à la Grosse Margot qui devait être sa gagneuse.

> « *Vente, gresle, gelle, j'ay mon pain cuit.*
> *Je suis paillard, la paillarde me duit*
> *Lequel vault mieulx? Chacun bien s'entresuit*
> *L'ung vault l'autre; c'est a mau chat mau rat*
> *Ordure amons, ordure nous assuit;*
> *Nous deffuyons onneur, il nous déffuit,*
> *En ce bordeau où tenons nostre estat.* »

Ce royaume d'Argot... ce milieu de malfrats et de putes est en quelque sorte l'envers de la société normale. Il ne s'agit aucunement de gens révoltés comme persistent à le croire certains théoriciens de la révolution. Non, il s'agit d'une espèce de caricature du monde féodal. Encore aujourd'hui, ce qu'on appelle le Milieu – et qui est surtout celui de la prostitution – est calqué sur ce modèle avec ses chefs, ses seigneurs, vassaux, etc. Les lois internes y sont impitoyables et on y respecte un code interne de l'honneur plus ou moins calqué sur celui de la chevalerie. Au temps de la Cour des Miracles, c'était bien sûr plus évident. Le chef, roi de la Thune ou suppôteau (qui donnera plus tard le mot pote par le même processus linguistique que pour maque) règne sur tout ce qui est illégal, le vol, la mendicité, tous les trafics de toutes sortes. Il est le super mac. Il juge, il tranche, il ordonne et il est obéi. C'est lui qui discute avec les autorités, avec l'Église... lui qui magouille, qui arrange les coups. Il tient ses assises en des lieux qui sont parlants, évocateurs juste par leur appellation... la Grande-Truanderie... le Cul-de-sac Saint-Sauveur... Le Pré-aux-Gueux!

Le comportement de la truandaille est le même qu'au XXe siècle. Les putes qu'on appelle alors accrocheuses, bagasses, folieuses, enseignantes, friquenelles, jeannetons, gouines (qui signifiera plus tard lesbiennes), gourgandines, grues, lescheresses, paillasses, linottes, maraudes, poupines, sacs de nuit, voyageuses, femmes de joye ont les mêmes réactions, la même docilité à l'égard de leur seigneur et maître, le malfrat coquillard, le vide-gousset, le mercelot, malingreux, narquois ou drille... Il est rare que les proxénètes se recrutent ailleurs que dans la marginalité. De toutes les activités illégales, le commerce de la galanterie est à première vue un des moins dangereux, apparemment en tout cas, et des plus lucratifs... Presque tous les hors-la-loi, les truands en croquent plus ou moins.

Ce qu'on appelle le Moyen Age est aussi difficile à cerner, limiter que l'Antiquité classique. Les dirigeants, hommes d'Église, seigneurs, échevins légifèrent à propos des *bordeaux* et des filles de joie de façon souvent contradictoire, incohérente, empirique ou rigoureuse selon les lieux et les époques. Toutes les tentatives pour stopper le mal sont toujours vaines. On ferme et aussitôt la *débauche* reprend de plus belle ailleurs. Les plus habiles gouvernants en prennent leur parti et en tirent surtout des bénéfices au passage.

Les grandes cités du XVe siècle ont leurs quartiers réservés. Les chroniques nous renseignent un peu sur leur existence... les problèmes posés à droite et à gauche... à Paris et en province. Certains bourgeois ou ecclésiastiques se plaignent au Roi du bruit, des bagarres, des scandales provoqués par les filles dans la rue tout comme en 1985 les habitants de la rue Saint-Denis pétitionnent, réclament au maire de l'arrondissement des mesures énergiques pour régler le problème. On parle de virer les putes, de les expulser du quartier et celles-ci, comme leurs ancêtres, se rebiffent, refusent de quitter les lieux où *elles font péché de leur corps*. Ça défile, défie les autorités, etc. avec des banderoles. Pour les amateurs de folklore, le spectacle était certainement plus succulent, plus haut en couleur au XIVe siècle qu'aujourd'hui. Les pensionnaires des *bordeaux* se révoltèrent, entre autres, contre l'interdit de porter des fringues en soie, *des parures qui doivent rester les ornements des demoiselles et femmes d'honneur*.

Ces temps-là sont à l'image des cathédrales... le Diable y voisine avec Jésus-Christ, la Vierge Marie et tous les saints du Paradis. La ribaude est-elle fille de Dieu ou de Satan ? Elle va de l'un à l'autre mais en tout cas elle est partout... La paillardise s'engouffre jusque dans la crypte des églises. A Marseille en 1493, les échevins ordonnent de murer la crypte des Trinitaires dont les maraudes font l'abus que l'on devine. En certaines villes, le *bordeau* s'appelle carrément *l'abbaye* et la taulière devient l'abbesse. Il est à remarquer que les structures intérieures des maisons de tolérance sont calquées sur celles des couvents. Parfois, d'ailleurs, celles-là appartiennent à l'église ou à la Municipalité avec des gardiens désignés, rémunérés par elle. On imagine sans mal toutes les compromissions que cette situation provoque... Les échevins ou certains curés sont très près du proxénétisme pur et simple puisqu'on parle de cadeaux qui leur sont offerts par les tenancières. Du haut en bas, on s'aperçoit que tout le monde reçoit son petit bakchich... les moines, les évêques pensent qu'il n'y a aucune loi du Seigneur leur interdisant de recevoir *les aumônes des prostituées puisqu'elles vont être employées aux meilleures œuvres de la charité chrétienne*. Savoir ce que les moines évêques prélevaient au passage pour l'entretien de leur petite personne... tout le problème est là. L'argent du péché devient celui de la pénitence, il répare les fautes commises puisqu'il sert à faire le bien. Ainsi raisonnent ces curieux ecclésiastiques passés maîtres en duplicité.

A la Renaissance, les costumes changent... les rois se succèdent. L'un veut qu'on brûle les femmes de mauvaise vie. Son successeur, plus judicieux, fait prélever un impôt sur les passes. On appelle les sous-maîtresses... *dames de filles de joie.* Les soldats des guerres d'Italie ramènent la vérole en France... les putes vont donc en profiter les premières et la refiler à leurs clients et à leurs jules. D'où l'idée que le Seigneur Dieu s'en mêle et envoie les tréponèmes pour punir les coupables du péché de la chair.

La Réforme, forcément, va jouer son rôle. Les protestants ne badinent pas avec l'amour. Dans les territoires où ils règnent, on supprime – provisoirement s'entend – les *bordeaux,* on poursuit les dames d'amour tarifées. Encore une fois, l'interdiction provoque des troubles plus graves que la tolérance. Et on retourne, après moult procès, péripéties drolatiques, désordres de toutes sortes, à la case départ. Henri IV, empirique et grand adorateur du beau sexe, revient à la sagesse. Il redonne aux filles le droit d'exercer sans problème leur joyeux métier... Dans certains quartiers, les bordeaux s'ouvrent à heures fixes. Henri de Navarre se justifie en disant qu'il prend ces mesures afin que les goûts d'Henri III ne puissent se répandre dans la jeunesse.

Un député de l'Assemblée Constituante dira à peu près la même chose en 1946, un des derniers défenseurs des maisons closes. Il avertira ses collègues que l'homosexualité va augmenter considérablement après la fermeture... qu'on verra bientôt les trottoirs de nos villes envahis par des jeunes gens aux mœurs contre nature... les antiphysiques, comme on les appelait drôlement à l'époque. Sa déclaration est accueillie par l'hilarité générale. Intéressant à noter quand on se promène aujourd'hui dans certains quartiers de Paris où les gitons, les travelos de tout acabit ont pris la place des femmes dans les bars, les allées du Bois de Boulogne et sur les trottoirs.

Avant de poursuivre notre petite promenade bordélique au Royaume de France, on peut jeter un œil sur nos voisins italiens sous les Borgia. On les imagine mal abolitionnistes, ceux-là. Au cours de ses orgies César, qui précède le Marquis de Sade dans ses délires surréalistes, a certainement besoin des services compétents de la gent putassière.

Il existe dans toutes les grandes villes italiennes du XVIe... toutes les catégories possibles de bordels et de putes. Mais la courtisane de l'époque a pris du galon. Elle participe, elle aussi, à la Renaissance des arts et des lettres. Elle est cultivée... souvent elle écrit... Elle se *libère* d'une certaine façon. Le maque est certainement derrière elle, mais peut-être lui aussi est-il un peu plus raffiné, un peu plus lettré que l'engeance habituelle. Ce qui ne veut pas dire qu'il n'a pas sa dague toujours à portée de la main, prête à se planter dans le cœur d'un rival ou simplement d'un emmerdeur. Civilisation n'est pas synonyme d'angélisme, de philanthropie. Le monde de la prostitution n'a jamais été démocratique. Il ne peut pas l'être puisqu'il repose sur l'exploitation de l'Homme sur la pute et de celle-ci sur le *cave,* le client, le micheton... Que les rapports entre tous ces gens aient des formes plus subtiles, pourquoi pas... il n'en demeure pas moins qu'ils sont de cet ordre : celui de la pire brutalité derrière une société policée.

Les grandes courtisanes renaissantes dans leurs bordels se baignent, se coiffent, se parfument, se parent de bijoux d'or. La michetonnerie se bouscule aux portes des lupanars. On y joue, on y danse, on y mange de riches nourritures et on y fait le reste avec tous les raffinements inimaginables!

Les grandes prêtresses de ces cérémonies voluptueuses s'appellent la Nanna (avec deux n...), Lucrèce, Isabelle de Luna, Tullia d'Aragona qui publie des poèmes. L'Abbé Brantôme nous a laissé avec ses *Dames galantes* un témoignage de premier ordre spirituel, cocasse, exact... toute la légèreté voulue pour traiter de pareils sujets. Montaigne, moins à l'aise avec les filles de joie qu'avec les réflexions philosophiques, nous donne tout de même une honnête relation de ses rencontres avec les pensionnaires de bordel à Venise dans son *Journal de voyage en Italie.*

Rome au XVIe est vraiment devenue la ville des courtisanes, leur capitale. De quoi exciter les anathèmes de Savonarole... Les papes, de Sixte IV à Alexandre Borgia, ont laissé s'installer les putes et leurs maquerelles jusque dans leur palais. Les cardinaux, les prélats drainent dans leur sillage toutes sortes de catins... hétaïres... appelez-les comme vous voulez, ça revient au même. On les recense de temps en temps... six mille huit cents au milieu du siècle pour cent mille habitants. Comment se fier à ces chiffres? Ils permettent cependant de conclure que ça y allait bon train... qu'on savait se divertir allégrement... que les parpaillots, après Savonarole, avaient de quoi s'élever contre la corruption du Saint-Siège, de l'Église catholique... nourrir leur besoin de pureté... qui se métamorphose si souvent en instinct sanguinaire.

Au Grand Siècle, on interdit officiellement et on tolère de fait. Ça permet à la police de manœuvrer comme il convient selon les circonstances. Les clandés s'appellent des *cagnards*. Mathurin Régnier, qui les fréquente, les décrit comme des lieux où l'on court quelques risques de se faire étriper. On y côtoie la truandaille et les sergents du guet qui semblent cumuler les fonctions et sont, assez souvent, les jules de ces dames. On trouvera toujours au cours de l'Histoire des flics-souteneurs... ils sont merveilleusement placés pour jouer le rôle de proxénète. Une vieille amie, qui a exercé longtemps sur divers trottoirs de la capitale, ne se cache pas d'avoir toujours eu des protecteurs de la Mondaine. Aussi, elle a pu tenir le pavé sans que les harengs du Milieu l'inquiètent et devenir la taulière d'un hôtel de partouses.

La position des grandes courtisanes est ambiguë. Ninon de Lenclos ou Marion Delorme se distinguent par leur esprit, leurs bonnes manières. Peut-on les ranger carrément dans la catégorie des putes ? Elles arrivent à échapper à cette appellation non contrôlée parce qu'elles vont se prélasser dans le lit des grands de ce monde... y compris les ecclésiastiques, ce qui leur permet de garder de la religion dans le maintien. La Sainte Mère l'Église incite les femmes de mauvaise vie au repentir. Sans doute attendent-elles d'être assez usées pour écouter l'appel du Seigneur. Ça veut dire alors qu'elles se retrouvent au Bon Pasteur, aux Madelonnettes, à la Salpêtrière... des couvents qui ressemblent à des prisons. En 1648, une ordonnance de Louis XIV prévoit l'internement des prostituées. On leur réserve quelques bâtiments de l'Hôpital Général. Bien sûr, il s'agit là des pauvres putes... celles qui ont servi aux soldats et aux manants.

Le lieutenant de police, le fameux La Reynie, fait interner les filles comme bon lui semble... et tout le temps que ça lui chante. Derrière ces mesures il y a, certes, la grande crainte des maladies vénériennes. Depuis les guerres d'Italie, la syphilis – dite mal français ou italien, selon le côté de la frontière – fait des ravages. Elle est une maladie du Diable. Pour la vaincre, en dehors des mesures de police, il faudra attendre l'invention de M. Fleming.

La Reynie, en chef de la police avisé, utilise l'ordonnance royale avec un grand discernement. Il sait à quoi s'en tenir sur le plus vieux métier du monde. Il utilise proxénète et putes pour le plus grand profit de la sécurité publique, si fragile au XVIIe aussi bien dans les villes que dans les campagnes.

Les prostituées redoutent la Salpêtrière : on les trie et on embarque les plus belles pour le peuplement de nos colonies d'Amérique. Sans doute cette crainte délie-t-elle les langues. Rien de très joli, de très moral dans tout ça, le Grand Siècle est dur aux misérables. On y meurt en moyenne à dix-sept ans. On ne peut rien y comprendre si on ne se met pas dans l'idée que la société française sous le Roi-Soleil était à peu près comme la société en Inde aujourd'hui avec ses masses de loqueteux, d'affamés et ses seigneurs, ses maharadjahs.

Le Siècle des lumières commence avec la Régence. Apparaît sur la scène le libertin... On va dire de la verge qu'elle est l'instrument du sage, le signe de sa supériorité. L'aristocratie, après les tristesses fin de règne de Mme de Maintenon, se préoccupe surtout d'amour. Plus précisément *de faire l'amour*... sous toutes ses formes, à tous les niveaux sociaux les filles galantes vont faire florès. On les anoblit pour aller dans le lit du Roi... la Pompadour, la Du Barry ne craignent pas la comparaison avec les hétaïres de l'Antiquité et de la Renaissance. Les tenancières, qui s'appellent à ce moment-là *appareilleuses*, jouent un rôle prédominant, elles recrutent les filles et assurent leur éducation sexuelle. A la dévotion des grands aristocrates et des sbires de la police, elles sont là comme toujours pour la volupté et pour entendre ce qu'il faut entendre en dehors des soupirs de la volupté. Louis XV demande à ses policiers de lui faire des rapports sur les personnages qui fréquentent les meilleures maisons. Les tenancières ne se font pas prier pour donner aux flics tous les détails qu'ils réclament sur leurs habitués... leurs goûts... leurs dépravations. Elles notent tout et le Roi s'amuse à la lecture de ces rapports croustillants.

Les bordels de basse classe se situent dans un secteur avoisinant la rue Saint-Denis, rue Tire-Boudin, rue des Deux-Portes, rue Pavée, rue Beaurepaire... l'ensemble s'appelle le Val d'amour. On tolère toutes débauches pourvu qu'elles ne troublent pas l'existence des honnêtes gens.

Ce siècle est galant, ce qui n'exclut pas qu'il soit cruel. La dépravation des mœurs engendre les facéties du Marquis de Sade.

Dans les maisons de luxe, chez les dames Babet, Florence Dhosmont, Gourdau, Justine Pâris, etc. on rivalise dans l'invention érotique. Les filles ont seize ou vingt ans. On se les offre pour un souper, une journée, une nuit, et les prix varient selon *les services demandés*.

Il semble que les appareilleuses ne soient pas tellement liées aux souteneurs. Ceux-ci ne sont pas les maîtres du jeu comme ils le seront au XIXe siècle. Ils existent cependant mais un peu à la façon des amants de cœur de ces demoiselles de petite vertu. Ils sont laquais, coiffeurs, soldats des Gardes françaises : on les nomme greluchons. Sans doute soutirent-ils la comptée à leurs filles, mais ils restent le plus à l'écart possible. Pendant qu'elles travaillent... on dit qu'ils rôdent, qu'ils jouent aux cartes ou au billard, qu'ils se prélassent dans les tripots, les mauvais lieux. Parfois, on note qu'ils participent à des parties fines. Bref, ils se comportent exactement comme tous les maquereaux depuis toujours. Simplement il n'apparaît pas qu'ils soient très organisés en bande. Les tenancières s'en méfient... l'essentiel de la prostitution vient d'elles... libre aux filles de se faire exploiter si elles sont assez bêtes pour ça. Et, bien sûr, elles le sont.

On va parvenir à la Révolution au rythme du libertinage, des publications érotiques. Restif de La Bretonne, aventurier de la galanterie, en arrive à publier *Le Pornographe ou Idées d'un honnête homme sur un projet de règlement pour les prostituées propre à prévenir les malheurs qu'occasionne le publicisme des femmes* où il propose de grandes réformes qui préfigurent Fourier et ses phalanstères. Un système contrôlé par les municipalités. Tout est prévu, détaillé par le menu. Un conseil de douze sages pour régir les sérails de chaque ville. La taulière métamorphosée en sorte de Supérieure qui rendra compte de ses faits et gestes au conseil des sages...

Restif suggère que les bordels soient à l'écart des villes. Il en trace les plans avec les chambres, les corridors, les jardins... les jets d'eau! Le rôle des putes dans ce système n'est pas des plus clairs. Elles sont mensualisées, payées avec les impôts prélevés par la municipalité. Elles sont volontaires, il va sans dire, pour travailler au lupanar. Il est prévu qu'elles pourront choisir elles-mêmes leurs clients.

Tout cela relève de l'utopie... des douces rêveries rousseauistes du XVIIIe, mais il n'empêche que les idées de Restif de La Bretonne vont rester dans l'air. Près de deux siècles plus tard, sous la Ve République, le docteur Peyret, député de la Vienne, les proposera à ses collègues à peine dépoussiérées. Un projet de réouverture des maisons où les prostituées seront libres... Ce qui suppose encore une fois qu'un voyou quelconque ne les y enverra pas sous la menace et ne ramassera pas la monnaie lorsque sa gagneuse sortira de son bordel nationalisé. Beau faire, tout prévoir... tous les plus merveilleux projets achoppent sur le souteneur.

La Révolution va-t-elle jouer un rôle important dans le domaine qui nous intéresse ? Louis XVI ne devait pas apprécier les mêmes plaisirs que son grand-père amateur des filles du Parc-aux-Cerfs. Il fait interdire le racolage dans Paris. Vainement... le Palais-Royal est devenu en 1789 un haut lieu de tous les plaisirs, toutes les dépravations. Les filles de boutique s'y font putains, dit-on, et les putains filles de boutique. On y vendait le *Livre des Beautés*... l'annuaire des putes avec toutes leurs spécialités, la description de leurs avantages physiques... la superbe, la fringante, l'attisée, la mignonne, la maigre, la tendre, la grosse, la pimpante, la mutine, la pâle, la façonnée, la boiteuse, l'alerte... il y en avait pour tous les goûts.

La police signale peu avant la Révolution que *la flagellation est une passion très courante et qu'elle domine surtout chez les gens d'Église.* L'inspecteur Marais rapporte, entre autres, que le bibliothécaire des Petits Pères de la place des Victoires se faisait étriller de bonne façon par deux femmes qui furent obligées « *faute de verges de prendre un paillasson de jonc qu'elles avaient défilé; quand j'entrai dans ce lieu, tout son corps ruisselait de sang* ».

Galtier-Boissière, dans un numéro du *Crapouillot*, rapporte quelques indications intéressantes sur les maisons de luxe de l'époque :

« *Ces maisons, pour la plupart, étoient très bien montées en filles d'amour, presque toutes très jolies, mais extrêmement libertines; car, ayant l'une et l'autre perdu toute pudeur, chacune d'elles, dans le particulier, tâchoit de renchérir sur sa compagne et de s'acquérir le titre de fameuse dans l'art profond de varier les plaisirs, et dans la pratique de toutes les possibilités physiques en matière de débauche. Cependant, entièrement soumises aux matrones, qui savoient se faire craindre, l'ordre, l'honnêteté, la décence et la tranquillité régnoient dans ces lieux de prostitution. Elles se levoient à huit heures, elles déjeunoient toutes ensemble. A dix heures les coiffeurs arrivoient. A onze heures la toilette était terminée. Leur parure, quoique simple, avoit de l'élégance. Elles portoient des vêtements légers, transparents. Les extrémités, les bras, les épaules, la gorge, les pieds, et les jambes, paroissoient nus. Un corset de soie, un tricot léger, souple, adhérent, de couleur chair, caressoit, mouloit et dessinoit leur corps. Une gaze cristalline les enveloppoit, et se balançoit avec amour et mollesse, sur des contours qu'elle sembloit baiser. Tout à coup, repoussée par leur fermeté et leur élasticité, elle s'écartoit au gré de la coquetterie, voltigeoit, s'arrondissoit, et ne laissoit apercevoir que ce qu'il falloit pour exciter les désirs. Enfin, le goût et les grâces sembloient avoir pris soin de les embellir.*

« *Elles se rendoient toutes dans un superbe salon, s'occupoient les unes à différents travaux de femmes, comme broderies, dentelles, et les autres pinçoient de la guitare et de la harpe, et s'accompagnoient de leurs voix. C'étoient là leurs occupations avant et après le dîner. Le matin, les assidus de la maison, amants particuliers de chaque demoiselle, étoient admis sous la réserve expresse de n'être point jaloux et de se retirer au moindre signal.*

« *Après dîner, les jeunes gens, les amateurs, se rendoient à l'heure du café ou le soir, au moment qu'on servoit les glaces, les rafraîchissements ou le thé. Là, librement on choisissoit sa sultane; et dès l'instant qu'on avoit compté à la mère abbesse trois louis pour le souper et le coucher, la jeune victime ne voyoit et ne recevoit personne jusqu'au lendemain. D'après les règlements et les statuts de la maison, dès ce moment, elle devoit le satisfaire dans ses fantaisies, dans ses caprices et ses extravagances; elle étoit à lui, c'étoit son bien, il pouvoit alors en disposer à sa volonté.*

« Ordinairement tous les soirs, un certain nombre de ces demoiselles, chacune à leur tour, alloient aux différents spectacles, alors elles ne paraissoient pas dans le salon après dîner.

« Lorsque quelqu'un avoit des raisons pour garder l'incognito il entroit sans être vu, par un escalier dérobé. La mère abbesse alloit au-devant de lui, et le recevoit dans une espèce de parloir séparé, dont les murs étoient garnis de cordons de sonnette (chaque demoiselle avoit la sienne). Après les compliments d'usage, elle lui remettait le gros in-folio, relié en maroquin, et doré sur tranche, ayant pour titre Livre des Beautés. Ce livre contenoit le portrait moral et physique de chaque courtisane. Il en prenoit lecture et désignoit celle qui lui agréoit le plus.

« La matrone recevoit alors d'avance le cadeau du monsieur, qui étoit ordinairement un louis pour une passe, y compris le bouillon-restaurant et des rafraîchissements. Si le monsieur étoit généreux et donnoit par exemple deux louis, alors la mère abbesse lui apportoit le Registre des passions, qui contenoit le détail des différentes jouissances connues et usitées dans ces lieux; et comme chacun comportoit certains ustensiles (sic) de détail, et nécessaires, tous les boudoirs étoient arrangés en conséquence. Une fois que la mère abbesse connaissoit le goût et la passion du traitant, elle tiroit la sonnette de la demoiselle désirée et celle qui indiquoit la passion. A ce signal, de convention, la demoiselle se rendoit sur-le-champ par un couloir secret dans le boudoir désigné, et couchée négligemment sur un sopha, elle attendoit l'amateur qui ne tardoit pas à entrer. »

Il semble que Voltaire, Diderot, Montesquieu, le Président de Brosses, Casanova, Buffon aient été de temps en temps jeter un œil, pour ne pas dire plus, dans ce genre d'établissement.

La première période révolutionnaire, celle qui va en gros du 14 juillet 1789 à la Convention, est euphorique. Une sorte de Mai 68. C'est la fête et on fornique dans tous les coins. Le recrutement social des putes s'élargit. L'essentiel, le plus intéressant, se passe toujours autour du Palais-Royal, dans toutes les rues avoisinantes où des brochettes de catins racolent. Une célèbre taulière, la Dupeyrou, tient bordel à l'enseigne de *La Paysanne*. On y trouve de la jeunesse fraîche et bien tournée qui arrive de Normandie ou du Poitou. C'est le moment où les Gardes françaises mettent crosse en l'air sous l'assaut des filles de la Halle.

Pour la fête de la Fédération en 1790 circule, parmi les provinciaux venus à Paris célébrer la Liberté, un *Guide des filles du Palais-Royal et autres lieux circonvoisins avec leurs noms et demeures*... et sans doute leurs tarifs. On vend aussi l'*Almanach des demoiselles de Paris, de tous genres et de toutes classes ou Calendrier du plaisir, contenant leurs noms, demeures, âges, portraits, caractères, talents, et le prix de leurs charmes, enrichi de Notes curieuses et Anecdotes intéressantes. Imprimerie de l'Amour*.

Petit exemple :

« Adeline, dite la Lorraine, est une blonde foncée, âgée de dix-neuf ans, taille de cinq pieds, sa figure, ronde, est intéressante, et d'un bel ensemble : elle a l'œil perçant, la tournure agréable, les joues d'un bel incarnat, la bouche fraîche et la peau d'un blanc satiné, sa gorge est superbe, parfaitement ondulée, aussi dure, aussi blanche que l'albâtre, sa jambe est bien faite. Elle a un bon caractère, assez d'esprit. Elle est douce, aimable, capricieuse, il est vrai, parfois, mais de reste complaisante et bonne enfant. »

Rue Croix-des-Petits-Champs, une dame De Launai tient une maison close appelée *L'Abbaye*. Les pensionnaires y reçoivent une éducation amoureuse et religieuse à partir de quatorze ans. Elles font vœux d'obéissance et de pauvreté. Ce qui veut dire que l'abbesse taulière s'accapare tous leurs gains.

Une nommée Ordèle au 35, Palais-Royal... indique qu'elle possède des pommades aphrodisiaques, des fouets, des robes de chambre, des meubles dans le dernier genre. *Lorsqu'on fait usage d'un de ses meubles... 6 livres*. De quelle sorte de meuble s'agit-il ?... Quel instrument de torture cache le mot meuble ? On aimerait savoir. Aucune précision à ce sujet.

Dans un autre boxon, on nous dit qu'on peut consommer la fille et la mère *Adèle, grosse maman, depuis six mois à Paris* ! Une certaine Rose nous prévient que *son air de tristesse et de langueur ajoute à son charme. Une Hortense de 28 ans se dit laide mais assez spirituelle... accommodante au dernier point... Au cinquième étage du numéro 23, Galerie du Café de Foi, une femme de 26 ans, brune et maigre, se vante d'avoir de l'esprit, de la méchanceté et beaucoup de rouerie.*

On pourrait, en reproduisant les pages de ces guides, ces almanachs, réjouir les amateurs les plus éclairés. Tout y est rédigé avec bonne humeur, avec esprit... les allusions les plus coquines, les plus grivoises sont exprimées par des métaphores savoureuses, des euphémismes dignes de la langue française de Rivarol. Nous sommes bien loin des petites annonces sexuelles dans certains de nos journaux et des titres d'une plate crudité de nos films pornos.

Mais voici que les Savonaroles jacobins s'approchent et prennent le pouvoir. L'alternance chère à Montherlant encore une fois. L'intermède sanglant de la Terreur. Les sections s'en mêlent. On va épurer Paris une fois de plus... Les femmes dissolues et lascives vont être priées de revenir à la décence. On parle, dans un ordre du jour de la section du Temple, des *malheurs incalculables occasionnés par la lubricité des personnes du sexe.* La section du Temple est un exemple pour la Nation tout entière, alors Chaumette, le procureur de la Commune, ordonne qu'on boucle les grilles du Palais-Royal, devenu Palais-Égalité. La prostitution, selon nos grands ancêtres, est un héritage honteux de la monarchie... de la féodalité... du droit de cuissage... Il importe pour la Convention nationale de l'expulser de nos villes et de consolider les bonnes mœurs, base essentielle de la pureté démocratique.

D'où une sévère répression... on traque, on dénonce les putes, on les boucle avec les suspects. Comme en général elles n'hésitent pas à se gausser de l'Incorruptible, à lancer des quolibets à l'adresse des sans-culottes (on imagine les plaisanteries...), elles vont payer leur tribut, elles aussi, à la Sainte Guillotine.

Paraît une plaquette où l'on ressort les projets de Restif. C'est dans l'esprit de Saint-Just qui proposait qu'on déclare ses amis à la Nation. On en revient aux fameux bobinards sous le contrôle des municipalités. On les appellera *Temples de Vénus* et il y régnera l'ordre républicain. Toutefois le projet – qui restera en l'état – fait la part assez belle aux clients. Il y est prévu au centre de Paris un *Temple Majeur* où les goûts et les inclinations les plus bizarres y seront satisfaits. On y trouvera des blondes, des brunes, des rousses et même des négresses. *L'homme le plus fantasque sera sûr d'y trouver ce qu'il pourra désirer.*

Que pense Robespierre de ce mirifique projet ? La grande ni la petite Histoire ne le mentionnent. Il n'a probablement pas eu le temps de s'occuper de la question. Après avoir fait exécuter Danton, amateur éprouvé de dames, dénoncé comme modéré, vénal et perverti, il passe à son tour au *Rasoir national*.

Thermidor, puis le Directoire nous ramènent aussitôt dans la débauche de naguère. Les nouveaux gouvernants s'en foutent... on se rattrape de la grande trouille des guillotinades par les parties de jambes en l'air. Les belles dames du Directoire montrent leurs seins avec presque autant de désinvolture qu'aujourd'hui. L'une d'elles, à la cuisse ultra-légère, va devenir Impératrice des Français. Joséphine n'avait certainement pas une vocation d'abolitionniste.

Je vous ai omis, au cours de cette promenade galante pendant le XVIIIe siècle de vous reparler des maladies vénériennes. Sous Louis XV, pas mal d'amateurs de putes se récoltaient ce qu'on appelait alors des coups de pied de Vénus. La République consulaire veut s'en occuper un peu... On légifère... toujours la part du feu... et on accouche d'un système en 1804 qui sera celui de la Tolérance. Le Préfet de Police Dubois donne une existence légale aux maisons closes. A peu de chose près, il va durer jusqu'à la loi Marthe Richard... 142 ans!

La bureaucratie commence son règne avec la bourgeoisie sous le Consulat, puis l'Empire. On codifie tout, alors pourquoi pas la prostitution. Un arrêté préfectoral prévoit que les pensionnaires des maisons de débauche seront examinées par un médecin deux fois par mois. On oblige ensuite les filles malades à se soigner dans une *salle de santé* située rue Croix-des-Petits-Champs à deux pas de leur lieu de travail... pour la plupart.

On fait en somme dans le social tout en renforçant le contrôle policier. A partir de cette époque, les boxons sont visités de plus en plus sous prétexte de salubrité publique. La police a le pouvoir de fermer une maison et elle donne l'autorisation d'en ouvrir de nouvelles. Tout est prévu, réglementé dans les moindres détails... Entre autres, sous peine de sanctions, un même lit ne peut servir à deux filles à la fois! Beaucoup de filles racolent encore sur le trottoir et l'idée du gouvernement impérial est de les concentrer toutes dans les boxons. On épure la rue et en même temps on consolide l'appareil policier. C'est le contraire de ce qui s'est fait depuis 1946.

L'Empereur et Fouché savent joindre le social à l'utilité. Toutes ces visites, ces contrôles, ces autorisations, bien entendu, vont favoriser la vénalité, le renseignement. Pour se maintenir en place, les tauliers et taulières vont avoir plus que jamais besoin de la mansuétude de la police... On entre dans le système du *condé*... le droit donné par le flic, appelé condé en argot [1], d'exercer certaines professions, certains trafics à la limite de la légalité.

Passant de l'Empire à la Restauration, puis à la Monarchie de Juillet, rien ne va changer dans le monde des bordels. On est au siècle de la bourgeoisie absolue. La famille, pièce essentielle de cet ordre, a besoin d'une certaine façon de la maison de tolérance. Le jeune homme va s'y initier, le père de famille y assouvir ses vices, ses petites passions honteuses... le soldat, ses besoins sexuels pressants.

L'Église condamne la luxure et ses prêtresses, mais elle se contente de paroles, d'anathèmes. Elle aussi a besoin des bobinards. Ils sont l'abcès de fixation du péché. Les ecclésiastiques qui n'arrivent pas à respecter leur vœu de chasteté sont moins en danger en allant de temps en temps se soulager avec

1. C'est par déformation qu'on dira le condé pour une autorisation sous le manteau.

une fille de mauvaise vie qu'en ayant une maîtresse. Le bordel aide les prêtres à supporter le célibat. En cela, il est irremplaçable. On peut naturellement remarquer qu'à partir de 1946, les curés ont eu beaucoup plus tendance à convoler.

Un docteur Parent-Duchatelet publie en 1836 un ouvrage *De la prostitution dans la Ville de Paris* plein de renseignements sur la galanterie sous Louis-Philippe. Tous les historiens de la question s'en servent comme livre de référence.

Il étudie les raisons qui poussent les filles au plus vieux métier du monde... le désordre, la paresse... le goût des habits luxueux... sans oublier la misère, les salaires insuffisants des servantes, lingères ou couturières. Beaucoup sont abandonnées avec un enfant par leur amant, d'autres sont chassées par leurs parents. Certaines pourvoient aux besoins d'une famille nombreuse ou à leurs vieux parents. On retrouve à toutes les époques à peu près les mêmes motifs.

Sous la Monarchie de Juillet, l'âge légal pour tapiner ou entrer en maison, c'est seize ans. Parent-Duchatelet indique qu'il y a les *filles en carte* (racoleuses) et les *filles en numéro* (dans les bordels); les *marcheuses*, les *pierreuses*, les *filles de barrière* ou les *filles à soldats*. Ces dernières se font tringler sur les tables des estaminets pour deux sous. Les tenancières appelées *dames* ou *maîtresses* peuvent être propriétaires de sept ou huit maisons à la fois. Déjà le souteneur est le *marlou,* et il est souvent *coqueur* (indicateur de police). C'est à cette époque que la pute va être appelée *marmite.* C'est-à-dire celle qui assure le souper à son homme.

Il y a à Paris et en banlieue 235 bordels, sensiblement plus qu'un siècle plus tard.

Sur tous les plans, la police est la grande gagnante du système. Une masse de renseignements dans tous les domaines arrive à la Préfecture. Toutes les gonzesses sont fichées. Les clients sont observés, les taulières se chargent de donner aux agents des mœurs tout ce qui pourrait leur être utile. Ils accumulent des informations qui peuvent s'avérer précieuses... sur le plan politique ou criminel. Tout cela existait depuis longtemps sans doute, mais à l'état embryonnaire, dans une sorte d'amateurisme. Après Napoléon et son Code, on est devenu tout à fait sérieux. On administre tout. Les royautés et les républiques qui se succéderont au XIXe ne feront que renforcer le système. On changera d'emblème, de chef d'État... on amusera la galerie mais pour l'essentiel l'ordre bourgeois est bien en place et il règne d'une main de fer. Les intermèdes de juin 1848 ou de la Commune seront réprimés avec une férocité, une ampleur dont l'Ancien Régime n'était pas capable.

L'organisation de la tolérance n'a rien d'idyllique. N'allez pas croire que je vous joue du pipeau à son sujet. Derrière lui, tout est louche, incertain... la basse et haute pègre composent avec la basse et haute police. Le maque est roi. Son accomplissement, sa finalité, si je peux me permettre ce mot, c'est le taulier. D'après les règlements, il ne peut apparaître. Les maisons appartiennent à leur femme... C'est la tenancière, la maîtresse du bordel. Officiellement, la police ne connaît qu'elle... mais lorsque les flics veulent traiter, c'est avec l'homme que ça se passe. Ils le tolèrent lui aussi tant qu'il se tient à carreau, qu'il indique gentiment et qu'il se montre généreux.

On va appeler maintenant les prostituées *filles soumises*... ce qui résume bien leur situation. Soumises à la police, bien sûr, mais à leur souteneur... celui qui les place en maison et qui tire la plus grande part des bénéfices de leurs activités trouduculières. Il n'a pas changé le maque, il se recrute dans les prisons, les bas-fonds... il est accessoirement voleur. Il claque le fric de sa nana au jeu. Il est bon à tout, comme sous Louis XV, le greluchon. Surtout il les a palmées, il aime bien vivre et ne rien foutre. Lorsqu'on n'est pas riche de naissance, ça implique pas mal de risques et de compromissions. Surtout que la loi le poursuit durement tout de même. Le Code lui a réservé quelques articles assez soignés. S'il est prouvé qu'il vit du commerce licencieux d'une femme, il risque la taule et l'interdiction de séjour, la trique [1]... Cette dernière mesure lui est plus spécialement consacrée.

Nous reviendrons aux maques, ils sont ici en leitmotiv... ils forment mon chœur antique. Il se trouve en outre que j'en ai connu, je vous ai dit, quelques exemplaires tout à fait typiques. J'ai donc quelques références pour vous parler de ces mes-

1. Trique, bâton : interdiction de séjour.
Tricard : individu interdit de séjour.

sieurs. Dans le Milieu, ils se font appeler les *hommes*. L'homme étant celui qui se défend sans se salir les pognes au boulot. Il est donc trafiquant, tireur, braqueur, arnaqueur quelconque... proxénète de surcroît ou d'activité principale.

Durant toute la période qui va de Bonaparte à Marthe Richard, il fait partie du décor autant que la mère maquerelle, les argousins de Vidocq ou les cognes de M. Lépine. Avant qu'on les désigne sous le prénom de Jules (qui désignait autrefois dans nos campagnes un pot de chambre), ils seront des Alphonses à la suite d'une pièce de Dumas fils dont le héros appartient à la corporation [1]. Un roman de la fin du siècle de MM. Viliers et Devancaze s'intitule *Messieurs les Alphonses*. Auparavant, on les a aussi appelés Arthur; on trouve la référence dans le Lorédan Larchey, dictionnaire d'argot 1889.

J'anticipe... ça va redevenir coton pour s'y retrouver au milieu des lois, des règlements successifs et toutes les imbrications avec le truandage. Le droit coutumier de l'Ancien Régime facilitait les choses. Les bordels existaient du moment où le monarque, l'échevin, l'évêque, le seigneur ne les interdisaient pas. A partir de Napoléon, on va jouer à un jeu subtil entre le droit et la tolérance. L'écrit et l'oral. En 1830, la prostitution dans la rue n'est plus autorisée. Le préfet Maugin en 1830 ordonne que toutes les filles prises en train de racoler entrent obligatoirement en maison de tolérance. C'est donc le triomphe du tenancier mais le décret s'avérera impossible à appliquer. Jusqu'en 1946, la prostitution en plein air continuera à cohabiter avec le boxon. De toute façon, sur les boulevards, dans les allées des Bois de Boulogne ou de Vincennes, dans les ruelles sordides aussi bien que bouclées en maison, les filles seront pratiquement toutes maquées. Mis à part, peut-être, les courtisanes décrites par Balzac dans les *Illusions perdues* quoique celles-ci aient toujours un amant de cœur qui pratiquait en toute candeur simulée le proxénétisme comme M. Jourdain la prose.

---

1. Actuellement à Moscou on appelle les prostituées des Natachas et les souteneurs des Alphonses comme en France au XIXᵉ siècle. Il est probable que les Alphonses en question travaillent avec ou pour le K.G.B.; sinon ils risquent au minimum cinq ans de Goulag.

Les dames galantes du Second Empire, Cora Pearl, Juliette Beau, la Païva, on ne peut tout de même pas les exclure de la confrérie putassière. Elles en sont les plus beaux fleurons et leur habileté les amène à promener leurs charmes dans les milieux d'affaires et de politique où se font les nouvelles fortunes. Émile Zola, avec *Nana*, nous a tracé le portrait le plus exact, le plus étudié psychologiquement et socialement de la petite courtisane. Issue de la misère du bas peuple, elle réussit à monter très haut. Elle ne s'y maintient pas parce qu'elle porte en elle les tares de la pute. Elle jette le fric par les fenêtres, elle est capricieuse et surtout elle a toujours dans son sillage un amoureux qui ressemble à un maque comme un Jules. Bien entendu, la grande majorité des consœurs de Nana n'atteint que le niveau du bordel de province. Les abolitionnistes auront beau jeu de s'élever contre l'esclavage des femmes. Une fois entrées dans le système, elles ne s'en sortent qu'en devenant au mieux sous-maîtresses ou taulières. Ce qui implique du caractère et un minimum d'intelligence – toutes choses qui ne sont pas à proprement dire les qualités essentielles des filles aboutissant sur le turf.

Au XIXe Paris s'étend et les maisons closes suivent le mouvement. Le quartier du Palais-Royal commence à devenir désert... Les taules d'abattage s'ouvrent à Grenelle, à Montparnasse, Belleville, Ménilmontant... près de l'École Militaire et du Château de Vincennes où les soldats tiennent garnison.

Les brasseries dites de femmes où les catins viennent pêcher du bourgeois et du militaire vont parfois concurrencer sérieusement les maisons de tolérance. Trop aux mains de la police, elles sont d'une gestion périlleuse et compliquée. A la moindre peccadille, incartade... le plus petit scandale, le bobinard est lourdé. Un temps, les tauliers vont essayer de se reconvertir dans la limonade avec les serveuses montantes, comme ça se pratique de nos jours en province et particulièrement le long des grands axes routiers. Le client consomme et s'il désire une femme, la patronne de la brasserie fait semblant de n'y voir que du feu. Les serveuses ont leur chambre dans le voisinage ou à l'étage pour aller éponger le micheton.

La police ne reste jamais longtemps sans connaître ce genre d'activité. On remarque, en passant, que la tolérance n'est pas la panacée pour les proxénètes. Ils y subissent trop de contraintes... ce qui m'amena à penser qu'en 1946 ils accepteront, mieux qu'on ne pourrait le penser, la Fermeture. Les brasseries accueillantes du XIXe se font boucler les unes après les autres. Seule la maison close donne entièrement satisfaction à la Préfecture de Police.

L'intermède révolutionnaire de la Commune de 1871 voit refleurir toutes sortes de projets abolitionnistes ou fouriéristes. Au moment où les Versaillais vont liquider la Commune dans un bain de sang, les délégués du Ve arrondissement ne trouvent rien de plus urgent que de délibérer sur la prostitution et de décréter la fermeture des maisons de tolérance. La mesure n'aura même pas le temps d'être annoncée officiellement, les soldats de M. Thiers sont là et ils ont besoin d'aller se reposer au bordel des fatigues de la répression.

Avec la IIIe République, on arrive à l'âge d'or de la tolérance... Plus de problèmes majeurs, la mécanique fonctionne sans heurts. Ça baigne dans l'huile. De nombreux ouvrages, ceux d'anciens policiers ou de simples chroniqueurs des mœurs, nous donnent une masse de renseignements sur les putes, les taulières et les maquereaux... (*Dos verts* à la fin du siècle... d'où simplement *Les Dos*... Bruant a écrit *La Marche des Dos*).

Le nombre des boxons varie beaucoup à deux trois ans près. Sans doute à cause des différents Préfets de Police qui se succèdent et sont plus ou moins favorables à cette sorte d'institution officieuse. En tout cas, certains arrondissements de la capitale comme le IXe ou le IIe sont abondamment pourvus en Gros numéros.

Les tauliers de Paris et de province commencent à s'organiser, à instituer tout un circuit pour s'échanger les filles. Un nouveau venu dans le proxénétisme sera le *placier*, sorte de courtier qui s'occupe d'envoyer les filles – ou *colis* – là où les bordels en ont besoin et selon leurs qualités physiques ou purement professionnelles. Charles Virmaitre, un écrivain spécialisé dans la prostitution fin XIXe, précise qu'un de ces courtiers un peu spéciaux touchait une commission variant entre 50 et 300 francs par *camelote* [1] !

Les placiers tenaient leur officine en général dans les arrière-salles de bistrots du quartier des Halles, près du Châtelet. Par la suite, ils seront surtout à la Porte Saint-Denis et à Pigalle.

On écrit aussi toutes sortes d'études pour porter remède à la question. Se dessine déjà la thèse selon laquelle la femme se prostitue à cause de la condition inférieure que lui réserve la société dès sa naissance et paradoxalement pour échapper au pouvoir absolu du père et du mari. C'est un peu ce que dira plus tard Simone de Beauvoir. Certains savants pensent que la prostitution est due à des phénomènes économiques. Bien entendu, toutes ces vérités ne sont que parcellaires. La situation aujourd'hui, après la libération sexuelle de la femme, la place qu'elle prend de plus en plus sur tous les marchés du travail autrefois réservés aux hommes, et une incontestable prospérité économique au moins pendant vingt ans, ne permettent pas de donner entièrement raison à ces psychologues ou économistes de la fin du XIXe.

Les plus conformes à l'esprit du temps sont ceux qui considèrent que *la vertu des mères de famille bourgeoises et chrétiennes a besoin d'être garantie en quelque sorte avec l'aide du vice*. On préserve les unes en sacrifiant les autres. Lombroso, célèbre criminologue italien, pense que la prostitution est *socialement utile en ce qu'elle est une soupape pour la sexualité masculine et un préventif du crime*. On en est encore à se demander s'il n'a pas un peu raison.

De toute façon, la maison de tolérance a acquis pour ainsi dire ses lettres de noblesse grâce aux artistes. Les lieux dits de débauche les inspirent particulièrement. Ils aiment la compagnie des filles... l'ambiance du claque... et c'est eux qui vont nous le restituer par la plume et le pinceau... eux qui vont porter *témoignage* beaucoup plus que les statistiques et les études des sociologues.

---

1. Camelote vient de camelot et désigne une marchandise de mauvaise qualité. Ce mot apparaît au XIXe. Là, il est pris dans un sens plus large et il s'agit d'une femme à vendre.

Le plus célèbre, celui qui domine toutes les productions venues du bordel... Toulouse-Lautrec... Carrément, il s'est installé dans une célèbre taule... celle de la rue des Moulins. Il y a sa chambre, ses habitudes, son matériel pour peindre. Physiquement, on le sait, c'est une sorte de nabot. On peut imaginer qu'il a trouvé auprès de ces *dames* ce qu'il ne trouverait pas ailleurs. Elles le surnomment *la cafetière* ou *la théière*... on devine pourquoi.

Le bordel devient pour lui un lieu d'inspiration... les filles, la sous-maque, le taulier et la taulière... le salon... il va les croquer... les styliser, les transposer d'une façon saisissante... *définitive*. Beaucoup mieux que la photographie qui ne nous les restitue que d'une façon scientifique, anatomique. Lorsqu'on parle de beauté et de laideur, il faut comparer les documents photographiques sur les bordels aux toiles, aux dessins de Toulouse-Lautrec. Quoi qu'aient pu en dire ses détracteurs à l'époque, il est bien évident que la beauté est chez Toulouse-Lautrec. Avec lui, il y a l'âme... l'esprit... Le génie est passé par là.

Le livre de Romi sur *Les maisons closes*, abondamment illustré, est l'ouvrage de référence en ce qui concerne notamment les artistes et le monde de la prostitution. On y rencontre Degas et ses monotypes qui nous révèlent une sorte d'inquiétude, de regard effaré à l'égard des putes.

Mon propos ici n'est pas d'étudier toute la production artistique consacrée aux claques. Il me faudrait des reproductions pour étayer mon texte. Il me suffit d'évoquer les noms de Constantin Guys, Félicien Raps, et par la suite Bottini, Louis Bonhomme, Georges Rouault, Dignimont, Vertès, Guy Arnoux, Foujita, Brayer et jusqu'à Galtier-Boissière (qui ajoute un joli coup de crayon à son talent de journaliste pamphlétaire). Sans tous ces dessinateurs, ces aquarellistes, il nous manquerait une sorte de quatrième dimension à l'histoire des maisons closes. Quelques traits saisis au vif nous replacent dans l'atmosphère de ces lieux, leur trivialité, leur tristesse... Même Vincent Van Gogh avec ses esquisses et une toile, *Le lupanar d'Arles*.

Au rendez-vous des artistes au claque, il a bien sûr les écrivains. Ne nous intéressent que ceux qui s'en sont servis dans leurs œuvres. Flaubert, par exemple, était un client des filles dans sa jeunesse, mais on trouve peu de chose sur la question dans ses romans... à part un court passage dans *L'Éducation sentimentale* sans doute inspiré par du *vécu*.

En revanche, Edmond de Goncourt ou Guy de Maupassant ont fait des maisons le pivot de certaines de leurs œuvres. *La Fille Élisa* eut un énorme retentissement. Elle fit scandale à l'époque. Ce qui ne laisse pas de nous étonner lorsqu'on relit le roman aujourd'hui.

Maupassant, au tempérament de taureau, consommait les filles tant et plus. Les bordels n'ont pas de secret pour lui et il nous a laissé avec *La Maison Tellier* un témoignage incomparable sur la maison style provincial... les personnages, madame, monsieur et leurs pensionnaires... leur psychologie fruste, leur rouerie mêlée de naïveté. Le comportement des filles aux sincérités successives. Le tout dans une ambiance doucement champêtre qui donne toute la saveur à ce conte.

On a souvent opposé à *La Maison Tellier*, *La Maison Philibert* de Jean Lorrain. Jean Chalon, dans une préface récente de la réédition de cette dernière, annonce d'emblée qu'il la trouve « *supérieure, ô combien, à* La Maison Tellier ». On se demande pourquoi ? L'œuvre de Jean Lorrain est un précieux document sur la prostitution fin XIXe... un tableau assez complet où l'on voit toutes les structures de ce monde... les personnages sont vrais, bien campés, mais il y a dans *La Maison Tellier* de Maupassant une allégresse, une petite musique personnelle qui lui donnent, avec le sens du raccourci, une dimension de chef-d'œuvre.

Ajalbert, Paul Adam, Huysmans, Zola, Courteline, Lucien Descaves, Richepin... plus près de nous, Mac Orlan, Francis Carco, Albert Simonin... la liste est interminable de tous les romanciers ou poètes qui se sont inspirés du bordel dans leurs œuvres. Pendant un siècle, il est présent, il fascine ou il repousse... on ne peut l'effacer.

Bruant chante les marlous et leurs marmites. D'autres, moins talentueux que lui, l'imitent. La pute devient le personnage central des chansons réalistes de Damia,

Fréhel, Suzy Solidor, Edith Piaf... elle participe de la mythologie.

Les abolitionnistes auront peut-être toutes les bonnes raisons du monde pour anéantir les maisons de tolérance, rien ne remplace la fascination des voyous, a écrit quelque part Jean Genet.

Nous voici à présent à peu près au XXe siècle. La période avant la fermeture. Pour y voir un peu plus clair sous la lanterne rouge des boxons, je vais faire appel à des témoins... les derniers qui ont vécu cette histoire... ceux que j'ai entendus depuis trente ou quarante ans... tauliers, taulières... putes et flics à la retraite... et puis aussi quelques amateurs, quelques clients... certains tout à fait précieux puisqu'il s'agit de poètes.

Bel Armand, Mme Paquita et l'épopée des harengs bien de chez nous aux Amériques.

> *« Nos femmes sont des machines à sous. On ne casse pas sa machine à sous, on se contente, parfois, de la secouer un peu nerveusement. »*
>
> Albert LONDRES
> *Le Chemin de Buenos Aires*

J'ai écouté maintes fois le bel Armand parler de son ancien métier. Pas eu l'idée de prendre des notes, je ne m'imaginais pas devenant historien de la Fermeture. Fallait bien faire gaffe avec Armand, il jactait avec des sous-entendus, des tournures quasi argotiques que les seuls vrais initiés pouvaient comprendre.

Nous étions, facile à retenir, au moment des élections présidentielles de 1965... il était pour le général, Bel Armand, patriote comme on n'en voit plus de nos jours sans respect de rien. C'était pourtant sous le premier gouvernement De Gaulle qu'on avait mis en cause les claques au Conseil Municipal de Paris. Je lui objectais pas l'argument, il aimait pas tant qu'on discute, l'ex-grand taulier... En fait de phallo, macho, etc., nos féministes militantes auraient pu en faire un article de démonstration. Hélas, il ne vous reste plus qu'à aller sur sa tombe, sa dalle en marbre noir, glavioter... mes mignonnes!

Du temps que je l'ai fréquenté, où il me recevait chez lui à

Neuilly, il naviguait entre les soixante-quinze, soixante-dix-huit piges. Ayant lu à sa parution *La Cerise*, mon ouvrage tissé en cabane... ça lui avait botté et il avait demandé à un ami commun de nous présenter. Fallait que je me dépêche pour faire la connaissance de cet oiseau si rare, un des derniers hommes du voyage, ceux qui avaient fait la remonte en Argentine après la guerre 14... un animal préhistorique en quelque sorte... un diploducus du Mitan.

Je vous ai dit son allure... sa façon de se saper milord. A Neuilly, dans sa rue, son immeuble... les gens étaient loin d'imaginer l'origine de sa fortune. Homme d'affaires, négociant à la retraite... ce qu'il laissait entendre, ragoter... Portait-il encore sur lui, lorsqu'il sortait le soir, un flingue ? Les ennemis les plus saignants ne lui avaient pas manqué au cours de sa périlleuse existence. D'après notre pote commun, notre trait d'union, il en avait repassé quelques-uns. A la lame avant la guerre de 14, puis aux divers calibres de ses pistolets... diverses marques, toutes réputées, *Browning, Luger, Colt, Beretta* ! On ne règne pas au royaume d'argot en distribuant des bons points et des caramels.

Enfin, tout ça, il n'y faisait jamais allusion, Bel Armand... ou alors pour laisser entendre qu'il y avait des mauvaises langues partout, qu'on le dégrénait par jalousie. En final, ça le faisait plutôt sourire.

Déjà il sortait plus tellement de sa crèche, le grand voyou... il souffrait des maux de son âge... des rhumatismes... un lumbago... de son foie qu'il avait surtout soigné pendant des lustres au perniflard, au pastaga, à toutes sortes de boissons apéritives, sans oublier les rouillardes... les bouteilles de champ qu'il débouchait à tout propos... tout prétexte! Il terminait son parcours avec Paquita, la femme de sa vie... celle qui lui avait tenu haut la pogne ses plus belles maisons. Elle, elle ne bougeait plus du tout de son fauteuil, elle était arthritique au dernier degré... les articulations toutes déformées, boursouflées. Elle avait consulté, fait venir tous les pontes toubibs possibles, jusqu'à des guérisseurs... des charlatans... les médicastres les plus extravagants! Elle s'était tapé des cures à Aix-les-Bains, à Dax... Rien n'y avait fait, elle souffrait dans le fond de son fauteuil. Par moments, elle somnolait, on lui administrait des calmants... On la traitait, je crois, à l'hydrocortisone. Enfin, elle était bien déglinguée, bien diminuée, cette pauvre Paquita. Jamais pu me rendre compte si elle se teignait ses tifs en roux ou si elle portait une perruque. De toute façon, elle restait bien dans son rôle... secondaire, effacé... l'homme d'abord, l'homme seul à jacter... celui qui voit tout, qui a toujours raison... le règne absolu du Julot.

Leur pied-à-terre parisien était tout ce qu'il y a de spacieux, luxueux... des grandes baies vitrées dans le salon donnaient sur la Seine. On évoluait sur de la moquette beige épaisse comme du gazon... Les décors, meubles, tapisseries, même les tableaux, ça ne donnait pas dans le parvenu ostentatoire... épicier en gros qui a réussi à becter tous ses concurrents... Chez les malfrats, harengs, tenanciers qui parviennent à triompher de tous les obstacles, les dangers judiciaires ou autres, pour atteindre une sorte de respectabilité bourgeoise... lorsqu'ils rangent leur artillerie, vont se calfeutrer dans la vieillesse... tout autour d'eux respire le goût on ne peut plus contestable! Les barbouilles qu'ils se cloquent aux murs! Ces couchers de soleil rougeoyants sur la mer immense et bleue! Ces paysages aux vives couleurs qui vous insultent! Et les bibelots... les petites statuettes, les vases! Ils n'arrivent pas à s'échapper de la Foire du Trône... les joliesses de leur enfance. Ça tient d'une espèce de fidélité... d'une absence totale de snobisme qu'on peut tout de même saluer au passage.

Armand faisait donc exception... Était-ce lui ou Mme Paquita qui donnait le ton... les ordres pour la décoration des appartements? Le plus souvent ce sont les gonzesses qui se dégagent le mieux, le plus vite, de leurs origines douteuses. On croise de ces vieilles dames très dignes avec leur caniche... d'où viennent-elles exactement?... Bien marle qui pourrait répondre s'il n'a pas consulté les archives de la police des mœurs, le fameux fichier de la prostitution que Marthe Richard détestait tant. Il me semble pourtant, en l'occurrence, que c'était Bel Armand qui avait fini par acquérir ce goût des belles choses, des teintes harmonieuses... des formes qui épousent le cadre dans lequel elles sont placées. Il avait dû se payer un bon artiste, un décorateur sérieux et il lui avait fait confiance. Derrière Paquita sur son fauteuil, se tenait toujours Mischka...

un animal lui aussi en bout de rouleau... il me semblait, à cause de sa tronche toute ridée et aussi parce qu'il ne sautait pas partout dans le salon... la queue pendue à la suspension, ce qui devrait être dans la logique de son espèce. Un sapajou, c'était comme race, Armand l'avait ramené de son dernier voyage au Venezuela.

– Un cadeau du Gros René... un homme encore en exercice, qui tient une des plus belles maisons de Caracas.

A quelques détails, il était facile d'entraver que ce monsieur René s'était fait la paire en 44-45... qu'il avait dû se compromettre un peu trop avec les Chleus dans l'exercice de ses fonctions de propriétaire de claque.

– Tu l'avais pourtant mis en garde.

Paquita risque une phrase. Elle boit du thé ou de la tisane, je ne sais... elle a une voix, on dirait ridée elle aussi... du rogomme, mais tremblotant feutré. C'est un Chinetoque qui fait le service... un larbin qui circule sans faire le moindre bruit... qui se retire en souriant... à qui ses patrons n'ont jamais rien à reprocher. Lui aussi, c'est un rescapé de l'épopée des bobinards. Un taulier d'Hanoi, abattu par les Viets, l'avait utilisé comme homme de confiance, porte-flingue... placier... intermédiaire de tout ce qu'on veut... Il avait préféré prendre ses grandes distances lorsque la France avait lâché son bel empire d'Indochine. Il préférait faire le larbin chez Armand plutôt que de prendre les risques de se retrouver en camp de redressement chez les idéologues d'Hô Chi Minh.

Je vous amuse de petits détails, mais je reviens à mon sujet. Bel Armand, d'après ce que j'avais appris à droite à gauche et ce qu'il lâchait de temps à autre pendant la conversation, avait débuté dans la julocratie avant la Grande Guerre... autour de 1910, si je calcule exact. Il venait de la Courtille, comme dans la chanson de Bruant... la dèche noire chez ses dabs... la perspective du prolétariat sans espoir de s'en arracher autrement que dans les rêveries socialistes. Fatal, il avait, comme on dit, mal tourné. Il devait être, à cette belle époque finissante, sapé avec les bénards pattes d'éléphant, le petit foulard rouge autour du cou... la grivelle... les parfaits harnais du jeune marlou. C'est ainsi qu'on nommait les maques dans l'argot de jadis. Rouflaquettes sans doute. D'après sa tronche de presque octogénaire, jeune homme, il devait en jeter sévère, accrocher au cœur les mignonnes avec ses yeux gris-vert... miroirs à gonzesses, n'est-ce pas... les petit trottins, les bonniches en mal d'amour... Je ne sais trop ce qu'il gambillait dans les guinches avant 14... la valse à l'envers... chaloupée... la java déjà... à moins qu'elle ait débuté après l'hécatombe. Je l'imagine, le bel Armand, sur la piste du musette... comment il serrait les petits lots... les midinettes frémissantes... s'il savait les faire chalouper... l'œil de velours... le chibre dur sur leur doux ventre... les phrases adéquates susurrées au creux de l'esgourde! La mise en condition pour le plumard... les délices de la partie de jambes en l'air. Le plus cher de leur être, comme dit la chanson, donné à cézig. Ensuite, ça traînait pas des semaines avant qu'elles se retrouvent à en remoudre sur un bout de bitume, les jolies ponettes.

Mais voilà... Armand n'avait pas encore la science, le vice des vieux de la corporation maquereautine. Encore jeunot, tendre, inexpérimenté... je vous passe les détails de la chose... l'accroc... les enfoirés moustachus de la P.J. qui l'avaient attrapé dans leur épuisette. La XIIe Correctionnelle... dix-huit mois et cinq ans de trique pour exercice du métier de souteneur... c'est ainsi que les chats fourrés début de siècle désignaient dans leurs attendus les auxiliaires du plus vieux métier du monde. De cette expérience placardière, Armand en avait tiré de multiples et précieux enseignements sur la réalité des choses et des hommes qui ne s'accorde que rarement avec les beaux principes... la morale.

– Crois-moi, Alphonse, dans ce temps-là le ballon, c'était carrément un avant-goût du cimetière.

Je savais... tous les vieux de la vieille m'avaient raconté aux veillées des cellules... la loi du silence... la salle de discipline... les matons frappeurs... les prévôts, etc. à Poissy, Fontevrault, Melun... Clairvaux.

Et il était sorti du bigne pour rentrer dans un autre enfer, mon exemplaire hareng. C'était juste la guerre de 14 et on l'avait expédié à Tatahouine chez les Bat' d'Af' pendant la durée des hostilités. Un bagne militaire au bord du désert que Julien Blanc a si bien décrit dans *Joyeux, fais ton fourbi*. Philosophe, Bel Armand convenait que ça lui avait peut-être sauvé la mise... Sa condamnation comme julot le rendait tellement infâme qu'il n'avait plus le droit de mourir à Verdun ou sur la Somme. Aussi curieux que ça puisse paraître, c'était ainsi... on ne sacrifiait sur l'autel de la Sainte Patrie que les gens honorables.

En tout, sept piges de sa belle jeunesse à la schlague. Sorti d'une pareille épreuve, on était ou bien une cloche, une larve ou bien devenu un tigre mâtiné renard. On imagine mal qu'Armand ait pu se réinsérer dans la société du travail après un tel séjour dans la géhenne. A douze ans, il était entré en apprentissage chez un chaudronnier. La recette des dames du trottoir l'avait dissuadé définitivement de se salir les pognes pour gagner tout juste de quoi ne pas mourir de faim. Un mois à peine après son retour d'Afrique, il s'était trouvé un gagne-pain tout à fait convenable... une escaladeuse de braguette comme on en voit plus des masses, prétendait-il. Cette fois, il avait tout compris et en particulier qu'on ne peut jamais tenir le pavé de Paris, d'une grande ville quelconque sans arroser les Mœurs... les argousins pêcheurs en eaux troubles. Ça servait à rien de les insulter... de les affronter à mains nues. Sa môme, il l'avait placée en maison... au *Palais de Cristal*, chez Mme Flora à Clermont-Ferrand... où on ne recevait que du meilleur monde, des notaires, des avocats, des gradés de la cavalerie... tout le gratin de la ville... jusqu'à des ecclésiastiques qu'on faisait pénétrer par-derrière... enfin je veux dire par une porte dérobée... n'allez pas croire encore des choses.

– Les gonzesses, la plupart du temps, elles ont aucune éducation. Pour qu'on puisse les placarder dans des taules comme le *One two two* ou le *Chabanais*, fallait pas qu'elles aient seulement un beau châssis... une paire de pare-chocs à faire bander les centenaires... elles devaient aussi savoir se tenir... fermer leur gueule pour éviter de dire des conneries.

Ce genre de principe, très vite ça l'a propulsé dans les hauteurs de la profession. Il prétendait que ses filles, sans avoir jamais besoin d'employer la manière forte, il leur apprenait à être en toutes circonstances des sortes de petites putes modèles. Lorsqu'il les larguait, qu'il les refourguait à un condisciple, on pouvait dire qu'elles avaient déjà une belle situation dans les mains et le plus souvent dans les fesses.

Je vous rassemble ici, résume l'essentiel de ce que j'ai pu glaner, déduire sur la vie d'Armand au cours de nos rencontres autour d'une table, devant un verre. Comme il devait avoir pas mal de pognon planqué à droite à gauche et qu'il se sentait pas loin de la caisse en chêne massif, ça lui avait donné des idées d'investir dans le cinoche. Il se voyait finir en beauté, producteur entouré de mignonnes starlettes et toutes les vedettes à sa pogne. Il hésitait... se grattait... tâtonnait... ce terrain-là lui était inconnu et il était pas nature au point de croire qu'on allait pas essayer de le faire marron. Il avait déjà repéré les petits alevins qui nageaient dans les rivières du Septième Art. En définitive, rien ne s'est concrétisé de nos projets... j'avais pourtant quelques scénarios de choc dans mes tiroirs... ils y sont restés. Si une disette comme celle des années 40 revient s'abattre sur la France, ça fera du torche-cul plus agréable que le papier journal... mes pages de dialogues, mes séquences immortelles. Aujourd'hui, nos nouveaux génies de la pelloche se passent de texte... ils inventent au fur et à mesure... ça leur paraît suffisant pour le public infantile qui se gave de leurs produits.

On finit toujours, lorsqu'on est plumitif patenté, par se servir d'un tas de choses qu'on ne prévoyait pas le moins du monde. Armand avec sa vioque et son sapajou, je le trouvais certes tout à fait piquant. Ces zèbres qui finissent par réussir dans l'illégalité, le maquereautage le plus éhonté, l'immoralité flagrante, ça veut tout de même dire qu'ils ont des drôles de qualités marloupines pour parvenir où ils sont... presque bourgeois... admis plus qu'à demi par les gens en place. Je ne les juge pas... ce n'est pas de mon ressort. Simplement, je me permets de penser qu'ils sont beaucoup moins dangereux, nocifs pour la vie en société que les idéologues, les illuminés, les puritains... religieux de toutes sortes... fanatiques à vous buter la moitié du monde pour le bonheur hypothétique de l'autre.

Bel Armand, je pourrais pas vous dire que c'était un modèle de vertu, qu'il n'avait pas exploité les nanas de la plus sale façon possible. Je ne vous le tartine pas au miel, je vous ai dit, il avait certainement quelques macchabes de concurrents barbeaux sur la conscience... Ça l'empêchait moins de dormir que les rhumatismes. Dans son genre, il était seigneurial, il se sentait le droit pour lui... celui de son bon plaisir.

Par quelle filière s'était-il glissé pour débarquer avec de la viande fraîche en Argentine vers les années 25 ? Il ne m'a pas donné de précisions à ce sujet. En tout cas, il a été *un homme du Voyage*, de *la Remonte*... avec Henri la Guitare, Milo Tatave, Alfred le Balafré, Nez Pointu... Vincent le Tatoué... Riton la Taupe, René Passe-la-main... Je vous oublie, bien sûr, des blases tout aussi superbes. La liste entière des maréchaux de l'épopée des Amériques... tous s'étaient enrichis... bourrés à craquer à Buenos, Caracas... Rio de Janeiro... Santiago... La Havane... Montevideo!

Ça avait commencé bien avant la Grande Guerre... la conquête par le Milieu français de l'Amérique du Sud. Déjà les barbeaux parisiens, corses, marseillais ou stéphanois régnaient en maîtres dans le Soho à Londres. Au cours de l'histoire de la prostitution, on peut dire qu'avec la Remonte, le marché des gonzesses vers les pays d'Amérique latine, on était à l'apogée du système de la Tolérance. La Presse avait baptisé ce genre de business traite des blanches... l'analogie avec la mise en esclavage des Noirs aux XVIIe et XVIIIe siècles, leur déportation en masse vers l'Amérique, n'était pas si abusive. Les Julots, à l'égard des filles qu'ils appelaient leurs colis, n'avaient pas beaucoup plus de sentiments humains que les négriers... enfin la plupart... il faut toujours compter avec les exceptions et Bel Armand en était un exemple.

L'embarquement se faisait à Barcelone ou à Bilbao pour éviter la police française... la majorité des filles avaient déjà œuvré des miches dans les grandes villes françaises en maison ou sur le bitume. Elles ne partaient pas vraiment sous la contrainte, en tout cas pas plus que lors de leur placement dans les bobinards en France. Quelques-unes qui n'avaient jamais fait le turf s'embarquaient avec des illusions... qu'elles allaient là-bas exercer une profession genre honnête... tenir un bar... un hôtel... chanter, danser... etc. Leurs ensorceleurs harengs les appâtaient aux promesses mirifiques... qu'ils allaient leur offrir, sous un ciel toujours bleu, une existence de rêve... le grand amour toujours... le roman rose... « Tu vas voir, chérie, tout sera beau! » Seulement, une fois mis pied à terre, bien vite elles déchantaient au contact de la réalité argentine ou brésilienne. Les hommes dans ces bleds étaient beaucoup plus nombreux que les femmes... des émigrants souvent de fraîche date, il leur fallait des putes. Pas question de renâcler à l'ouvrage, les cavettes étaient vite initiées par les anciennes. Aux asperges, mesdames! Le point de non-retour... la véritable nature des hommes révélée par le maque et le client.

Jusqu'aux années 30, les ruffians bien de chez nous ont tenu le haut du paveton sur le marché de la fesse à peu près partout dans cette partie du monde. On constate curieusement que ça correspond à peu près à la grande époque de l'Empire colonial français. Le genre de remarque exprimée par Bel Armand. Il en tirait des conclusions sur notre décadence... que la France barrait en brioche sur tous les plans... qu'on se faisait tous emmancher sans élever la moindre plainte.

– La première taule que j'ai ouverte à Mendoza, j'ai tenu à ce qu'elle s'appelle *Chez Marianne*. Au-dessus de la lourde, tout le monde pouvait admirer un superbe bonnet phrygien avec une cocarde tricolore. Je cache pas ma patrie dans le fond de mon froc! A l'époque, on avait un tel prestige, une telle renommée avec nos mômes que j'en avais jamais assez. On avait la queue devant la lourde. On refusait chaque soir des clients.

Sa façon au Bel Armand de défendre la réputation de sa mère patrie pourtant presque une marâtre puisqu'elle ne lui avait offert jusqu'alors que ses prisons et ses bataillons d'Afrique. N'empêche... il était pas rancunier. Il rappelait toujours combien on a du plaisir à l'étranger de rencontrer quelqu'un qui jacte français.

– Même une gonzesse, ajoutait-il. Preuve qu'il n'était pas aussi phallocrate que vous pourriez l'imaginer.

Tout de même les places étaient chères sous le soleil sud-américain. Les clients gauchos, pionniers, trafiquants n'étaient pas si commodes que les bidasses du camp de Mourmelon à tenir en respect et puis, entre eux, les tauliers, les placeurs se faisaient rarement de cadeau. Les évadés du bagne de Guyane ne débarquaient pas avec des idées de boy-scouts pour se faire admettre dans cette kermesse. En résultaient des duels sanglants, des règlements de comptes sournois... à la balle et au surin dans les bas quartiers de Buenos Aires, Montevideo... on se disputait farouche la possession des Franchuchas qui gagnaient gros à la roulette du trou du cul.

Armand, s'il a dû se la donner... être en quart jour et nuit pour défourailler le premier, défendre âprement ses petits harems d'un bled à l'autre! Très vite, en agrandissant ses affaires, il s'était fait une réputation redoutable... le seul moyen de se les conserver dans cette jungle. Il sentait venir les complots, se tramer les manigances, les coups fourrés... il précédait les vilenies... les trahisons... il savait lire au fond des yeux. Ses taulières... les pensionnaires de ses claques... l'aimaient comme un père, à ce qu'il prétendait. Il était, certes, impitoyable mais juste... il ne sévissait qu'à bon escient. Aucun monarque ne tient longtemps sans des qualités de ce genre. Jamais non plus, dès qu'il fut promu chef bordelier, il s'avisait de tringler les filles placées dans ses maisons. Les règles les plus strictes quoique non écrites de la pègre, il les respectait à la lettre... il avait ce qu'on appelle toujours la *mentalité*.

Pour *tenir* en Argentine ou au Venezuela, en dehors des dangers de la concurrence qu'il fallait cisailler à la base, sans tortiller une seule minute... pas la moindre hésitation... plutôt une injustice, n'est-ce pas, que le désordre... restaient les autorités, les gouverneurs des villes, des régions... la flicaillerie à se mettre en fouille. Ça, ça demandait un savoir-faire... de la présence d'esprit... de la perspicacité. Dans la haute bourgeoisie, on appelle ça de la diplomatie, chez les malfrats du vice. Bel Armand en avait à revendre. Tout faisait fortune chez cézig... sa prestance, sa belle frime d'homme à femmes dont il gardait encore de beaux restes quarante ans plus tard. Il évitait d'instinct les maladresses... prenait d'heureuses décisions au bon moment. Il invitait les gens qu'il fallait... offrait des cadeaux aux épouses, aux gosses des argousins... glissait la petite enveloppe pour le denier du culte, les bonnes œuvres du clergé local si puissant en pays latino-américain... ménageait tous ceux qui détenaient le véritable pouvoir... repérait dans son entourage les mecs ou les nanas qui pouvaient le seconder utilement... bordurait les hotus mâles ou femelles un peu trop bavards.

C'est ainsi qu'il avait repéré Paquita parmi son cheptel. Une femme de tronche qu'il avait rachetée, dont il avait fait sa gonzesse en titre après la mort de son homme, Marius-les-bras-coupés descendu par un ancien de Cayenne, un homme *en évasion* et, par la suite, une taulière de premier ordre... En l'observant à la dérobée, devenue toute vioque décrépite, ratatinée dans son fauteuil... on pouvait tout de même, si on était bien attentif, se rendre compte qu'elle n'avait jamais dû se lever en retard pour seconder son homme. Derrière ses lunettes, elle vous gaffait en chanfrein, vous soupesait d'un regard resté assez vif par moments... des lueurs comme ça, rapidos, clignotantes. Elle ressemblait à son sapajou qui se permettait parfois de lui passer la pogne dans sa tignasse rousse.

– Du calme, monsieur Mischka!... Tiens-toi tranquille!

M. Mischka poussait quelques petits cris, sautillait sur le dossier du fauteuil. Bel Armand, ça le faisait marrer un peu en s'efforçant de ne pas trop exhiber sa prothèse dentaire. Ça lui pesait, on se rendait compte, d'en être réduit là, vieillard certes dans l'opulence... l'appartement à Neuilly donnant sur la Seine... le larbin chinetoque... la Mercedes dans le garage et la villa à Juan-les-Pins, sa résidence secondaire... mieux vaut terminer sa course dans le confort, le luxe... n'empêche, l'échéance fatale s'approche... toute la journée à des petits riens on la sent. Un arcandier terrible comme cézig, un caïd de son envergure... certains soirs de méditation amère, il devait avoir beaucoup de mal à accepter le *lot commun*.

Comme il était quasiment le dernier de l'époque de la Remonte aux Amériques, il avait même plus de vieux potes à retrouver comme le racontait le journaliste Marcel Montarron qui allait les observer à *L'Aquarium*, près de la Place-Blanche avant la guerre.

Bel Armand avait pris la tangente bien avant les autres vers les années 33... 34. Il avait respiré la vape... que les autorités des différentes Républiques d'Amérique latine, dictateurs ou autres, allaient faire la pêche au harpon dans le banc des poissons franchouillards. Déjà on fermait quelques taules... les putes franchuchas n'obtenaient plus de permis de séjour. On alpaguait un peu partout les évadés du Maroni pour les extrader et les remettre aux autorités françaises... qu'ils retournent tracer d'incertaines routes à coups de pioche dans la forêt guyanaise. Le temps des *Hommes du Voyage* finissait. En gros, il avait duré environ un quart de siècle. Le triomphe de la *tolérance* en tant que système un peu partout. Maintenant les choses allaient changer... les filles être un peu moins soumises... les États devenir les uns après les autres abolitionnistes. En veine de sincérité, Armand disait, reconnaissait que, même sans Mme Marthe Richard les bordels auraient fini par être bouclés comme en Angleterre, en Suisse, dans les pays nordiques.

– Le tout, c'est de savoir s'adapter à son temps.

Nous verrons plus loin comment ce modèle que je vous propose a su manœuvrer en beauté pour laisser dans l'affaire le minimum de plumes. Reprenons-le, si vous le voulez bien, à son retour des Amériques où il avait placé tellement de frangines qu'il n'aurait pas pu en dire le chiffre exact... des lots de toutes sortes... des Noires, des Blanches... des Métisses... des Polacks, des Mexicaines... Des maisons à lanterne rouge, il en avait ouvert partout, racheté des affaires en déconfiture... une sorte de Tapie [1], il était... le Tapie du tapin. Il se baguenaudait dans le proxénétisme d'un bout à l'autre du continent... il ne gardait pas ses bordels très longtemps, ça lui paraissait la mort de l'Homme inscrite dans son horoscope que de s'incruster trop dans un même endroit... toujours voir les mêmes horizons, les mêmes clients, les mêmes tronches de flics.

Contrairement à la majorité de ses collègues, qu'on appelait à Buenos Aires des *caftanes*, il affichait pas dans le mépris de fer du micheton. Il les voyait, les jugeait en commerçant. Sans eux, n'est-ce pas, il n'aurait pu donner son exacte mesure dans l'existence. Après bien des années de pratique, Paquita elle aussi se les remémorait dans les teintes de l'indulgence. Certes il y avait d'incroyables louftingues, d'ignobles personnages qui fantasmaient dans la fiente, dans le délire morbide.

– Sans nous, où auraient-ils été ?

La question et l'argument... enfin l'un des arguments des anti-abolitionnistes... que les pervers allaient au boxon s'offrir des satisfactions factices qu'ils auraient eu tendance à assouvir pour de bon à l'extérieur sur les honnêtes femmes.

1. Homme d'affaires en vogue sous la présidence de François Mitterrand.

Je n'arrive pas bien à savoir si les sadiques de tous poils font plus de ravages chez les petites filles depuis la fermeture... s'ils violent, étranglent davantage les dames au fond des bois et des caves. A-t-on là-dessus des statistiques ? des I.F.O.P. ? On fait tellement de sondages de nos jours à propos de n'importe quoi, on pourrait bien s'intéresser à ce genre de question.

Bourré, devenu grossium, Bel Armand dans la force de l'âge aurait pu se retirer du circuit en rentrant de Buenos Aires... le quartier Belgrano d'où il rayonnait... seulement le hic, il avait ça dans les veines, le goût terrible de son métier. Probable que si la loi de 1946 n'avait pas été votée, septuagénaire, il serait encore derrière quelques affaires florissantes. Des amis m'ont laissé entendre qu'il s'occupait tout de même, à la veille de rendre l'âme, de jeunes personnes à placer dans les Eros centers de l'Allemagne fédérale... il connaissait à Dusseldorf, à Hambourg de jeunes harengs français qui reprenaient le flambeau... il les drivait sur des filières... il jouait encore un peu le placeur, histoire de se maintenir en forme.

En 1935, en tout cas, il avait encore de belles années devant lui... les dix dernières années de la tolérance... alors il avait investi un peu partout dans l'Hexagone. Les bordels étaient devenus des sociétés en commandite. Armand avait des parts dans les meilleures maisons. Paquita s'était recyclée dans une maison du XVIe où on ne recevait que du très beau linge... de l'homme en chapeau, col encore cassé à l'époque... boutons de manchettes en or... les leggins... la canne... plus souvent la Légion d'honneur à la boutonnière... De la clientèle qui eut un peu les flubes au moment du Front Populaire... de tous ces désordres... cette démagogie! Là encore, Armand avait su manœuvrer en souplesse... envoyer un peu d'oseille aux partis du Centre gauche qui de tout temps modèrent la France lorsqu'elle aurait tendance à se laisser aller aux extrêmes.

– Pas mettre ses œufs dans le même panier... même s'il est fleuri!

Ce qu'il disait en sirotant le seul verre de whisky qu'il se permettait avant le dîner. Pour goûter toute la finesse de sa remarque, fallait savoir que ce *Panier Fleuri* du boulevard de La Chapelle était une célèbre maison d'abattage... citée en exemple par Marthe Richard, je vous ai dit, à la tribune du Conseil municipal. « *La honte d'un pays démocratique.* »

Armand prétendait qu'il n'avait jamais drivé des entreprises aussi sordides... qu'il lui restait quelque part un morceau de conscience pour ne pas aller jusque-là.

A ce sujet, je reste sceptique malgré l'admiration artistique que je porte à un tel personnage. Ça me fait penser à ces voleurs qui affirment qu'ils ne s'en sont jamais pris qu'aux riches. Dans un sens, ça me décevait un peu, de la part d'un cador comme Armand, de l'entendre se justifier de la sorte... se découvrir des circonstances atténuantes.

Tous ces grands fauves, ces super-truands n'ont pas besoin de se donner de la peine dans ce genre de dialectique. Ils m'intéressent à l'état brut. Les circonstances de la vie, leurs origines minables les empêchaient de devenir des grands pontes de la société dite honnête. Pas le choix, à vrai dire, dans la légalité ils seraient devenus sous-officiers tout au plus, dans le truandage ils sont des princes. La morale n'a pas grand-chose à voir là-dedans. D'ailleurs, d'après tout ce que je voyais, j'apprenais... je pouvais me rendre compte qu'à un certain niveau le dialogue devient possible. Il ne s'agit en fin de compte que de rapports de force.

Je vous ai parlé plus haut, à propos des débats au Conseil municipal autour du projet Marthe Richard, du Syndicat des tauliers... cette fameuse *Amicale des maîtres d'hôtel de France et des colonies.* Très vite Bel Armand en fut un des dirigeants. Ça se passait pas exactement comme à la C.G.T. ou à la C.F.D.T. avec l'élection d'un secrétaire général, mais un des tauliers devenait pratiquement le chef, celui qu'on écoutait, qui tranchait les différends entre les patrons, les placeurs, les petits ou gros harengs.

– Et c'était pas toujours du millefeuille...

Ça se jambonnait parfois la tronche pendant les réunions qui se déroulaient le plus souvent dans l'arrière-salle d'un café à la Porte Saint-Denis.

– J'en ai vu qui sortaient leur lame. Je les envoyais s'expliquer sur le trottoir pour la bonne tenue de nos assises.

Facile de déduire que Bel Armand en connaissait un sacré morceau concernant cette affaire de la Fermeture. Il était de notoriété quasi publique que l'Amicale déléguait un représentant le plus habile, le moins barbeau de démonstration, une sorte de Nonce voyou, pour négocier avec les poulets de la Mondaine, les hommes politiques abolitionnistes. Ceux-là, m'a dit Armand, c'était brusquement que ça les prenait comme une envie de lansquiner... L'article dans un journal local... une phrase dans un discours de comice agricole... des confidences faites à des gens qui s'empressaient de colporter la nouvelle au bon endroit. Le député, le conseiller général en question était bientôt contacté le plus discrètement possible. De cette époque venait à Armand l'habitude de se fringuer bourgeois cossu... c'était lui le plus souvent l'ambassadeur des tenanciers. Fallait qu'il puisse entrer au Palais-Bourbon, être reçu par un parlementaire sans se faire retapisser voyou d'étalage pour touristes en mal d'émotion forte. Il avait appris à causer avec ces gens-là... employer des péri- ou des antiphrases... des métaphores, circonlocutions, euphémismes sans en connaître l'appellation. Puisqu'il n'était pas un taulier en vue comme Fraisette du *One two two* ou Martel du *Sphinx,* il pouvait d'une certaine façon passer plus facilement inaperçu. Toutes ses billes n'étaient pas dans une même affaire, je vous ai expliqué. Il lui suffisait d'être directement, ou par un prête-nom, majoritaire et de tenir les gérantes – les Mmes Pauline, Hélène, Lucienne ou Joséphine – à sa pogne, et d'envoyer des observateurs discrets et attentifs pour éviter de se faire arnaquer. Tout ça fonctionnait en souplesse... dans l'huile... Surtout il voulait pas de schproum... qu'on parle de lui dans les gazettes.

Nos hommes politiques en mal de déclencher une offensive contre le vice, la débauche tarifée... cette honte pour notre pays de supporter de pareilles maisons... leur volonté purificatrice tout à coup s'évaporait. Leurs articles restaient sans suite... ils s'attelaient à une autre tâche... le paupérisme... la tuberculose qui faisait encore de sacrés ravages... les conditions de vie en usine!

Entre-temps, Bel Armand (ou un autre, il n'avait tout de même pas l'exclusivité de cette fonction) était venu, avait su faire entendre à l'oreille du pourfendeur de proxénétisme le bruit délicieux du froissement des billets de banque qui allaient aider les caisses du parti en difficultés... les bonnes œuvres d'une municipalité... On n'ose imaginer que, parfois, l'obole restait dans le fond des fouilles de l'édile.

– C'est des gens qui ne désirent que le bien du genre humain... le bonheur de leurs semblables, disait Bel Armand en s'efforçant de ne pas trop se marrer.

Son truc, certes, avait fonctionné à merveille pendant des décennies mais n'empêche, Mme Richard était arrivée dans la course et... je m'étais permis, un soir, de laisser entendre qu'il n'avait pas pu l'acheter... que c'était une véritable idéaliste, une féministe... précurseur de nos combattantes pour les droits de la femme à disposer de son cul sans être exploitée. Ça méritait une réponse qu'il a esquivée en souriant, mais en me laissant entendre qu'il me la donnerait un de ces jours.

– Si t'as envie d'écrire là-dessus, je te gâterai, mec... tu regretteras rien.

Je voyais pas encore comment je pourrais me mettre à pisser de l'encre sur la question. Les œuvres, n'est-ce pas, il faut qu'elles trottent en vous... qu'elles mûrissent... faut rien brusquer, elles accouchent quand il est temps. En plus, je voyais pas pourquoi j'allais m'attaquer à ce genre de sujet. Marthe Richard, par la suite, j'allais lire ses livres. *Espionne au service de la France... Mon destin de femme.* Ayant fait un peu le tour du problème avec l'aide de Bel Armand, j'allais me les farcir avec un œil tout à fait différent... les décortiquer... les déchiffrer entre les lignes, derrière les mots.

Guide rose et
conseils à un jeune homme
désireux de faire carrière
dans le pain de fesses.

1935... c'était l'âge d'or des bobinards. Il n'est que de consulter le *Guide rose,* l'annuaire-indicateur des maisons et salons de société... Paris, Province et Colonies... pour se rendre compte de l'ampleur, la splendeur de ces entreprises. Avec les pages de pub adéquates (on disait alors la réclame) pour le champagne Lucien Clicquot, les meubles, la lingerie fine, les préservatifs, les robes et costumes « *chez le spécialiste des maisons Georges Adida* »... les phonographes, les accordéons, les pianos mécaniques... les vins, liqueurs et apéros de toutes marques... les objets les plus bizarres... *Coppo-Paris, le fabricant des glaces mystérieuses... Ernest le chausseur qui pouvait fournir les talons les plus hauts!... « Les automates dont les yeux, les lèvres et la bouche sont mobiles et par leurs gracieux mouvements vivants donnent l'illusion parfaite de la vie. »* De surcroît, de multiples adresses d'avocats, services juridiques spéciaux pour Maisons de société « *Discrétion absolue... consultez Gaston, 21, rue d'Angoulême.* » On a même une page pour les pauvres pêcheurs... le catalogue illustré pour amateurs de poissons en étang ou en rivière. Sans doute ces messieurs qui s'occupaient les loisirs en taquinant le goujon.

On feuillette... ça vous a un parfum curieux de choses disparues... un ordre... celui de la IIIe République. Toute la liste des bordels du Pas-de-Calais, du Lot-et-Garonne, du

Vaucluse... Saint-Amand dans le Cher... Saint-Chamond. *La Régence* où j'aime à imaginer qu'un futur ministre de la IVe perdit son innocence! Etc. et surtout les Colonies... Département de Constantine... *Ain M'Lila,* maison française... Zennir Amar le patron... *Aux Ouled Nails* à Biskra... Le Maroc, la Tunisie, le Sénégal... L'Indochine et les maisons japonaises d'Haiphong.

En complément indispensable du *Guide Rose,* l'ouvrage de Jacques Roberti *Maisons de Société.* Un petit chef-d'œuvre d'observation, d'humour, de folklore que cette promenade de bordel en bordel dans les années 20. Dix fois plus instructif que n'importe quel traité de savant sociologue.

Toutes les taules de France et de Navarre imitent Paris pour leur enseigne et ça nous donne vingt *Moulin-Rouge* à La Rochelle, Lorient, Toulouse, Tunis... vingt-trois *Chat Noir* (on voit l'allusion on ne peut plus discrète), douze *Chabanais* entre Fréjus, Metz, Nancy et Bizerte.

On a tout de même des appellations moins courantes... *Le Petit Angora, La Villa Coquette, Le Chat qui fume* à Ivry... et *La Grotte des Hirondelles...* mais cette dernière est, noblesse oblige, à Paris rue d'Aboukir.

Dans les boxons portuaires, souvent les dames sont polyglottes... Les négresses y font fortune... (plus précisément leur maque).

A Longwy, la tenancière s'appelle Reine... elle préside avec majesté aux ébats des ouvriers de la région : Espagnols, Portos, Ritals, Polacks...

Toutes les rues défilent... les rues chaudes, bien entendu... *Pen Ar Stang* à Quimper, le *Domino Double* rue des Cabotains au Havre. Mme Régina reçoit les michetons à *la Tour de Nesle* à Rennes... On chuchote qu'elle est la maîtresse du commissaire de police, ce qui lui permet beaucoup plus de tranquillité d'esprit, n'est-ce pas...

Florilège de noms de lieux comme dans un poème d'Aragon qui vous bercent, évoquent... font décoller... *La Corbeille Fleurie* à Saint-Denis tenue par une Mme Napoléon... la rue aux Juifs à Orléans... Tours avec ses *Rêves d'Or...* son *Petit Soleil...* rue du Ballon, *Aux Dames Françaises...* M. Rappoport est patron des *Andelys* rue de la Galère... Toujours à Tours *le*

Singe Vert, boulevard Heurteloup... On peut s'arrêter à *La Lune* rue Sous-les-Ceps à Bourges... chez Mme Désiré à Loudun... au *Grand 1,* rue des Fileuses à Privas... à *l'Eden* de Saumur où la taulière se nomme Mme Misère... On a un peu partout des *Petit* ou *Grand Soleil,* des *Patte de chat,* des *Chez les Sultanes.*

A Strasbourg, avant la fermeture, les maisons se tenaient Quai de la Bruche, Ruelle aux Bœufs, Quai des Pêcheurs où un certain Maurice la Tripe a laissé un souvenir inoubliable pendant plus de dix ans. Nancy, rue du Maure-qui-trompe... chez Mme Mimi, j'y ai placé un épisode de mon roman *Bleubite.*

A Lyon, les tolérances, bien cachées aux yeux du public par des façades de boutiques qui en disent long sur les clients du cru, se trouvaient rue Turpin, rue Confort... rue des Archers. A Toulouse, face à face dans la même rue, *La Présidence* et *Le Sénat.* Michel le Tatoué régnait sur un petit harem d'Espagnoles au *Grand 4,* rue de la Savonnerie à Perpignan... Mme Poupette tenait son sérail de suceuses rue des Remparts. A Nîmes, les messieurs en mal d'amour allaient *Chez la Marquise,* à Béziers au *Cythéria...* à Castelnaudary *Chez Madame Euphrasie,* rue de la Fontaine...

A Marseille, bien avant la destruction du Vieux Port par les Fritz en 1943, la plupart des boxons se tenaient rue Bouterie... la *Maison Poupoule... Le Flamboyant... Chez Théo.* Les tauliers, c'était souvent des Marius... la Voix d'Or... Le Noir... Le Balafré... un Émile dit le Satyre... quelques Olive pour faire plus couleur locale.

J'ai eu l'occasion, ceux-là, de les voir encore vivants... J'étais descendu dans le Sud pour la promotion d'un livre. C'est-à-dire faire la pute moi aussi, la retape dans les journaux, les radios, aux télés locales pour fourguer ma petite salade... un aspect plutôt pénible de mon métier. Ça vaut tout de même mieux que de se salir les pognes en des besognes accablantes. A Marseille, un ami, Francis, me drivait un peu, me tenait compagnie. C'est un homme qui a roulé, Francis, connu ce qu'on doit connaître. Comme ça, il m'a désigné en lousdoc à la terrasse du *Cintra,* à l'heure du pastaga, quelques vieux crocodiles autour d'une table... visiblement des retraités.

– Question à cent balles, Alphonse... Devine un peu dans quelle administration ils bossaient, ces mecs-là ?

D'un coup de châsse rapide, on pouvait les prendre pour des vieux condés... une amicale d'anciens de l'Évêché [1], mais en les observant plus attentif... en les détaillant... nulle gourance, c'était tous des poissons... d'un âge avancé... septua, octo, nonagénaire mais il leur restait des écailles. Des Marius le Tatoué, Paulo le Corse... Antoine l'Avenir, Olive le Balafré... Gégène Belles Châsses... Bébert Cœur de Velours... Dédé le Corbeau... des harengs tout à fait fumés, boucanés, ridés... qui avaient échappé à toutes les fusillades marseillaises... les séjours trop prolongés aux Baumettes, à Nîmes ou Poissy.

– C'est des anciens de la Remonte... des tauliers... Depuis 1946, ils ont du mal à supporter l'existence... comme les disciples de Jean-Paul Sartre.

Nostalgiques, bien sûr... ils la regrettent, amers, la République de Louis Barthou, d'Albert Sarraut, de Gaston Doumergue... d'Édouard Herriot! Ils en ont gardé de beaux vestiges de leur temps de splendeur... des bagouses... chevalières en jonc avec le petit diam qui brille au milieu de leurs doigts velus... des costards de bonne coupe un peu démodés... le Borsalino bien vissé sur leur calvitie.

– Ils se sont bourrés, me dit Francis... Seulement, à présent, regarde, ils sont presque tous au Vittel même pas fraise ou menthe. Ils ont plus le droit de boire, de fumer... ils bectent des grillades.

Certes, les médecins ne les ménagent pas de la prescription. Tringler, ça ne devait plus leur arriver si souvent. Alors quoi ?... ils se réchauffent le cuir comme des vieux iguanes. Ils rabâchent autant que les anciens du Chemin-des-Dames... ils évoquent le temps béni des voyages en Argentine avec des gentils colis...

– Le pire, Alphonse, je vais te dire, ils sont radins pas possible! Et puis ils font de la morale à propos des jeunes qui ne veulent plus rien foutre, qui se laissent pousser les cheveux... aux filles qui se conduisent plus mal que leurs pensionnaires

1. Siège de la police à Marseille.

jadis à la *Maison Poupoule*... au *Cythéria*... à *l'Étoile d'Or* à Toulon, rue des Remparts.

J'ai loupé l'occase d'aller un peu les faire bavacher... m'en bonir de joyeuses, de truculentes, que je pourrais aujourd'hui vous rapporter. On devrait être toujours à l'écoute de tout et de tous... même de ce qui vous paraît sur le moment sans importance. Voilà... on est futile, on se fait reluire en conversations oiseuses, on regarde les prosinards qui passent... A cette époque... le moment où se situe cette tablée d'antiques barbeaux... c'était la mode mini-jupe... ras les miches... quelques pouliches valaient le jeton... je me suis détourné des diplodocus proxénètes.

Pour parfaire mon instruction et par ricochet la vôtre, je fais appel maintenant à tout ce que m'a dit Bel Armand, à mes lectures... les spécialistes des maisons closes... Romi, Roberti, Montarron, Jean Lorrain... aux vieux flics, aux vieilles taulières que j'ai pu interviewer.

A tort, je crois, on a fabriqué à coups de refrains, poèmes, romans ou films, le mythe de la fille au cœur gros comme ça... victime absolue des barbeaux et des flics, toute prête à sauver le déserteur en cavale, le braqueur traqué, le terroriste aux abois. Ça n'existe que dans les exceptions qui confirment la règle infernale, celle où l'on ne se fait aucun cadeau, où l'on balance sans remords... où tout se fourgue... père et mère et les petits copains lorsque la pression policière se fait sentir comme il faut. En outre, autour du bordel gravitait toute l'engeance dite du Milieu... les trafiquants de came... les fourgues, les Jules marginaux. Un Clochemerle où tout finit par se savoir... où les tuyaux crèvent de partout. Ça leur faisait des points de fixation, les taules et leur personnel, aux poulets. Ils y passaient régulièrement... ils captaient les ragots, les confidences de Madame ou de la petite Germaine. Ils savaient *presque tout* sans trop se tremper sous la pluie, piétiner dans les neiges de décembre ou transpirer des arpions dans leurs grolles noires sous le soleil de juillet.

D'un bout à l'autre régnaient les magouilles les plus diverses. Tout fonctionnait sur la vieille peur du gendarme, sur la vénalité... même à l'échelon le plus bas. Dans les claques les plus minables, on avait toujours des coups de rouge, voire quelques boutanches de dix degrés pour les vaches à roulettes...

nos braves agents cyclistes. Fabienne Jamet raconte même dans ses mémoires qu'au *One two two* on vidait les fonds de verres de champagne dans une bouteille qu'on rebouchait à l'intention des hommes de la patrouille de nuit... les *Nocturnes,* célébrés dans une chanson de bal musette. Ils rentraient dans leur poste aux odeurs fétides siffler joyeusement les restes des michetons et des putes... leurs bacilles de Koch peut-être... pourquoi pas leurs tréponèmes ?

Je me posais des questions à propos de Bel Armand. Comment avait-il réussi dans ce cloaque à *garder le nez propre*... à ne pas aller trop loin dans les compromissions avec la Mondaine... les différentes polices en Argentine, au Chili... en Uruguay ? Question qui me reste sans réponse. Ce qui plaidait en sa faveur, c'est qu'il avait survécu. Les lascars qui dépassent la mesure, ils rencontrent toujours un vindicatif, un sale rancunier qui les allume, une belle ou une sale nuit, au coin d'une rue à Pigalle, à Montparnasse ou même très loin, à Buenos Aires ou Caracas... de l'autre côté de la mare aux harengs ! Lui, il pavoisait plutôt... il se pointait partout sans crainte, sans vergogne... On pouvait le voir venir de loin... une véritable cible de champ de tir. Peut-être avait-il pris les devants, éliminé les dangereux avant qu'ils aient eu le temps de garnir leur barillet ? En tout cas, personne n'est venu me le dégréner, Armand... on parlait de lui partout avec respect.

Un certain temps... un an peut-être, je l'ai perdu de vue et puis j'ai appris un jour qu'il avait installé chez lui une jeune fille. Une petite nièce arrivée du Jura, la môme d'un frère de Paquita, un réfugié républicain espagnol. Sentant sa fin prochaine, il s'était choisi une héritière. Sûr que c'était bien dommage de penser que tous ses biens, sa piaule dans le Midi, son appartement, ses meubles et sans doute pas mal de lingots planqués en lieu sûr allaient se retrouver dans les caisses du ministère des Finances... qui, déjà au temps des maisons closes tolérées, prélevait 52 % des bénefs.

– C'était lui le super-hareng...

Au nom des principes et de la morale, les gouvernants de la IVe République naissante s'étaient privés d'une belle recette.

Preuve, entre toutes, qu'ils s'étaient conduits comme des branques... d'incorrigibles démagogues.

Armand me développait ses déductions. Je m'étais repointé le voir... frimer la petite nièce... la curiosité. Je n'ai pu l'entrevoir qu'à l'enterrement du Bel Armand. Les larmes, en la circonstance, ne noyaient pas sa jolie frimousse. Un lot, ça m'a semblé, assez mignon... et j'ai appris, par la suite, qu'elle s'était lancée dans les délires ou les délices, comme on veut, de Mai 68... que l'héritage d'Armand, tout son pognon entassé, servait maintenant la Cause du Peuple... je veux dire la Cause de ceux qui se prétendent le peuple... toute une farandole d'utopistes à vocation plus ou moins sanglante. Dans sa tombe, Armand a dû gigoter... essayer de soulever son couvercle... la dalle en marbre noir... pour venir tancer à sa façon, tel le Commandeur, tous ces loquedus. Rien à chiquer... un jour, ça se coince... on fait de vieux os mais ils ne sortiront de terre que sous la pelle des archéologues du trentième siècle si la Terre arrive jusque-là.

Ça vous porte, cette fin de la fortune d'un des plus beaux spécimens de tauliers qu'il m'ait été donné de connaître, à des réflexions douces-amères sur la relativité des choses... les constructions humaines si fragiles. Toujours aussi ce balancier, le destin malin qui vous joue les tours les plus pendables. La fille du vieil antisémite qui épouse un Juif aux yeux de braise... le fils de famille bourgeoise devenu farouche marxiste... Et chaque jour que Dieu fait ou ne fait pas nous apporte des anecdotes à ce sujet tout à fait croustillantes.

Sa nièce, Armand jusqu'à sa mort, l'avait placée dans une institution religieuse... pour qu'elle fasse de bonnes études et qu'elle récolte ces fameuses bonnes manières qui servent quelquefois plus que l'algèbre ou la date de la bataille de Bouvines. Mais, de nos jours, même chez les curetons, les religieuses, ça barre en brioche. En fait de bonnes manières, ça s'emmanche au nom de l'éducation sexuelle... ça barbouille de fiente les icônes... ça chante *La Lutte finale* au lieu de *L'Agnus Dei*. Bel Armand n'en avait pas bien conscience, il était dans un autre siècle, au temps où même les barbeaux avaient de la religion.

Il faudrait peut-être que je m'arrête... vous ouvrir encore une parenthèse au sujet des Jules puisqu'ils sont au cœur de mon sujet... que je m'éloigne pas trop des lanternes rouges. Difficile de les définir en les mettant tous dans le même sac. La plupart, au départ dans l'existence, ne débarquent pas de l'élite bourgeoise. En général, leurs papa-maman, ça turbine dur dans les fermes, les mines, les usines, les docks... ça fait le ménage chez Mme de... ça larbine, trime à la sueur, ça becte à la table qui recule. L'ambiance autour, ça vinasse, ça se bastonne. Le jeune homme apprend très vite qu'il ne doit compter que sur ses poings, un bout de jugeote, aucun préjugé de rien et sa queue, s'il a le don des érections quasi sur commande. Neuf maques sur dix ont du gourdin pas possible... La capture de la nana se fait au bal... au frottis-frotta des tangos, rumbas et autres. (Bien entendu, je parle de l'époque qui concerne ce livre... A présent, les danses diffèrent, mais ça reste en gros du kif.) L'homme se soigne la présentation... le costard, la coiffure, les pompes... Faut qu'il en jette. Aux yeux des bonniches, des shampooineuses, des vendeuses de Prisunic... c'est assez simple et plus c'est voyant, plus ça prend. Un peu comme ce que préconisait le Dr Goebbels en matière de propagande... que plus le mensonge est gros, plus il a de chance d'être dégluti par le bon peuple. L'œil de velours... les bruns, les Rastaques, les Ritals ont des atouts supérieurs en proxénétisme. Ils en profitent, des statistiques pourraient vous le confirmer si on avait l'idée d'en faire.

La jactance doit être au niveau du roman-photo... les clichetons les plus éculés... le chromo sentimental. Il tombe sur sa proie, le barbiquet, il l'envoûte... l'entraîne dans son nid [1]. Là, n'est-ce pas, il lui joue de son bel instrument... de la reluisance comme elle n'aurait jamais cru que c'était possible! Il la laisse pantelante au réveil, recrue, moulue... elle en redemande.

Ça varie ensuite, la période rose, selon le Jules... ses besoins plus ou moins pressants. Il va, s'il est adroit, l'envoyer aux asperges en douceur... elle va presque lui proposer d'aller éponger quelques vieux messieurs bien propres pour l'aider à

1. Le tatouage symbolique du proxénète, c'était l'aigle aux ailes déployées, tenant entre ses serres une femme nue.

traverser une passe (joli mot en la circonstance) difficile. Certains poussent le vice jusqu'à résister... se faire prier... « Je mange pas de ce pain-là. » D'autres utilisent quelques moyens de pression plus évidents. Les coups, les menaces... le chantage... les dettes, tout est possible! Mais rien ne vaut la persuasion par *l'amour* qui ne peut pas durer toujours comme dans la goualante d'Édith Piaf.

Ça, si vous voulez, c'est le schéma le plus gros... les grandes lignes. On a des variantes... la fille qui fabrique le maque. Elle tapine déjà plus ou moins... dans une boîte, un bal... elle rencontre un zèbre qui lui plaît. Ça se termine sur le traversin en des gémissements voluptueux... et en fait de finir, ça commence. Le jeunot travaille je ne sais où... dans un endroit où on gagne des poignées de dattes. S'il ne fait rien du tout, c'est encore mieux... la nana lui offre une montre, une cravate, des pompes... le restaurant, et puis un jour, carrément, elle lui glisse quelques talbins dans la fouille. Pas encore très armé pour le métier, il se fait alpaguer par les lardus... direction la taule... dix mois... une pige pour proxénétisme. Sa môme l'assiste et, en sortant, il sera devenu tout à fait méfiant... on ne le piquera plus en flag... il aura fréquenté des anciens qui l'auront initié aux petits trucs de la profession. Définitif, il est hareng, julot, maque, appelez ça comme vous voulez...

J'ai failli dans ma jeunesse glisser de la sorte vers cette carrière. Un rien... je ne serais pas là à vous écrire... je serais retraité dans ma villa aux bords de la Marne ou de la Méditerranée. Je peux donc témoigner sur cet itinéraire, il est assez banal.

Certains, après avoir goûté la gamelle des prisons pour quelques larcins, sortent et se disent qu'il vaut mieux vivre du pain de fesses que de risquer le pire en allant casser. Et c'est relativement facile en tout cas de débuter, la suite comporte un peu plus de risques pour garder à soi sa mignonne, déjouer tous les pièges de ses congénères et aussi ceux de la police.

Dieu dans la Bible punit l'homme par le travail lorsqu'il le chasse du Paradis. Le travail est donc une malédiction... le dénominateur commun de tous les barbeaux, n'est-ce pas, c'est qu'ils sont fermement résolus d'échapper à ce châtiment.

Ça, c'est la première condition pour faire un bon Jules... la haine sans partage du boulot. Ensuite, on peut se référer à un expert du XVIIIe siècle, un nommé Théveneau, greluchon de son état, c'est-à-dire exploitant en putes, qui nous a laissé écrites des *Instructions pour un homme qui veut devenir maquereau.* Je vous en livre quelques-unes qui valent pour tous les temps, sous tous les cieux.

I. – *Il commencera par renoncer aux sentiments d'honneur et de probité; c'est la base fondamentale.*

....

V. – *Il fera connaissance avec toutes les maquerelles de Paris et jamais il ne les trompera.*

....

X. – *Comme la police se mêle de tout, il achètera la protection d'un des premiers commis. C'est des plus faciles : un rouleau de vingt-cinq louis fait l'affaire.*

....

XVI. – *Il ne faut jamais, entre confrères, aller sur les brisées les uns des autres. C'est sujet à beaucoup de disputes et fort contraire au métier.*

....

XX. – *Enfin, on ne doit rien négliger pour faire une prompte fortune, n'importe par quels moyens. Cependant, il faut prendre garde de se brouiller avec la justice.*

Je vous ai passé quelques articles qui font un peu répétition ou qui concernent plus spécialement l'Ancien Régime, mais l'essentiel est là. Tout est dit en bon français... la sagesse même.

Bien des auteurs nous ont tracé des portraits de Jules plus ou moins de poids... de barbillons, macrotins de toutes sortes. Certains en font presque des héros, les autres des monstres de veulerie, de méchanceté. Ils sont tous à peu près vrais. Albert Londres, dans son livre sur la traite des Blanches, les cerne d'assez près. Ni monstres ni héros... *ils se jouent surtout la comédie.* Il leur faut toujours partout sauver la face pour garder tout leur prestige aux yeux des nanas... que la mythologie ne s'effondre pas au moindre zèphe.

Les plus intelligents sont les plus modérés, ceux qui ne ratiboisent pas tout le fric des filles... qui les laissent s'occuper de leurs gosses quand elles en ont... de leurs vieux parents... qui les sortent et les régalent de temps en temps dans le pageot. Finissent mal, ceux qui ont de multiples ennuis avec la maréchaussée, la magistrature ou leurs pairs, les autres Julots... Ceux dont les filles se font la malle sont les plus bêtes... les plus primitifs.

« *Le métier de maquereau,* dit un homme du Voyage... un pourvoyeur de filles de Buenos Aires à Albert Londres, *c'est pas un métier de père de famille! Il nous faut être administrateur, éducateur, consolateur, hygiéniste. Du sang-froid, de la psychologie, du coup d'œil, de la douceur, de la fermeté, de l'abnégation! De la persévérance! Savez-vous quels sont, plutôt quels étaient nos principes dans le temps où le Milieu n'était pas contaminé? Nous devions être corrects partout, aussi bien dans les mauvais endroits que dans un salon.* »

Cette déclaration date de 1927. Toujours les types arrivés se plaignent des mauvaises manières des jeunes. En tout cas, c'est un exemple de proxénète assez évolué. Sans doute il se fait berger, ce loup, devant le journaliste parisien. Ces hommes du Milieu exploitent les femmes comme d'autres exploitent une industrie, un commerce d'alimentation. On fourgue, on échange les putes sans qu'elles puissent dire quoi que ce soit.

Les gros poissons ont plusieurs *beefsteaks,* c'est ainsi qu'ils appellent leurs femmes... les autres une ou deux. Le cas extrême, celui d'une nana achetée par deux maques débutants pas assez riches pour en avoir une chacun. Ils se la partagent... au lit de temps en temps l'un ou l'autre... et les bénéfices fifty-fifty.

A propos de cette traite des Blanches en Amérique du Sud, il faut reconnaître aussi que les femmes préféraient être en Argentine qu'en France où, souvent avant de se prostituer, elles n'avaient connu que la dèche la plus noire.

Pour en revenir à Paris, le souteneur qui voulait placer une nana... sa régulière ou son doublard, dite aussi fille d'amour... dans un boxon, allait voir une sorte de courtier en putes... un placier ou placeur. Il trouvait cet oiseau, pas si rare que cela, dans quelques lieux connus du petit monde qui gravite autour du proxénétisme... quelques tapis, quelques bars à la Porte Saint-Denis, à la Bastille, à Clichy. Il tenait sa permanence dans l'arrière-salle. Il tapait le carton avec quelques potes en attendant sa clientèle. Était-il souteneur lui aussi ? Plus souvent, c'était déjà un homme de poids... entre cinquante et soixante berges... qui n'avait plus assez d'arguments en peau de quéquette pour aller lui-même à la chasse. Sa situation d'intermédiaire s'avérait des plus lucratives. De temps en temps, les boys de la Mondaine leur cherchaient des crosses. On en emballait quelques-uns... bien peu se retrouvaient au Dépôt... quelques imprudents qui s'étaient risqués dans les faux poids, les filles mineures. Quai des Orfèvres, les placeurs prenaient des arrangements avec le ciel policier. Baissons nos paupières sur ces bagatelles. Ils retournaient à leurs affaires en laissant entendre qu'ils l'avaient mis dans le baba... le fion... le prosinard de M'sieur le commissaire Untel. On faisait semblant de les croire... et voilà ils reprenaient le collier. La petite pouliche bretonne pistonnée par le jeune Frédo-du-Point-du-Jour, un garçon prometteur, va se retrouver sur le registre du placeur avant de rejoindre son affectation première au *Chat Noir* à Montluçon, à Quimper rue Pen-Ar-Stang au *Salon* de M. Félix... à Mende, en Lozère, chez Mme Georgette... à Mazamet chez la Grande Jeanine.

Certes, il y a toujours quelques exceptions, je veux dire au sujet des harengs. Tous ne sont pas des épées dans l'étreinte, montés comme les bourricots... tous n'ont pas l'œil cajoleur, la dégaine napolitaine. J'en ai rencontré d'étranges dans les couloirs, les promenades de mes villégiatures carcérales. Des pas possibles, torves, borgnes, d'âge incertain. Comment captent-ils leurs gagneuses ?... Ça participe des mystères de l'existence.

Pour être tout à fait équitable, il faut dire aussi qu'il y a chez les femmes des vocations putassières. Sans parler de celles qui vont en remoudre d'elles-mêmes sur les boulevards, dans les brasseries... la plupart se laissent faire douce violence par le Jules. Les sociologues, les psy... parlent de misère, de paresse, d'absence de cadre socio-familial. Ça joue certainement un grand rôle, mais j'ajoute que très vite elles entrent dans le système, qu'elles s'y prennent, s'y complaisent... qu'elles finissent presque toutes par subir cette espèce de magie du Milieu. Leur homme devient sacré. Elles ont ce qu'on appelle *la mentalité*... elles lui donnent tout... elles se mettent à mépriser le reste du monde. Celui des caves, des michetons. Souvent elles n'ont plus beaucoup de rapports, je veux dire sexuels, avec leur maque. Alors elles deviennent pour ainsi dire des *mentales*... elles bandent par la tête, l'imagination. Il leur faut, pour vivre, leur mythologie et elles se veulent l'Homme le mieux sapé, le mieux, de nos jours, pourvu de son Alfa-Romeo... avec des gourmettes, des bagouses aux doigts... etc. Elles s'en foutent s'il est con, vilain, poivrade... qu'il les maltraite... Ça paraît presque un clicheton... une rengaine... *C'est mon homme*... la rengaine procède pourtant d'une certaine vérité. Entre la gonzesse et son mec, une sorte de jeu, de rite sado-masochiste. Ça se situe, tout ça, bizarrement dans une atmosphère de péché, de punition. Inconsciemment, les mômes expient je ne sais quelle faute... elles subissent les injures... les coups comme une chose *qui va de soi.*

Le bordel d'autrefois par bien des côtés ressemblait à une sorte de couvent... l'envers d'un couvent. La pensionnaire était comme une religieuse du péché de luxure avec au-dessus d'elle l'abbesse-maquerelle, le cureton-hareng... Je n'exagère pas. Le rituel était strict... Bien sûr, les choses ont évolué depuis quarante ans... mais, là, on était à l'époque du Julot-roi. La femme n'existait que par lui. C'était pas non plus Cathy ou Mado ou Cricri... son sobriquet de travail... dans le Mitan, on ne la connaissait qu'en tant que la môme de tel ou tel barbeau... Mme Gégène... Mme Albert... Dans les bouffes, les dîners en ville entre hommes, elle n'avait pas le droit de l'ouvrir. Regarder un type dans les yeux [1] lui valait la rouste sévère. Les potes du maque s'avisaient pas de faire un impair, ils jactaient à peine à sa dame... en regardant de côté... juste pour dire des choses essentielles.

On connaissait des putes devenues vioques qui donnaient toujours leur misérable *comptée* à un Jules qu'elles ne voyaient plus que pour ça... lui refiler leur fric.

A ce qu'on dit en 1985, les putes ont pris des distances. Tout

---

1. On utilisait l'expression : *Prendre les yeux.*

se perd, le latin à la messe, le rituel du Mitan. Les fillettes apprennent à faire des turlutes avant même de passer leur certif. Le féminisme, la libération sexuelle devraient reléguer le souteneur comme le curé dans les vieilleries... le passé révolu. A voir!

J'apprends... on me rencarde sans même que je le demande, que les filles dites indépendantes, celles qui travaillent au téléphone, les call-girls... se dégottent un petit ami, un minet, un amant de cœur comme leurs ancêtres du Palais-Royal sous Louis XV... et qu'elles se mettent à les fringuer, les nourrir au caviar d'Iran, au foie gras truffé... leur offrir le dernier modèle de voiture décapotable. Ils s'appellent comment ces jeunes gens en définitive?... Ils deviennent quoi?... lorsqu'ils ont entravé la bonne coupure et qu'ils se dénichent une deuxième petite amie qui reçoit à domicile quelques messieurs bien tranquilles qui viennent se faire éponger?...

Jusqu'en 1954 existait une peine accessoire... façon de parler... la relégation pour les voleurs récidivistes et pour les proxénètes qui, eux, pouvaient se retrouver derrière les murs d'une prison pour le restant de leurs jours à leur deuxième condamnation. Cette loi avait été édictée au temps des bagnes coloniaux... la Nouvelle-Calédonie puis la Guyane. On y envoyait les relégués, disait-on, pour peupler le pays. Une fois le bagne de Cayenne supprimé, la relégation toujours appliquée s'accomplissait en taule.

Le maque qui s'y faisait piéger finissait son existence misérablement en sodomisant les petits derniers arrivés dans le camp. La plupart des souteneurs relégués étaient ce qu'on appelle en argot des maques à la mie de pain... des Julots casse-croûte... ça définissait les minables qui attendaient que leur dame ait fait une passe pour pouvoir se taper un sandwich... un café-crème et un croissant chaud au bistrot du coin.

Je vous cite la relégation pour bien vous cerner le problème. Ne rien laisser dans l'ombre... Ça participait tout de même des hauts risques du métier. Le fameux petit jeune homme qui glissait en maquereauterie grâce à ses charmes et à une nana généreuse, ne se figurait pas au départ qu'il pouvait aboutir très vite et pour très longtemps au placard.

Autre peine, dite accessoire, l'interdiction de séjour... la fameuse trique. Celle-là, elle existe encore et on dirait qu'elle a été créée spécialement pour les Jules... Il s'agit théoriquement de les chasser des grandes villes... Paris, Lyon, Bordeaux, Marseille... L'évidence, qu'ils ne peuvent pratiquer leur industrie, faire travailler leurs ponettes, que sur le trottoir des métropoles. Une fois rejetés à la cambrousse, dans les bourgades reculées de province, ils sont réduits à que dalle. Impossible d'imaginer un souteneur réinséré dans le tissu social par les bienfaits de l'agriculture, fût-elle en tracteur. D'ailleurs le Jules ne s'amende pas... quiconque a goûté au pain de fesses vivra ou périra par le pain de fesses. Un adage qui ne souffre pas d'exception.

Et c'est là que la police intervient... pour que le maque puisse revenir sur son terrain, surveiller son petit cheptel, n'est-ce pas, on lui donne le *condé,* l'autorisation souterraine d'enfreindre l'interdiction de séjour et, en échange, on lui demande quelques petits tuyaux, quelques renseignements sur ce qui s'ourdit, se trame, se prémédite au royaume de la truanderie.

L'engrenage fatal... M. Frédo... Lucien ou Fernand devient un indic... une balance, et s'il ne joue pas très serré, très attentif, ça se termine d'une rafale de mitraillette au coin d'une rue... une seule balle suffit parfois lorsque le flingueur est un expert.

Plutôt rare pour un maque de finir de sa belle mort comme Armand, riche et respecté même des honnêtes gens.

En dehors du goût pour les embrouilles assez courant chez les proxos, ils ont eux aussi leurs vices... le casino ou les champs de courses, nommés en argot le tombeau des harengs. Ça finit toujours par revenir totalement à l'État le pognon du tapin et des boxons. Bien des Jules claquent toute la comptée de leurs gagneuses sur les tapis de jeu ou aux courtines.

Armand n'échappait pas à la règle en ce domaine, dès qu'il voyait de sa fenêtre un rayon de soleil, il appelait un taxi et il se faisait conduire fissa à Auteuil ou à Longchamp... toujours sur son trente et un... le bada gris perle... son lardeuss à col d'astrakan, il se pointait au pesage. Il connaissait les entraîneurs, les jockeys, les bookmakers et il envoyait la soudure comme tout un chacun au guichet.

Vanneur, il n'osait tout de même pas prétendre qu'il finissait l'un dans l'autre par s'en sortir haut la pogne. A ce qu'on m'a dit, il y laissait pas mal de plumes... mais sans doute n'était-il pas un flambeur à l'état pur, il savait encore doser ses mises, s'arrêter quand la scoumoune était trop évidente.

Maintenant il est trop tard pour en savoir davantage par le truchement de Bel Armand. Il me manque un peu pour mieux asseoir mes informations. On a toujours l'impression que les gens qui vous entourent sont éternels et le temps vous écrase... il faut que je me magne le train plumitif pour vous raconter la Geste des bobinards avec ce qu'il faut de réalisme, de souvenirs, de témoignages vécus vrais...

La nièce gauchiste, je n'ai pas su ce qu'elle était devenue celle-là. Peut-être, après tout, qu'une fois l'héritage en sa possession juste après la mort d'Armand, ça l'a rendue conservatrice... qu'elle a épousé un jeune homme lui aussi avec du fric de papa-maman. L'arrivée du carbure, sa disposition libre et entière fait des miracles. Mais ceci est une histoire pour un autre livre... un récit quasi balzacien...

Grâce à Bel Armand, je m'étais instruit assez sérieux pour affronter les yeux de l'Histoire... enfin celle qu'on appelle la petite... qu'on dit du bout de la lorgnette... de la braguette, si je puis m'autoriser cette fine plaisanterie.

Tenanciers, tenancières,
sous-maques et filles de joie
en leur domaine réservé
comme si vous y étiez.

Il me faut bien tout de même sacrifier à la manie de notre époque de statistiques, sondages, chiffres... Le nombre de maisons closes en France en 1945 : 1 500... et rien qu'à Paris 177. Depuis les débuts du siècle, selon les *guides roses, l'annuaire des bordels,* ces chiffres avaient varié. La loi de l'offre et de la demande... la tolérance accordée selon le bon vouloir des municipalités. (Ce qui explique l'offensive parisienne précédant l'abolition sur tout le territoire.)

Ce qu'il faut remarquer, c'est que les prostituées sur le trottoir étaient infiniment plus nombreuses que celles en maison. Vers 1939, on en avait 8 000 en carte dans les rues parisiennes contre 1 500 dans les boxons. Ceci, sans tenir compte des volantes, de toutes celles qui travaillaient *au noir*, des quasi clandestines... qu'on appelle aujourd'hui des michetonneuses.

Une grande partie du débat entre les abolitionnistes et les anti... journalistes, parlementaires, médecins, juristes, etc. fut consacrée à la question de savoir si les putes étaient mieux sur le turf ou dans les taules. Un faux débat, bien sûr.

Finalement, les bordels étaient le microcosme de la société d'alors... Grande et moyenne bourgeoisie... artisanat... prolétariat et même lumpenprolétariat... (les travailleurs immigrés d'alors).

Les arguments en faveur étaient le plus souvent d'ordre sanitaire. Les femmes en maison passaient à la visite et étaient suivies en cas de maladie détectée. En 46, les antibiotiques sont arrivés sur le marché. La chaude-lance fut traitée en quelques piqûres de pénicilline... La vérole devint guérissable assez rapidement.

Avec tous ces éléments qui se superposent, s'enchevêtrent, les données du problème ne sont plus les mêmes. Dans tous les domaines, la vie en Occident a plus évolué dans ces cinquante dernières années que dans les trois ou quatre siècles précédents. Trancher dans le débat?... condamner?... réclamer un retour en arrière?... la réouverture? Tout ça me paraît oiseux, sans objet. Il faut tout de même se méfier de l'avenir... l'apparente décadence qui nous guette. Mais rien n'est certain dans aucun domaine... dans deux ou dix ans, tout sera encore chamboulé de fond en comble. La biologie va peut-être nous fabriquer des êtres unisexes... des monstres... des supermen...

Il est tout de même assez évident que la fermeture participait à la fois d'une belle dose d'hypocrisie mêlée à des naïvetés incroyables de la part de gens qui détenaient le pouvoir.

Je me suis lancé dans mon enquête... j'ai rencontré des vieux flics de la Mondaine... des retraités et puis quelques vieilles putes... quelques mères maquerelles tout à fait au bout du rouleau. Juste pour savoir comment tout ça fonctionnait, si ça recoupait bien ce que j'avais soutiré comme informations à Bel Armand. Accorder aussi mes souvenirs personnels avec les témoignages des uns et des autres.

Toujours la même difficulté... les variations parfois très grandes entre le fonctionnement d'une maison ou d'une autre. De toute façon, depuis le *One two two* jusqu'à la plus petite taule au fond du Cantal, c'est le règne de la maîtresse, la tenancière... celle qu'on appelle en argot la taulière et plus vulgairement encore la mère maquerelle. Nulle exception à la règle. Aucun établissement de tolérance ne peut être tenu par un homme. Mais *il est là*, bien sûr. On le rencontre plus ou moins, mais sa présence est comme celle de Dieu le Père. Il voit tout, il devine tout jusqu'aux plus secrètes pensées des filles. Dans certaines petites villes de province, il est connu... il fréquente le grand café, le maire, les adjoints, le président du

Tribunal Correctionnel, les commerçants, etc. Il fait sa partie de jacquet, de belote avec eux. Ailleurs, il ne se montre que dans les grands moments et il est d'autant plus redoutable. Il ne doit jamais apparaître sur les papiers officiels, les contrats de location, d'achat, etc. Seulement les notaires et les flics *savent* que c'est lui qui est derrière *Madame*. Celle-ci est le plus souvent, comme les bonnes de curé, d'âge canonique... Une fois passée la ménopause, ça craint moins qu'une idée lui prenne de se faire la valise avec un coquin à l'œil vicelard, la langue de velours, la biroute en acier chromé. C'est donc une gonzesse de poids et pour arriver à driver une tolérance, il faut qu'elle ait sauté pas mal d'obstacles, si je puis dire... qu'elle ait fini par *quimper* son Jules au point qu'il l'épouse. Devant le maire ou non, peu importe... elle est sa femme. On disait alors sa lamedé ou sa lamefé en louchèbem, l'argot des bouchers, assez employé dans le Mitan d'avant-guerre.

En tout cas, neuf fois sur dix, elle a une pogne de fer et sans même le gant de velours. Elle ne fait de fleur qu'à bon escient... elle tient tout son monde sans se permettre de faire du sentiment. Monsieur n'a donc pas souvent l'occase de se montrer. Lorsqu'une môme file de traviole... commet un galoup quelconque, il est rare qu'il ait besoin d'intervenir. On avertit son homme qu'il vienne corriger sa pouliche.

Monsieur voyage, rencontre les placeurs... les rabatteurs, décide de l'embauche des filles... leur renvoi... leur mutation. Un système de rotation s'est établi entre les tenanciers... Ils échangent les nanas. Comme dans l'Administration, il est préférable qu'elles ne restent pas trop longtemps au même poste. Et puis elles vieillissent... elles ont commencé au temps de leurs belles miches, de leurs tétons fermes dans les maisons huppées... au fur et à mesure qu'elles prennent du carat, qu'elles bléchissent, elles descendent de catégorie, elles font la province, les faubourgs... elles passent des riches aux petits fonctionnaires... aux prolos et carrément, lorsqu'elles pèsent cent dix kilos, qu'elles sont devenues bouffies d'alcool, elles aboutissent à l'abattage avec les Arabes, les nègres... au temps où je vous les situe, ils servaient dans l'Infanterie Coloniale. Tout au bout du rouleau existait, jusqu'aux environs de 1925, la Monjol au-dessus de Belleville... la dernière étape pour les putes avant le cimetière. Jacques Roberti nous décrit dans *Maisons de société* ce dépotoir horrible... où tapinent encore des vioques édentées, alcooliques, obèses ou squelettiques, gueunilleuses, immondes... des visions dantesques d'antichambre de l'Enfer. On venait encore les sabrer... des Arabes, des demi-clochards et elles étaient *maquées* comme les autres... on les exploitait jusqu'au bout.

Monsieur, en général, venait de la maquereauterie... toutes ses classes, il les avait faites en débutant barbillon et, peu à peu, il avait monté en grade. Parfois il avait fait le placeur et, un beau jour, avec sa première gagneuse, sa fidèle, il se montait sa propre affaire. Ça impliquait un homme plutôt avisé, mariole en diable et le plus souvent près de ses picaillons. Je vous ai dit... décrit les vieux de la vieille à Marseille avec leurs bagouses... leurs marottes... devenus quasi gâteux sur leurs sacs d'écus. Au fur et à mesure de sa grimpette sociale, le proxénète se rapproche du bourgeois... Je veux dire dans sa mentalité, sa façon d'appréhender les choses. Les vrais outlaw sont morts en route, les malchanceux achèvent leur existence en prison ou au bagne. Ceux qui sont parvenus au sommet de la profession... les propriétaires n'ont qu'un seul désir... se fondre... se confondre avec la meilleure société. Le maque, d'ailleurs, c'est le bourgeois à l'état primitif. Il ne pense qu'au fric et il a soif de respectabilité. Il est à la fois la caricature du bourgeois et son complément. Lorsqu'il est bien installé, bien rangé... s'il a des enfants, il les envoie au cathéchisme. L'exemple de *La Maison Tellier* où toutes les filles d'un claque vont à la communion de la petite n'a rien d'exceptionnel. Ce genre de tenancier a été aussi dépeint avec beaucoup de justesse psychologique par Eugène Dabit dans un remarquable roman, hélas oublié, *Villa Oasis ou les faux bourgeois*. Celui de Jean Lorrain, M. Philibert, est aussi un beau spécimen de la tribu. Il ne vient pas tout à fait du Milieu, mais il a toutes les réactions, le comportement de ce genre de parvenus.

Roberti nous raconte l'histoire de ce taulier, M. Baptiste qui fait cravater un client suspect. On découvre qu'il est l'assassin d'une rentière. M. Baptiste, fier de son exploit, va assister à son exécution après avoir festoyé la nuit précédente avec ses meilleurs clients dans son claque. Le spectacle de la guillotine ne l'émeut pas le moins du monde. On coupe la tête du misérable et, pendant ce temps, Madame fait ses comptes... la soirée a été des plus fructueuses.

L'ordre bourgeois est indispensable au proxénétisme... *Lorsque les femmes sont vertueuses, les bordels sont pleins.*

Le vieil hareng, le tenancier est tout de même un peu nature s'il croit qu'il finira par être admis chez les *vrais* bourgeois. Ceux-ci font semblant de l'admettre, ils le saluent mais avec un rien de condescendance qu'il ne décèle pas toujours. Il leur est utile, sans aucun doute, il est une pièce essentielle du puzzle de leur construction, mais il reste *marqué.* Il ne dépassera pas certaines limites. Son fric a tout de même une odeur de vice, de foutre, d'ignominies diverses. Monsieur avait beau faire mille grâces... trente-six cadeaux... filer le plus droit possible, il arrivait quelques accrocs, quelques scandales et, ça, les bien-pensants n'en voulaient à aucun prix. Ils ne pouvaient admettre des gens dont on retrouvait parfois le cadavre lardé de coups de surin dans la rivière qui traverse leur petite ville. N'est-ce pas... ça ne vous donne pas une idée très haute des occupations de la victime. La police enquêtait et ne trouvait jamais rien, bien sûr. La règle du silence jouait toujours. N'empêche, le bordelier est un être à part. Pour que son argent devienne propre, il faudra du temps et que le fils de son fils investisse dans d'autres sortes d'exploitations. On se tape les filles mais en cachette... le pourvoyeur de vos plaisirs honteux doit rester dans l'ombre.

Madame est donc – nous sommes à une date indéterminée entre 1930 et 1939 dans une petite ville de province – installée. La voilà au sommet de sa carrière. Elle ne peut pas espérer épouser un ministre, alors son bâton de maréchal, ce sont les clés du bordel... du paradis puisqu'il s'agit de septième ciel. En tout cas, elle est derrière le comptoir de l'établissement, derrière le tiroir-caisse où elle compte les talbins, les serviettes, les savonnettes, les draps... les jupons, les soutiens-gorge, les culottes à froufrous, les balançoires à Mickey de ses pensionnaires. *Elle sait tout.* L'œil... elle l'a et féroce, avaricieux, policier. Si son homme vient à trépasser – dans son lit ou de mort violente – elle est à même de tout driver, d'aller discuter avec les placiers, avec les flics... de rembarrer, s'il en est besoin, les barbiquets rouleurs de mécanique.

Les filles, elle les choisit souvent elle-même et se trompe rarement sur leurs qualités, leurs dispositions naturelles, leur tempérament... leur perversité... Question de connaître les passions, les petites ou ignobles déviations de la clientèle, elle peut en remontrer aux auteurs pornographiques. Dans sa jeunesse, elle a tout connu... presque tout pratiqué question débauche. S'il lui arrive une inexperte... pas une oie blanche, certes... mais une maladroite, une petite qui a des répugnances, elle a tôt fait de la mettre au pli... de lui parfaire sa véritable éducation sexuelle et, si la môme ne comprend rien, se révèle minable, indécrottable, sa valise est déjà prête. Madame n'a pas de temps à perdre en états d'âme. Elle peut vous mimer les sentiments les plus nobles quand il le faut, mais une fois revenue dans sa loge, elle redevient ce pour quoi le Bon Dieu l'a mise sur la terre... maquerelle.

Dans les hautes maisons, les bordels de luxe, il lui faut ce qu'on appelle la classe. Ça rassure la clientèle, les bonnes manières, la tenue presque stricte. Elle s'emperlouse, se maquille juste ce qu'il faut. Une chevelure argentée sied fort bien à ses fonctions. Elle se doit de conseiller le micheton, le diriger vers ce qu'il désire... ne pas faire d'erreur surtout. Avec ces histoires de vice, de dépravations, on doit jouer sur le velours des illusions, des faux-semblants.

Jadis, la Gourdon, la Verne, Mme Barbet-Desmaret, la Stainville... plus tard, Mme Marthe au *Chabanais*... Mme Fabienne au *One two two*... Martoune au *Sphinx*, naguère Mme Claude, Mme Billy sont devenues des personnages inséparables de l'histoire de leur temps. Aujourd'hui, elles sont maudites, on veut les rayer de la carte du Tendre. On les pourchasse à coups de redressements fiscaux, mais sous la tutélaire IIIe République, on les soignait. Certaines qui rendirent d'éminents services à la Patrie en 14-18 furent même décorées. Souvent par un client dans ses fonctions de ministre.

Les maisons à matelots, à soldats nécessitent d'autres qualités. Madame doit affronter les ivrognes, les bagarreurs... les pires butors bovidés. Elle n'a plus besoin de classe mais d'autorité. Elle peut rivaliser avec les plus redoutables adjudants de carrière... sous son maquillage outrageux, c'est de la peau de vache pure et simple.

Dans la ville, on n'ignore pas sa profession, seulement elle a le chic pour se faire admettre, voire aimer par les commerçants, les artisans. Elle paie toujours cash. Elle est généreuse. Elle donne pour les pauvres, pour refaire le toit de l'église. Que demandent le peuple et les serviteurs de Dieu ? Même les épouses lui savent gré, inconsciemment dans leur for intérieur, de les soulager des pires dépravations de leur mari...

Je vous brosse les portraits pour ainsi dire de mères maquerelles typiques, idéales... celles qui suivaient les bonnes règles. Il en existait toutes sortes d'autres... de moins rigoureuses qui se laissaient parfois calcer, la nuit venue, par un vigoureux bandeur du voisinage lorsque Monsieur s'absentait. Ledit vigoureux, elle le bordurait sans ménagement sitôt son pied pris... son orgasme, comme disent nos chroniqueuses, nos petites sociologues fin de siècle. On rencontrait aussi dans la corporation de fières buveuses, celles qui s'humectaient la dalle à toutes sortes de boissons alcoolisées... perniflard, pastis... cognac et les coupettes de champagne offertes par les clients. A ce régime, elles prenaient du lard... ça donnait ces taulières de démonstration, gravosses, cramoisies, boudinées dans leur robe de soie... l'œil injecté... la lippe amère.

Certaines, lorsque Monsieur casse sa pipe... de mort naturelle ou violente, devenaient alors les patronnes absolues cumulant tous les pouvoirs. On en a vu se remettre avec un homme qui reprenait l'affaire en main... un teigneux qui les dérouillait ou un type quelconque, sorte de prince consort qui se rendait utile d'une façon l'autre... un compagnon pour ne pas être trop seule en vieillissant. J'ai même entendu raconter l'histoire d'une taulière des bords de la Loire devenue une véritable grenouille de bénitier... si pieuse, si confite en dévotion qu'elle a fini par *coucher* le curé de la paroisse sur son testament... et l'homme d'Église a hérité de je ne sais quelle *Maison Minette... Villa des Palmiers...* Ça a dû poser quelques croustillants problèmes à la hiérarchie ecclésiastique... créer quelques situations peu ordinaires.

A noter que la gent féminine... putes ou maquerelles... faisait bon ménage avec les Saints, les Saintes... Notre-Dame... le Doux Jésus et leurs délégués sur la terre. Souvent d'origine paysanne, les filles dites de mauvaise vie avaient été éduquées chrétiennes. Il leur en restait des petites prières... des cantiques... quelques bribes de latin... des images pieuses... jusqu'à des chapelets de première communion dans le fond des réticules. On sait que dans les églises voisines des bordels ou des rues chaudes, le commerce des cierges fut toujours florissant. Les nanas les offraient à la Vierge Marie... à Sainte Rita pour qu'elle les aide à faire de bonnes comptées... n'est-ce pas, que leur Jules soit content! La notion du péché, ici, est des plus vagues, plus ambiguës!

On m'a cité le cas de maquerelles abandonnant leur poste par amour. Rarement, mais c'est arrivé et ça mérite qu'on en fasse mention... honorable, certes... seulement les quelques fois où cette chose tout à fait exceptionnelle s'est produite, le bénéficiaire était tout de même de la tierce... du métier... un placeur ou un hareng, ce qui ramène l'idylle, le roman-photo à des proportions plus triviales. On a retrouvé la grosse mignonne enlevée par son sigisbée derrière le tiroir-caisse d'une autre maison... d'un autre gros numéro... à l'autre bout de la France d'outre-mer.

Bel Armand, en dehors de Paquita qui lui tenait son établissement le plus prestigieux au cœur des beaux quartiers, ses autres taules, il les faisait tenir par des gérantes, je vous ai expliqué... lorsqu'il était majoritaire en parts. La gérante, fallait pas la confondre avec la sous-maîtresse, la sous-maque dont je vous entretiendrai plus loin. C'était, bien sûr, une tenancière patentée, répertoriée selon les lois un peu floues de la tolérance. Ça posait de délicats problèmes, surtout si elle était en possession d'un Jules attitré. Celui-ci pouvait jouer les gros bras, monter des mayonnaises à l'arsenic... se mettre à échafauder un coup d'État. Seul un cador genre Bel Armand avait suffisamment de poids... de prestige voyou... foutait le juste trac qu'il fallait aux velléitaires de l'embrouille. Sur les comptes, il y avait de temps en temps un peu de jeu... des bricoles... des petits trous par-ci par-là. Un autre qu'Armand aurait été tout de suite au cri et la situation serait devenue intenable... lui, il savait fermer les yeux comme un patron avec ses larbins qui font sauter l'anse du panier.

Pour l'essentiel, la gérante se comportait comme une vraie patronne. Si elle savait faire sa pelote à force de pingrerie, de dureté à l'égard des pensionnaires, de bonne gestion bien dans la tradition bourgeoise, elle finissait par avoir de quoi racheter la taule... devenir indépendante.

A propos des filles... l'infanterie de cette armée de la luxure... il faut reconnaître que le système était impitoyable. On ne leur faisait grâce de rien. Dès qu'elles débarquaient dans un claque, elles devenaient taillables et corvéables à merci. Pensionnaires, elles payaient très cher leur hébergement, leur nourriture... le moindre supplément leur était compté... les faux frais... les objets de toilette. La maison fournissait le linge... les bas de soie, les dessous vaporeux, les robes... les petits souliers bandatifs. Elles se devaient d'arroser au pourliche les lingères, les serveurs, les femmes de ménage... tout ce qui gravitait, mégotait autour du claque.

En principe, les tauliers ne percevaient que le prix de la chambre pour la passe. Celui-ci correspondait parfois à 40 ou 50 % du prix global demandé par la fille. Celle-ci avait en principe le reste pour elle... c'était compter sans le hareng. Comme la sous-maque notait toutes les passes, Monsieur savait ce que sa môme avait engrangé. Il arrivait là-dessus en force, en rapace. Lorsqu'il n'était pas trop sordide, il restait à sa nana de quoi s'acheter quelques douceurs. Rien de certain. Sans doute les filles pouvaient se faire un peu de velours... quelques biffetons supplémentaires avec des clients généreux. Pas facile de les planquer. Dans les maisons très *sérieuses*, la sous-maque, comme un maton, faisait la fouille dans les piaules... dans les fringues... Gare à celles qui voulaient tricher!

Tous ces éléments du dossier portaient bien sûr de l'eau au moulin de Marthe Richard et des abolitionnistes démocrates-chrétiens. Impossible de nier que ces malheureuses (je parle essentiellement de celles qui travaillaient dans les maisons d'abattage) subissaient une exploitation sans merci. Une fois dans ce circuit, elles n'en sortaient plus. Elles allaient de maison en maison au gré des placiers... des arrangements entre les Jules et les tauliers. Seules quelques astucieuses, des vicelardes d'élite arrivaient à se sortir de ce prolétariat du cul en devenant sous-maques, puis elles-mêmes tenancières. Exactement comme dans l'armée ceux qui sortent du rang et qui parviennent à force de discipline, d'abnégation ou parfois de servilité à devenir gradés.

Et pourtant les filles acceptaient leur sort sans renauder. Elles faisaient partie d'une espèce d'*Ordre,* je vous ai dit... la réplique du monastère à l'envers. Le couvent du péché.

Avec tout de même cette nuance que les bonnes sœurs qui perdent la foi peuvent quitter le voile... se replonger, si elles en ont la force, dans la vie normale. La pute non. Une fois dans l'engrenage du proxénétisme, elle ne peut plus s'en échapper. Je mets le verbe au présent parce que depuis la fermeture des maisons rien n'a tellement changé quant au sort des filles prises en main par les hommes du Milieu.

Théoriquement, une gonzesse peut larguer son protecteur, lui faire la malle... changer de ville, s'éloigner le plus possible des lieux où il pourrait la retrouver. Mais alors qu'elle ne s'avise pas de repiquer au turf... d'essayer d'aller se défendre à l'autre bout de la France. Le monde de la prostitution est petit... le téléphone arabe fonctionne mieux que celui des P.T.T. Le Julot abandonné est vite à nouveau sur le parcours de sa nana.

S'ensuit une tourlousine, une bastonnade dont elle garde longtemps les traces. Et puis la punition... le séjour plus ou moins prolongé dans une taule d'abattage... la pire si possible... à La Chapelle ou au Fourcy. De nos jours, dans les cabanes près des chantiers de travailleurs maghrébins.

Et pourquoi, m'objectera-t-on, une pute ne peut pas se réinsérer dans la société, reprendre une vie honnête avec un boulot ordinaire ? Pour cette simple et limpide raison qu'une fois initiée à la prostitution, où elle affure souvent en une journée ce qu'elle gagnerait en un mois dans un magasin ou une usine... fatal, malgré toute sa bonne volonté, elle ne tiendra pas bien longtemps à la caisse du supermarché... elle retournera aux asperges. Un peu comme ces mendigots qui s'aperçoivent que de faire la manche est moins fatigant et plus rentable que de transpirer à la chaîne dans une usine. Seul compte le premier pas... la première fois qu'on tend la pogne...

« A votre bon cœur! »... pour la fillette, le premier monsieur qui va lui faire un petit cadeau.

Le trousseau de clés en main comme une matonne... l'œil de la taulière... sa remplaçante lorsqu'elle s'absente... voici la sous-maque... sous-maxé. C'est parfois une vioque devenue femme de confiance du tenancier et qui crèvera dans cette fonction... C'est plus souvent une future maîtresse... la seconde d'un patron... la favorite d'un vieil hareng. Fabienne Jamet, dite Tête de cheval, la célèbre patronne du *One two two*, après avoir tiré sur la turlute comme les copines, est devenue d'abord sous-maque puis elle a succédé à Doriane, la femme de M. Marcel, encore un homme qui avait fait ce qu'on appelait la Cordillère des Andes... sa fortune au moment héroïque de la remonte à Panama... Montevideo... je ne sais trop où exactement. Je parlerai du *One two two* plus loin, le moment venu... il mérite qu'on s'y arrête, c'est tout de même un bordel d'exception, devenu une sorte de symbole et Mme Fabienne se devait d'avoir un style un peu plus relevé que celui de la plupart de ses consœurs.

La sous-maîtresse ordinaire... celle qui *avait abandonné le peignoir*... en général était au moins quadragénaire. Pas forcément un prix de Diane, une gagneuse, celle-ci fonctionnant plus longtemps allongée sur le dos.

Madame la sous-maîtresse devait être surtout féroce, une sans-cœur... la véritable peau de vache à l'égard de ses anciennes condisciples. Elle distribuait les amendes... j'avais oublié de vous dire... les pensionnaires coupables d'une infraction aux bonnes règles de la maison se voyaient gratifiées d'une amende, punition bénigne, mais qui finissait par chiffrer. Pour un retard, un verre cassé, une injure à un client... une mauvaise tenue (mais oui), ça allait jusqu'à une thune, cinq francs, ce qui représentait du pognon au cours d'alors, en regard du prix de la passe.

C'est donc bien à tort que dans le langage courant le bordel signifie le désordre, la pire pagaille. Dans les maisons de tolérance, c'était le contraire : l'ordre le plus strict régnait et c'était en grande partie grâce aux bons soins, à la vigilance de la sous-maque. Rien ne devait lui échapper... elle chronométrait les étreintes... subodorait les coups de béguin qu'une pute pouvait avoir pour un beau micheton... un soldat à l'œil coquin... la moustagache conquérante, la chopotte bien régaleuse! Elle fouinait partout, fouillait les piaules... les moindres recoins où les filles pouvaient se mettre à gauche quelques picaillons... quelques piécettes. Il fallait immédiatement qu'on la redoute... qu'on la haïsse... n'importe! Tel l'adjudant de la Compagnie, la prévôte de Prison Centrale, elle supportait tout... l'envie... les rancœurs des gonzesses, un certain mépris de la part des clients... la sévérité du taulier... qu'elle s'avise pas de truquer les comptes, d'oublier une serviette, un morceau de savon, une capote anglaise.

Elle s'occupait aussi, Mme Bis, du petit personnel... serveuses, lingères, femmes de ménage, barmans. Que tout soit briqué, rutilant... que le service de Santé puisse débarquer à tout moment... et ces messieurs de la Grande Maison qu'il faudra bon gré mal gré recevoir avec le sourire, l'enveloppe prête... et les confidences à leur chuchoter. Ne pas les oublier, ces petits rencards l'air de rien qui alimentent les grandes rivières des réussites poulardines. Ça leur évite bien du travail et du tracas à ces loyaux serviteurs de la Justice. La taulière ou son homme sauvait ainsi leur bonne réputation... gardait le nez propre... En cas de fuites, de soupçons, la sous-maque portait toute seule le chapeau. Rôle on ne peut plus ingrat... comme à la caserne le juteux, le chien de quartier qui permet au capitaine d'apparaître aux yeux des simples soldats comme un brave type. Madame la sous-maîtresse était une femme qui savait attendre... lorsqu'elle en avait mis suffisamment à gauche, elle se cherchait une affaire... un hôtel, une tolérance, et alors elle pouvait se permettre le luxe de fermer les yeux sur quelques vétilles.

Je crois m'être fait comprendre sur l'aspect *bourgeois* de l'institution. Le vice, la débauche contrôlés par la police et les gros sous. Lorqu'on se plonge dans ces histoires de ce qu'on appelait par euphémisme les maisons de société... On y croise toujours des notaires dans les coulisses, des avocats, des premiers clercs dans l'exercice de leur profession... leurs escapades galantes sont en dehors de tout ça. On parle contrat en bonne et due forme... on dresse des actes, on cède des parts... on revend, on achète... on instrumente... on liquide comme dans un roman de Balzac sous un éclairage mauriacien. Justement, il arrive que les murs appartiennent à des propriétaires qui n'y peuvent mais... L'exemple le plus célèbre fut l'évêché du Mans qui possédait tous les immeubles autour de la cathédrale. Quelques taules avaient installé leurs pécheresses dans lesdits immeubles et l'archevêque, Mgr Grente, qu'on surnommait Pet-en-soie, devenait par là même proxénète hôtelier. Aujourd'hui, il serait passible du Tribunal de Grande Instance... Articles 334, 335 du Code Pénal... Loi du 13 avril 1946.

Dans les années 30, ce ne fut que le prétexte à des articles féroces de La Fouchardière dans *L'Œuvre*... aux sarcasmes des anticléricaux du *Canard Enchaîné* et de *La Calotte*, suivis d'un procès en diffamation où Me Garçon déchaîna son talent contre le Cardinal qu'il devait retrouver quelques années plus tard sur les banquettes de l'Académie française.

De toute façon, au Mans, les filles repentantes, les émules de Marie-Madeleine avaient le confessionnal à deux pas du bidet. La France de la IIIe riait de cette bonne farce. Nous n'en étions pas encore au comité des prostituées en colère tenant leur meeting dans les églises sous la houlette des prêtres progressistes en blouson noir clouté.

Un monde à la fois atroce dans ses soubassements, rigolard et bon enfant dans ses apparences, allait cahin-caha vers le cyclone de juin 40... la tornade de la Libération.

Tout allait être remis en cause, chamboulé sans que pour autant le plus vieux métier du monde cessât d'exister.

premiers rôles dans l'exercice de leur profession. Leurs escapades galantes sont [illegible] défaut [illegible]. Une partie [illegible] bonne [illegible] de [illegible] ou de [illegible], ou celle des partis [illegible] ou [illegible] ou instrumentale, [illegible] comme dans un roman de Balzac [illegible] maltraitent. Justement il arrive qu'elles [illegible] de propriétaires qui n'y peuvent [illegible] de Mont qui [illegible] les [illegible] de [illegible] (...) que [illegible] dans toutes immeubles [illegible] Combe, qu'on surnommait Pet [illegible] par la [illegible] de [illegible] hôtelier Aumerlin [illegible] du Tribunal de Grande Instance. Annales [illegible] Loi du 15 avril 1846.

Dans les [illegible] qu'il [illegible] à des actrices [illegible] de la [illegible] aux [illegible] des [illegible] de *Comédie-Française*, et de *La Cicale* [illegible] un procès [illegible] qui valent contre le Cardinal [illegible] retrouver quelques anecdotes [illegible] sur les [illegible] de l'académie [illegible].

De toute façon, au [illegible] ces [illegible] de Marie [illegible] le [illegible] peu [illegible] objet. La France de la IIIe [illegible] cette bonne [illegible]. Nous [illegible] pas [illegible] comme des [illegible] en [illegible] leur [illegible] dans [illegible] pour [illegible] des [illegible] professionnels [illegible] en [illegible].

[illegible] ses [illegible] s'est [illegible] sa [illegible] sur [illegible] dans ses [illegible] allait [illegible] vers le [illegible] de la Libération.

[illegible] aller [illegible] en [illegible] sans que [illegible] moins [illegible] ou [illegible] d'exister.

Lorsque le micheton
prenait son pied,
ces demoiselles n'étaient pas
toujours à la fête.

« Qui hait les vices, hait l'homme. »
DANTON

Lorsque Mme Benoîte Groult préfaça l'ouvrage de Jeanne Cordelier *La Dérobade*... une des confessions les plus exactes, la plus impitoyable sur la prostitution... elle préconisa – Mme Benoîte Groult – de punir le client. Sans lui, n'est-ce pas, la pute n'existerait pas et par conséquent ni le souteneur ni la tenancière. Simple comme bonjour sous la plume d'une femme de lettres qui ne semble pas avoir fait vraiment le tour du problème dans toute sa complexité.

On touche ici aux mystères de la sexualité masculine. Le lupanar nous a permis de connaître depuis l'Antiquité toutes les perversités et déviations sexuelles bien avant que le Marquis de Sade en dresse le catalogue complet.

La période qui nous intéresse plus spécialement, en gros la fin du XIXe et le début du XXe, est riche de témoignages de toutes sortes dans ce domaine. La photographie nous a permis d'avoir des documents irréfutables. Les ragoteuses putassières en ont rajouté pour se donner de l'importance en ce qui concerne les turpitudes de l'homme... surtout s'il s'agit de personnages importants... ministres, archevêques, industriels ou artistes. Par le recoupement des archives policières, on arrive à peu près à cerner la vérité. Parfois elle est épouvantable, avec la scatologie, le sadomasochisme, les dingueries à la limite de la crédibilité. Il faut pourtant se faire une raison... regarder les choses en face (peut-être par le truchement d'une glace sans tain), faire avec... en tirer, si l'on peut, des conclusions. Ça relève chez beaucoup du dédoublement de personnalité... le Docteur Jekyll et Mister Hyde. Dans la sexualité, *l'homme devient autre* pendant que dure l'assouvissement de son instinct. Dans cette période, il arrive plus ou moins à se contrôler. Ensuite il retourne à son état normal d'individu civilisé. C'est-à-dire qu'il redevient préfet, commerçant honorable, économiste distingué... etc.; et même parfois homme exemplaire, philanthrope, pédagogue, cathéchiste. Ça pose une grande difficulté pour apprécier le comportement de tous ces gens. En tout cas, le bordel avec ses chambres d'illusions canalisait bien des fantasmes tordus qui, sans lui, auraient pu peut-être se libérer plus dangereusement.

Si l'on peut, approximatif, tirer le portrait des tenanciers, des maquerelles, des Julots et même des putes... le client est si divers qu'il faut se promener un peu partout du haut en bas de l'échelle sociale pour le rencontrer.

Il est simple, impérieux, rapide lorsqu'il est celui qui grimpe derrière la fille à l'abattage. C'est un matelot, un soldat... souvent un Arabe ou un Noir de l'armée coloniale... l'équivalent des travailleurs immigrés aujourd'hui. On *l'éponge* le plus vite possible... juste le temps de l'inspection de biroute, une toilette succincte et hop! la saillie rapide. Sur un lit recouvert d'une toile cirée pour éviter de salir du linge.

– Grouille-toi, chéri... ou alors il faudra que tu payes comme pour une autre passe.

Je vous ai dit, la sous-maque veillait au minutage. Qu'une fille dépasse le temps imparti et ça se transformait en amende. Rare... le Bougnoule tire vite et il est en général content, hilare lorsqu'il rejoint ses potes qui l'attendent en bas dans la salle.

Galtier-Boissière rapporte que les putes de ce genre d'établissement se plaignaient plus de la fatigue des escaliers à monter que de celle de se farcir les Sidis (on les appelait ainsi avant-guerre lorsque nous étions candidement racistes et colonialistes).

En 1945, étant permissionnaire de la Ire Armée ou en convalescence après une blessure, je ne me souviens plus au juste... je me suis enquillé avec quelques copains dans une de ces maisons parmi les plus dégueulasses où les filles ne pouvaient pas se plaindre des escaliers. Tout se passait au rez-de-chaussée... le bar... la réception, si l'on peut dire, et les passes. C'était dans le quartier Cambronne... les casernes de l'École Militaire et de Dupleix fournissaient les chalands... rue Frémicourt, il me semble bien... A présent, il y a des immeubles neufs... de standing, ça s'intitule. Le bordel était d'une simplicité élémentaire... juste une vaste salle aux murs blanchis à la chaux. Au milieu, le bar en fer à cheval avec la sous-maque ou la taulière elle-même qui trônait derrière sa caisse. Une gravosse maquillée de blanc, de rouge, de noir... une sorte de clownesse lubrique... un personnage pour Fellini. Les grivetons se tassaient sur des banquettes en bois autour de petites tables. On servait surtout de la limonade, la plupart des consommateurs étaient musulmans... et je suppose que la direction se méfiait des ivrognes bagarreurs. Sur trois côtés de la salle, il y avait les chambres... enfin des trous, des sortes d'alvéoles les unes à côté des autres. Et même pas de porte, un rideau crasseux pour cacher les effusions ultra-presto des couples. On voyait les filles sortir en se rajustant un peu le peignoir et, derrière elles, le troufion qui reboutonnait sa braguette, sa tunique, bouclait son ceinturon. La pute déjà embarquait le suivant avant que cézig ait remis son uniforme en état d'affronter le sergent du corps de garde. Je crois me souvenir que la patronne distribuait des numéros d'ordre comme dans les salles d'attente de la Sécurité Sociale... elle remettait à la fille une minuscule serviette. Dans un coin, on allait remplir des brocs à un robinet qui sortait du mur... les trous à rat baptisés chambres n'ayant pas de lavabo, pas d'eau courante.

Le cloaque... l'assommoir du sexe. Et pourtant l'atmosphère était plutôt joyeuse. Ça riait, fumait, blaguait. Ceux qui venaient de tirer leur coup étaient accueillis par les autres, ceux qui attendaient leur tour, avec des commentaires graveleux, des cris joyeux, une hilarité gaillarde... des claques dans le dos... etc.

Quelques sous-off, des Blancs, de purs Franchouillards venaient jeter un œil, inspecter l'endroit avec des hommes en armes... une sorte de patrouille. La gravosse se fendait d'un sourire aimable en les voyant se pointer au zinc... d'autor, elle leur remplissait un verre... qu'ils s'humectent un peu la dalle au pastaga ces braves serviteurs de la patrie.

– Ça bande là-dedans? s'inquiétait pour la forme l'adjudant, le sergent-chef, je ne sais au juste.

– Et ça se dégorge, rétorquait la taulière... Une formule de ce style... ça balance la semoule!

Les rires accueillaient la vive réplique. Le sous-off appréciait, sirotant son verre... il ajoutait quelques appréciations adéquates sur les bienfaits de la taule... que ça calmait un peu les ardeurs de ses soudards coloniaux... qu'ayant trombiné ces pouffiasses, ils avaient ensuite moins tendance à s'emmancher les uns les autres... traîner les tasses du voisinage à la recherche des lopes.

– C'est la nature, concluait Madame... faut surtout pas la contrarier.

J'étais resté debout au comptoir avec mes compagnons de guerre. Vraiment, ça nous disait rien aux uns et aux autres d'aller tremper notre biscuit dans une de ces chattes ouvertes en quasi permanence. Tout ça était par trop sordide. On se doute aussi que les officiantes de ce temple d'amour au rabais étaient des hotus qui n'avaient guère de quoi susciter les appétits bandatifs de ceux qui rêvassaient tout de même autour de l'éternel féminin. Ça donnait dans l'adipeuse, la mamelle tombante sur des bides flasques... de la vergeture, des moltegommes à varices... des bouches édentées... des tronches pas possibles, rafistolées de maquillage hurleur... les lèvres peintes à coups de couteau... les cernes bleus sous les châsses... le rimmel dégoulinant... Des gargouilles d'enfer... l'avant-garde des châtiments éternels. Les amateurs basanés... les Noirs aux joues tatouées, ils ne fonctionnaient sans doute qu'à l'olfactif si important, paraît-il, dans les rapports sexuels. On disait aussi qu'ils avaient le gourdin en permanence, qu'ils calçaient dans leur bled les chèvres, les bourricots... qu'ils s'enfilaient les uns les autres au premier en érection. On en rajoutait sans doute par malveillance raciste, jalmincerie peut-être. On citait les proportions de leur braquemart... en long en large en fermeté. De quoi s'alimenter les complexes d'infériorité.

A Metz, après nos combats libérateurs, sur la porte d'un bordel, Quai de l'Arsenal, on pouvait lire cet écriteau : « *L'établissement manquant de personnel, les usagers sont invités à se préparer à la main.* » Ça vous en dit plus que toutes les études, toutes les descriptions sur ce genre de prostitution.

A Strasbourg, le bobinard de campagne... un B.M.C. dépendant, je crois, de la 2e D.B., l'armée du général Leclerc, était installé sous une immense tente... A l'entrée, un sergent du service de Santé relevait les matricules des tringleurs... et un infirmier les désinfectait sur-le-champ d'une giclée de permanganate dans le canal... au vif de la queue avec une énorme seringue... une sorte de clystère. Ça refroidissait bien des amateurs. On atteignait le plus bas de gamme. Impossible de pénétrer dans le claque-camping sans passer au permanganate. Les délicats refluaient... allaient se faire voir ailleurs.

La taule d'abattage la plus célèbre à Paris, c'était *Le Moulin Galant,* rue de Fourcy... au nº 10 dans le IVe arrondissement. On l'appelait tout simplement *le Fourcy...* le *Fourcaga* en largonji. Avant-guerre, c'était une dame Éliane, la tenancière. Sans aucun doute une femme à pogne.

On descendait encore plus bas, si possible, rue Quincampoix où des sortes de clochardes proposaient aux passants attardés leurs services tout en fouillant dans les poubelles.

Rue Godefroy, près de la Place d'Italie, les tapineuses pouvaient se confondre avec les concierges qui balayaient ou ragotaient devant leur immeuble... Le quartier de mon enfance, je me suis fait racoler la première fois, j'avais peut-être quatorze piges, par une mémère en charentaises... une tronche, celle-là, sans maquillage... des gros bas de laine... des fringues grisâtres... la cigarette roulée au bec.

– Tu viens, mon mignon... On s'amusera bien...

Ça m'avait troublé... je savais pas le quoi du qu'est-ce... J'ai des potes qui se sont fait dépuceler par des radasses semblables. Ça se déroulait dans un fond de cour, dans l'odeur des chiottes bouchées, de pisse de chat... de fuites de gaz.

– Je pensais à Dorothy Lamour, m'a avoué Fernand Neunœil un condisciple de la Communale, un futur héros des barricades d'août 44.

Fallait faire un drôle d'effort pour superposer *Hula, Fille de la brousse*... la splendide créature hollywoodienne... à cette bignole épouvantable. Fernand était un rude bandeur.

Dans le genre du *Fourcy,* on avait aussi *Le Panier Fleuri,* boulevard de La Chapelle, qui rivalisait d'affluence. *Casque d'Or* avait travaillé là. A voir ses photos d'anthropométrie, on est loin de Simone Signoret dans le film de Jacques Becker. Le taulier, M. Joyeux, avait débuté aux pompes funèbres... son sobriquet : Maurice le Croquemort. Les pensionnaires dans son bordel restaient debout contre le mur. Les clilles faisaient le choix en passant, ça allait encore plus vite.

A Paris, il devait y avoir une dizaine de maisons dites d'abattage... *Le Bon Accueil,* boulevard de La Villette, le *Fragonard* à la Porte Clichy... *Le Soleil,* rue Caron, etc.

Et c'était du kif dans les ports, les bordels à matelots... les villes de garnison... près des docks, des usines, des mines. Là, pas question de fignolage. Les vicelards n'avaient pas cours. Peut-être certains d'entre eux se glissaient-ils parfois dans la cohue de la clientèle... pour *voir*... pour *ressentir* les choses comme les pauvres, les prolos, les vrais assoiffés du sexe. En tout cas, un drôle de voyage vers le bout de la nuit de la sexualité.

A Senlis, une de ces maisons pour la troupe indiquait sur sa porte naïvement, si je puis dire : « *Ici, sept belles jeunes filles dont un jeune homme.* »

On arrive au terminus avec ce bordel hors du commun à Clichy où un Algérien avait trois chèvres dans une soupente à la disposition de ses coreligionnaires. La police mit fin aux activités zoophiles de cet étrange clandé à la suite d'une plainte portée par un client qui avait attrapé une blenno avec une des biquettes.

Les bobinards de classe moyenne ne faisaient pas tout à fait non plus dans la dentelle. L'aspect rentabilité, cadence des passes, jouait encore un rôle important. Question nanas, sans être tout à fait des petits lots d'élite, ça commençait à être dans les normes des désirs d'un honnête homme... enfin d'un honnête homme à peu près sain d'esprit. Dix à douze pensionnaires par taule... une certaine recherche dans la présentation... un bout de confort à l'eau courante dans les chambres. Je rappelle que ces tableaux de la vie galante tarifée se situent avant la Seconde Guerre mondiale. A Paris, dans les quartiers pauvres... la Porte d'Italie, Belleville, La Chapelle, Ménilmontant... l'eau courante et les gogues étaient souvent sur le palier, voire dans la cour. Dans ma rue, près de la Porte de Choisy, plusieurs immeubles n'avaient encore que l'éclairage au gaz. On peut en conclure que les piaules de bordel possédant un lavabo et un bidet représentaient presque une catégorie luxueuse.

Dans ces sortes de boxons, le client un peu vicelard pouvait s'offrir des illusions. Des photos de l'époque nous montrent des dames déjà de poids qui s'efforçaient dans le genre fillettes à la sortie de la Communale... socquettes blanches, souliers vernis à barrette... petite jupe plissée, chemise de collégienne... parfois même un ruban rose, une faveur dans les cheveux. Certes, le micheton n'était pas dupe... impossible qu'il puisse confondre avec *Claudine à l'école*. Enfin, ça devait fonctionner puisqu'on en voit le témoignage en noir et blanc. Chacun devait y mettre du sien... la clé de toutes les réussites.

Les choses plus compliquées, plus raffinées commençaient dans ce genre d'établissements assez nombreux dans les petites villes de province. L'indication dans la réclame sur le *Guide rose* : « Méthode anglaise » indiquait aux masochistes qu'ils pouvaient venir s'offrir un peu de martinet manié par la pensionnaire spécialiste... en bottines, guêpière... dessous noirs... Bien sûr, ça coûtait un peu plus cher que la connaissance biblique pure et simple. Le patron, le petit industriel, souvent si pingre avec ses employés, finissait par sortir ses picaillons pour se faire zébrer les fesses. Juste retour des choses.

Souvent je passe rue Navarin devant un ancien claque à façade imitation gothique. C'est le n° 9, je crois. Les anciens du quartier se plaignent que la ville ait fait blanchir la façade, il paraît que ça lui a retiré de son charme! C'était une maison de *méthode anglaise* réputée. A deux pas de la rue des Martyrs, on peut dire qu'elle était vouée. Tout était, paraît-il, prévu... des cages, des menottes, des chevalets... des crochets, des poulies... que sais-je... tout un attirail moyenâgeux. Les frapadingues les plus variés venaient se faire battre, enfoncer des épingles dans le cul, les tétons, le sexe, les balloches... se faire piétiner par des chaussures à hauts talons, brûler les pieds, les guibolles à la bougie... se faire glavioter, humilier de toutes les façons possibles. Certains se faisaient crucifier avec des courroies, une couronne d'épines sur la tronche comme le Christ. Tout ça dans des pièces tapissées de velours noir avec des masques, des têtes de mort, des tibias.

Je reviendrai là-dessus un peu plus loin. Les anciennes filles de ces maisons estimaient qu'environ 40 % de leurs clients n'étaient pas tout à fait normaux. Mais qu'y a-t-il de plus anormal qu'un homme normal?

Le plus délicat pour nos praticiennes du vice... assouvir les sadiques. Dans le *Guide rose,* une publicité donnait l'adresse d'un fournisseur de flacons de faux sang à l'usage des filles qui se faisaient brutaliser. Ça, c'était pour ceux qui se contentaient de la frime, mais les vrais, ceux qui pouvaient payer le prix, exigeaient de faire souffrir réellement leur partenaire... lui voir couler du vrai sang. Là, nous arrivons déjà dans les bordels de grand standing. Les adeptes du Marquis de Sade exigeaient des décors, des éclairages adéquats. Les taulières de ces endroits devaient faire preuve d'imagination. Une question de fric... pour que les minables se passent leurs fantasmes, il faut des circonstances exceptionnelles, des guerres, des révolutions... l'Occupation allemande. Le reste du temps, ça se pogne en rêverie.

Au début du siècle, les frapadingues sexuels qui en avaient les moyens pouvaient s'offrir tout ce qu'il leur fallait pour s'émouvoir dans plusieurs taules huppées. Les autres aussi d'ailleurs, les à peu près normaux.

Le Chabanais reste encore dans la mémoire collective. Il fut longtemps le nec plus ultra des bobinards. Situé près de la Bibliothèque Nationale, pas loin de la Comédie-Française, le prince de Galles, futur Édouard VII d'Angleterre y débarquait directement de Londres. Il y avait son salon particulier avec un siège fabriqué spécialement pour lui, appelé l'Indiscret... une sorte de selle de cheval capitonnée de velours... avec des étriers, des bras métalliques... sans doute pour soutenir sa bedaine au-dessus de ses cuisses écartées... qu'on puisse lui lécher les balloches gentiment. Il avait aussi sa baignoire en cuivre rouge, ornée de cariatides, en forme de cygne. Il se la faisait remplir de Mumm Cordon Rouge pour y barboter comme un gros bébé, tandis que les mignonnes lui faisaient des agaceries, des petites caresses tout à fait coquines... qu'il leur faisait boire le champagne dans lequel il s'était baigné.

Certains historiens prétendent que *Le Chabanais* a joué un rôle important dans les relations franco-britanniques. On sait qu'Édouard VII fut l'homme de l'Entente Cordiale... Il avait gardé de trop bons souvenirs au Chabanais pour nous considérer encore comme des ennemis héréditaires.

Il ne nous reste plus que quelques photos, quelques croquis de ce lupanar extraordinaire. Après Marthe Richard, tout a été fourgué, liquidé aux enchères... suite de cessation de commerce. On y a mis de la réflexion... ça a dû discuter ferme entre avocats. Maître Maurice Rheims, aujourd'hui académicien, s'est chargé de la vente. Toutes les piaules aux styles les plus divers... la 1900, la Louis XVI, la Chinoise, l'Hindoue, la Japonaise, la Napoléon III, la Directoire, la Persane, la Mauresque, la Médiévale... le salon pompéien... la grotte de Capri... les baignoires à cariatides, les bronzes, les bidets décorés... les vitraux, les glaces vénitiennes... les porcelaines de grande valeur, miroirs de chevet, de plafond, de mur... toutes les verroteries, les dorures! On n'a rien laissé... tous les antiquaires, les amateurs se sont disputé la moindre coiffeuse. La baignoire-cygne a crevé le plafond des enchères... plus de cent mille balles d'avant le franc Pinay. Elle est aujourd'hui dans les collections de Salvador Dali... et le fauteuil à trois sièges chez Alain Vian, le frère de Boris.

C'est une dame Kelly qui avait ouvert le Chabanais en 1878. Tout de suite il connut un succès européen. Les membres – on ne peut mieux dire – du Jockey Club y défilaient... toutes les Altesses, les ducs imitaient le Prince de Galles. Il faisait partie des grandes tournées touristiques avec la Tour Eiffel, l'Institut, le Sacré-Cœur, le Moulin-Rouge et Notre-Dame. Les rois, les présidents de passage y étaient conviés sous la rubrique : « *Visite au Président du Sénat* ». Une erreur faillit y conduire la Reine d'Espagne en visite à Paris... pour redresser l'erreur, il fallut bien emmener la Souveraine chez le véritable Président du Sénat très étonné de cette visite imprévue.

Tout ce qui comptait dans les beaux-arts, la finance, l'industrie, la politique venait au moins une fois jeter un œil... Les pontes de chez Krupp, les officiers supérieurs des armées qui allaient en découdre entre 1914 et 1918... les peintres, les écrivains en renom... Pierre Louÿs, bien sûr... et ce qui est plus étonnant Oscar Wilde.

Est-ce au *Chabanais* que Marcel Proust allait s'offrir une volupté tout à fait étrange en piquant un rat enfermé dans une petite cage avec de longues aiguilles. L'histoire m'a été racontée par Joseph Kessel, un soir que nous dînions à la Tour Montlhéry. En face, rue des Prouvaires, les flics avaient un commissariat célèbre qu'on trouve dans Balzac. Kessel avait eu droit à des confidences inédites du commissaire, un homme, on voit, qui s'intéressait à la littérature.

Tout ce qu'on raconte sur la clientèle des claques, surtout de luxe, est bien sûr sujet à caution. On en rajoute bonne mesure. On cite des noms... les lubies extravagantes de ces personnages. On retrouve à peu près les mêmes entre *Le Chabanais,* le *One two two,* le *Sphinx...* avec des différences dues à l'époque. *Le Chabanais* est le bordel vedette, le quatre étoiles de la fesse surtout avant 14... Le *One two two* et le *Sphinx* entre les deux guerres.

Les flagellants trouvaient toujours dans ces taules de quoi s'amuser. On y prenait des petites fessées pour ceux qui recherchaient leur enfance... qu'on emmaillotait après leur avoir talqué le derrière... à qui on donnait la bouillie... qu'on grondait. Les dames étaient déguisées en nurses anglaises, en nounous droit sorties d'un ouvrage de la Comtesse de Ségur née Rostopchine !

Parmi les taulards de Fresnes et de La Santé vers 1947-48, on surnommait un Président de Chambre Correctionnelle Poupoupe... c'était, affirmaient les petits harengs à l'ombre...

un de ces amateurs de langes et de blédine. Il ne reluisait qu'en se faisant donner la poupoupe à la petite cuillère. Une pour maman, une pour la petite sœur Gertrude... une pour l'oncle Gaston, etc. S'il renâclait, se répandait sa bouillie dans la barbe... il avait droit à tutu panpan... sa petite fessée qui le faisait pleurer à grosses larmes tandis qu'il finissait par s'envoyer en l'air. Qu'y avait-il de vrai derrière ces ragots?... Le fait est qu'il était particulièrement indulgent dans ses sentences avec les messieurs exerçant, comme disaient alors les attendus, le métier de souteneur. En revanche, les escrocs, les casseurs, voleurs à la tire, carambouilleurs ou autres malfaisants qu'on lui apportait dans le box trinquaient sec... du sans sursis au premier sapement [1]. Ça, c'était l'évidence. Certain jour, un malfrat facétieux l'a remercié après la sentence d'un « Merci, Poupoupe! » claironnant. Alors, M'sieur le Président a plongé le tarbouif... toute sa belle barbe blanche, dans le dossier ouvert devant lui... sans relever la tête... comme s'il n'avait pas entendu le quolibet. Il a grommelé, marmonné son habituel : « Gardes, emmenez le condamné. »

Il s'en colportait de toutes sortes dans nos cellules, paniers à salade, cours de promenade... à ce sujet concernant les vices et perversions des grands de ce monde. On avait une prédilection, il va sans dire, pour les magistrats... juges d'instruction, présidents de Cour d'Appel, procureurs de la République. Ça nous faisait tout de même plaisir de les imaginer enduits de caca... le cul zébré par le martinet des dominatrices. La seule chose, à la réflexion, qui m'empêche de foncer, vous transmettre ces anecdotes sans réserve... qu'ils étaient plutôt mal payés, ces dignes serviteurs du bras séculier. Au *Chabanais* ou au *Sphinx,* la fiente et le fouet se payaient cher et cash... n'est-ce pas. Le magistrat amateur de ce genre de délices se devait d'avoir une petite fortune personnelle... La dot de sa femme qui s'effilochait au gré des flagellations, des poupoupes, des cacateries voluptueuses!... Je trouve ça tout à fait plaisant à supputer.

Chapitre des dingues, on n'en finit jamais d'avoir, sinon tout

1. Condamnation. Être sapé : être condamné à une peine de prison.

vu, tout entendu... tout lu... dans la Presse... les vieux rapports de police... les confidences des vieilles maquerelles. Il faut parfois se pincer pour y croire... toutes ces scènes abominables, écœurantes... on nage dans un drôle d'univers... un secteur bien curieux du comportement humain. Tout a été, bien sûr, décrit complaisamment, répertorié par le divin Marquis dans ses *Journées de Sodome,* sa *Justine,* et sa *Juliette.* Comme il avait écrit ses ouvrages en cul-de-basse-fosse, on pouvait se dire que l'abstinence sexuelle, la frustration avaient joué leur rôle... stimulé son imagination délirante.

On s'aperçoit, en feuilletant le grand album des maisons closes, que la réalité dépasse toujours toutes les fictions possibles. Les maso étaient nombreux... tous ceux qui voulaient souffrir jusqu'aux limites du possible. Le simple quidam qui vient se faire fouetter les miches, en somme c'était presque du tout-venant. La nana avait sa garde-robe adéquate en cuir... en noir... clouté... le client se faisait attacher afin de se couper le désir de fuir. On se pose des questions sur le final de l'opération... certains se faisaient une pogne pendant la flagellation... d'autres n'arrivaient à l'érection qu'en souffrant et ils parvenaient au bout du compte à se farcir leur méchante dompteuse. Rien n'était bien programmé. Je parle à l'imparfait, mais ce genre de sport se pratique toujours... dans un autre cadre, un autre contexte. Aujourd'hui, les putes spécialistes du martinet reçoivent à domicile. La loi Marthe Richard n'a rien changé dans les mœurs... simplement les choses sont moins pratiques.

Au *Chabanais,* un amateur, curieux gastronome, se faisait appliquer une omelette brûlante sur le bide. L'histoire ne dit pas s'il la dégustait ensuite. Moins compliqué, un autre maso préférait carrément subir des cataplasmes à la moutarde. C'était une thérapeutique autrefois pour les bronchites, les rhumes tenaces avant les antibiotiques. Étant gosse, on m'a soigné de la sorte et aussi avec des ventouses. Je n'en garde que des souvenirs désagréables. Rien qui puisse me stimuler la libido.

De notoriété de fille publique, il existait des impuissants, des louftingues qui se faisaient pendre puisqu'il paraît que ce genre de supplice provoque la bandaison... la jouissance peut-être? Au *Grand 6* de la rue des Moulins, une photo nous montre un gibet spécialement conçu pour cette sorte de clients. Tout le problème pour les filles, pour la tenancière, c'était de *ne pas aller trop loin*... de lâcher la corde au bon moment. On a parlé d'incident... de type qu'on n'avait pas pu ranimer. Dans des cas semblables, les arrêts du cœur pendant le coït, on parvenait à étouffer l'affaire. On rhabillait fissa le cadavre... un chauffeur de taxi payé grassement par la taulière amenait au commissariat un client, prétendait-il, victime d'une crise cardiaque. S'il s'agissait d'un ecclésiastique, un cardinal, un prélat quelconque, dans les meilleures maisons la tenancière avait le téléphone de l'archevêché... des gens tout à fait sérieux, discrets et feutrés se pointaient pour enlever l'homme d'Église mort en état de péché mortel.

Parfois, la police était tout de même avertie... elle écrasait le coup et ça lui permettait d'avoir des informateurs on ne peut plus dociles.

Classifier tous ces joyeux drilles... ces bizarres clients ? Ça me paraît bien difficile. Dans les ouvrages de sexologie, les savants y parviennent plus ou moins... Sado, maso, scatologue, etc. Médor, je ne vois pas à quelle catégorie le rattacher ? Je dis Médor ou Azor ou Milou... n'importe quel nom de clébard. Il s'agit de celui qui vient faire le chien. Il est à loilpuche avec juste un collier. Sa maîtresse le tient en laisse... il court à quatre pattes, il aboie... wouaf! wouaf!... Il frétille, il lappe le contenu d'une écuelle. On lui fait faire le beau pour un susucre. On le frappe sur le derrière. Plusieurs pensionnaires arrivent pour l'admirer... « Qu'il est joli, le gentil toutou! Oh! qu'il est mignon! » Il recommence à faire le beau pour amuser ces dames, en général nues elles aussi... wouaf! wouaf! Il obéit bien... on lui ordonne de lécher les bottes, les escarpins des mignonnes. Il flaire les meubles et il finit par lever la patte dans un coin... Hop! un jet d'urine. Pas le temps de se soulager total... sa maîtresse arrive avec une badine. Il se fait dérouiller sévère. « Sale Médor! Vilain dégoûtant! » Elle le soulève par le collier... lui trempe le nez, la barbiche... le museau dans le pipi. Il pleure, il couine... des petits cris plaintifs. Il est au comble du bonheur.

Jouit-il de la sorte?... sans doute, sinon on ne voit pas bien le pourquoi de ce mimodrame. Je n'ai pas rencontré de témoins oculaires pour me renseigner.

Les adversaires politiques de Louis Barthou, ministre des Affaires étrangères de la IIIe qui fut assassiné à Marseille en 1934 en même temps que le Roi Pierre Ier de Yougoslavie, lui prêtaient ce genre de vice, de lubie... faire le clebs dans les boxons de luxe. Lucien Daudet n'hésitait pas à le surnommer Barthoutou... Comprenait qui voulait, en tout cas Louis Barthou n'avait pas de motif suffisant pour attaquer le polémiste de l'*Action Française* en diffamation. Aujourd'hui on a oublié l'œuvre politique de Barthou, jusqu'à sa fin tragique. Cependant il reste lié à cette histoire de chien-chien chez Mme Suzy rue Grégoire-de-Tours.

Les amateurs de punitions se révèlent parmi les plus imaginatifs déviants. On ne s'arrête plus d'en découvrir dans les châtiments qu'ils exigent. Insultes, dérouilles, ils n'en ont jamais assez. Ils mêlent à ça de la religion... s'identifient aux martyrs chrétiens et ils prient sous la torture.

Toute une engeance d'homosexuels refoulés... ceux qui ne s'avouent pas... qui ont peur d'aller jusqu'au bout de leurs fantasmes, s'offraient des sensations par le troufignard. Dans les bonnes maisons étaient prévues pour ces gens-là toutes les substitutions possibles. Les lavements, entre autres... les amateurs de clystères étaient, paraît-il, assez nombreux, assez ordinaires pour tout dire. Beaucoup venaient se faire enfourailler par des godes... de tous calibres... dans les sex-shops aujourd'hui on en vend de monstrueux.

Tous les médecins en salle de garde ont vu, un jour ou l'autre, arriver en urgence un zèbre avec une bouteille dans le prose. Plus ou moins grosse... en tout cas irrécupérable sans l'intervention de la chirurgie.

Passons au fétichisme... il s'agit là de manies bénignes... des fantasmes qui viennent de l'enfance, des premières émotions sexuelles. Les michetons se déguisent en bébé comme le juge Poupoupe, en garçonnet avec une barboteuse, la tétine dans la bouche et ils appellent la pute préposée maman... en écolier de cette époque... tablier noir, petit béret, culottes courtes, le cartable sur le dos. Ils font leurs devoirs, se barbouillent les doigts d'encre et puis ils se masturbent sous un pupitre construit spécial à leurs dimensions... jusqu'à ce que l'institutrice les surprenne : « Sale vilain! Au piquet! » Etc., une sorte de petit sketch bien réglé avec la fessée finale.

On m'a parlé de ceux que j'appellerai les historiques... sapés en romain, en marquis du XVIIIe, en Napoléon. Moins rares qu'on ne l'imagine ceux qui s'habillent en femme, en horrible travelo... qui portent sous leur complet veston des dessous féminins, bas noirs, guêpière, etc., tous les amateurs de fanfreluches, de godasses à talons hauts.

A *La Lanterne magique,* une boutique d'antiquités, de brocante tenue par mon pote Cherel dans les années 50, un client demandait qu'on lui recherche les chaussures de femme 1900. Il vivait seul dans un appartement rempli de bottines, d'escarpins, etc.

Les complexes ancillaires ne s'épanouissent, n'est-ce pas, qu'avec des filles travesties en bonne, en femme de chambre. Quelques-uns intervertissent les rôles... ils se fringuent, eux, en soubrette et se livrent à des travaux domestiques... balaient, dépoussièrent les meubles avec un plumeau. La fille alors joue la patronne qui les engueule, les frappe, leur crache dessus et c'est l'extase.

Un curieux sadique amenait avec lui un oiseau vivant et ne pouvait bander qu'après avoir écrasé la tête de l'oiseau à coups de talon.

On raconte qu'un personnage très important de la IIIe République... plusieurs fois ministre, Président du Conseil, chef d'un grand parti, jouait dans un bordel – le *One two two* ou *le Sphinx* – au chirurgien. On lui préparait une sorte de salle d'opération avec une fille nue allongée sur la table, censée être la patiente. Le ministre arrivait en blouse blanche entouré de deux ou trois putes déguisées en infirmières. Ce qu'il faisait ensuite?... on ne sait trop... une parodie d'opération se terminait en foutrerie.

Rien de bien méchant mais, bien entendu, la police était au courant de cette manie. Le Préfet de l'époque – vers 1930 – c'était Chiappe, un personnage de premier plan, adversaire politique du ministre en question. Ce dernier, à la suite d'un changement de gouvernement, fut nommé à l'Intérieur. Ça voulait dire pour Chiappe une mutation rapidos vers Limoges... peut-être encore plus loin... sur une voie de garage coloniale! Convoqué par le nouveau ministre, Chiappe entra dans le bureau de celui-ci en tendant un main accompagnée d'un « Bonjour, Docteur! » sur un ton jovial qui lui permit, contre toute attente, de garder son poste de Préfet de Police.

Des histoires de ce genre circulaient beaucoup dans les couloirs de la Chambre, du Sénat. Des vraies, des fausses... difficile de savoir. En tout cas des vraisemblables.

Le poète André Hardellet, l'auteur du *Bal chez Temporel*, qui fut un fidèle ami, ne se cachait pas d'avoir fréquenté tous les bordels de France et de Navarre dans sa jeunesse. Son truc à lui, c'étaient les gravosses... les filles énormes, les plus de cent kilos comme dans les films de Fellini. Il les voulait en plus presque adolescentes... et avec les yeux bleus, ce qui lui compliquait les recherches. Dans les dernières années de sa vie, lorsque Marthe Richard lui avait fermé ses lieux de délices, il allait jusqu'à Hambourg, Amsterdam pour dégotter les nanas de ses rêves. Toutes ses œuvres... des livres délicats, d'une écriture recherchée, sont empreints de cette sexualité diffuse... de cette quête d'un paradis de mamelles, de fesses monstrueuses... d'yeux pervenche... d'enfance perdue.

Le bordel permettait à tous de se satisfaire plus ou moins. Le client marchait à toutes sortes de mises en scène. Certaines filles se prétendaient des femmes du monde en mal d'émotions perverses... bien sûr, elles se faisaient payer plus cher.

Toutes les taulières ont raconté comment on fabriquait de faux pucelages. Si la fille était assez jeune, on arrivait à faire croire à l'amateur qu'il allait s'envoyer une vierge conduite au claque par sa maman... l'hymen se fabriquait avec du blanc d'œuf, du jus de citron... toute une mixture savante... du sang de poisson dans une bulle en caoutchouc au fond du vagin. L'illusion était parfaite, paraît-il... et les michetons casquaient un prix maximum le dépucelage de la gamine.

Je ne peux passer sous silence le pire... en tout cas le plus écœurant... les scatologues. Tous ces curieux gastronomes qui se tapent du caca-pipi... qui dégustaient leurs gourmandises à la sortie des orifices. Ils venaient la veille prévenir la sous-maque pour que la dame de leur choix mange des épinards, du chocolat... prenne une purge afin d'obtenir la fiente à leur convenance.

On atteint dans ce domaine une dégueulasserie difficilement supportable à imaginer... à vous raconter. D'après les meilleurs chroniqueurs, ce genre de vice était très à la mode dans les bordels du Palais-Royal au XVIIIe siècle... à la Belle Époque aussi. Toutes les vieilles putes, celles qui avaient été en maison avant 46, affirmaient que tel ou tel grand, haut personnage de la politique, des Lettres, des Beaux-Arts, de la Finance était venu se faire uriner, chier dans la barbe... à pleine bouche déguster les étrons! Des noms circulent encore... certains étonnent, d'autres moins. Quelle est encore la part de vrai dans tout ça... hasardeux de se prononcer. Les maquerelles que j'ai rencontrées, interviewées pour ce présent volume, sont affirmatives. Elles ont toutes eu des coprophages dans leur clientèle. Elles n'en sont pas d'ailleurs choquées... elles ont tout vu. On ne peut plus les étonner. Elles conviennent cependant que les dégustateurs de fiente n'étaient pas nombreux mais que c'étaient souvent des hommes qui avaient des grosses situations... des nantis et pas forcément très âgés. Quelques-uns se faisaient garder les excréments dans des petits pots, des pièces de vaisselle luxueuses et ils se délectaient à la petite cuillère... en vermeil, si possible.

Plus courants étaient les mateurs de défécation qu'on installait sous des tables transparentes... des cuvettes spéciales. La fille faisait ainsi au-dessus du monsieur allongé sous la table et qui se paluchait au spectacle.

Restaient ceux qui au contraire voulaient se soulager sur la fille. Duraille de trouver des candidates, même à prix d'or. Ce genre de scatologues dégauchissaient ces raretés plutôt dans les bordels de très basse catégorie. Seules quelques vieilles radasses misérables acceptaient de se faire humilier de la sorte.

On m'a cité aussi quelques amateurs de balançoires à Mickey. (On appelait ainsi les serviettes hygiéniques intimes avant les Tampax.) Ils venaient les respirer, s'en faire des moustaches, que sais-je... Ils faisaient minette aux filles pendant leurs règles.

N'oublions pas les nécrophiles... les tendres rigolos qui ont besoin de décors mortuaires pour leur petite érection. Dans mon roman *Bleubite,* j'en ai croqué un sur le vif de l'histoire. Un homme, dans un boxon à Nancy, qui se mettait dans un cercueil, faisait le mort et il lui fallait autour de lui deux ou trois pleureuses en tenue de veuve... pour arriver à la bandaison.

D'autres, au contraire, demandent que ce soit la fille, poudrée de blanc afin de simuler la pâleur cadavérique, qui s'allonge pour faire la morte tandis qu'eux s'agenouillent entre les candélabres, parmi les fleurs et ils prient. Vous dire comment ça se termine... comment ils finissent par prendre leur panard ?... Je suppose qu'il y avait des variantes. Un dessin fin XIXe nous montre un de ces lurons déguisé en Capucin, Franciscain, je ne sais, qui prie aux pieds de la fausse morte.

On retrouve aussi cette sorte de dingues dans les cimetières qui se masturbent derrière les tombes, qui s'exhibent devant les visiteuses avec leur pot de fleurs.

Durant un de mes séjours à l'hôpital Cochin vers 1952 ou 53, on a surpris un garçon de salle qui sabrait – ou essayait de sabrer – une défunte à l'amphithéâtre.

Nous atteignons là les abîmes. Il est possible que nos bonnes vieilles maisons closes jouaient un rôle pour ainsi dire thérapeutique auprès de ces curieux maniaques.

Ça n'arrête plus les exemples, les anecdotes dès qu'on s'engage sur ce parcours.

Le Prince de l'Église... peut-être un Cardinal qui faisait habiller les filles en enfants de chœur. On imagine alors quel désir il refoule en exigeant ce travestissement.

Au *Sphinx,* d'après Francis Carco, un directeur de banque, un septuagénaire... se promenait nu dans les couloirs avec un boa au cou ou un collier de perles en clamant : « Je suis la Grande Berthe ! » Il se glissait parmi les filles qui attendaient le choix et il se mettait à papoter avec elles sans en demander davantage. Ça lui suffisait. Après ça, il regagnait son bureau où il se conduisait comme n'importe quel autre banquier.

Toujours ce mystère autour de la sexualité. Ça explique sans doute le comportement des sadiques, des criminels genre M. le Maudit. Pris d'une pulsion irrésistible, ils commettent le pire et lorsqu'ils se sont assouvis, ils n'ont plus la notion exacte de leur acte. Comme les nécrophiles, les maso, ils redeviennent commerçants, fonctionnaires... bons citoyens avec, de toute bonne foi, les préjugés de leur caste.

En cela que ce sujet d'apparence léger, trivial, touche peut-être à l'essentiel. On en tranche trop facilement. Le bordel était un mal peut-être mais nécessaire à *l'ordre* d'une certaine façon. Les abolitionnistes ne se sont préoccupés – tout du moins en paroles – que du sort des filles... leur exploitation. Et même dans ce domaine les choses étaient moins simples qu'elles ne semblaient. Dans quelle mesure les femmes qui se prêtaient aux fantaisies de leurs clients n'y prenaient-elles pas une forme de plaisir ?... L'évidence que les flagellantes devaient avoir tendance au sadisme. La sexualité féminine est différente de celle des hommes. En apparence, elles échappent à ces sortes d'obsessions, de délires, de vices tordus... mais ne sont-elles pas plus constamment, d'une façon plus diffuse peut-être, soumises aux lois du sexe ?

J'ai entendu des féministes réclamer des bordels à leur usage... lieu où elles choisiraient les hommes comme eux le font avec les filles. Pourquoi pas... mais je suis tenté de répondre que si ce genre d'endroit n'a pratiquement jamais existé, c'est qu'il y a une raison profonde... *qui vient de la nature*.

Question des frapadingues obsédés, Bel Armand et sa dame, la vieille Paquita, ils en connaissaient un rayon. Dans certaines de ses taules, Armand s'était offert des jetons de mate derrière les glaces sans tain. Elles étaient réservées aux clients voyeurs, à quelques amis du taulier et, bien entendu, à ces messieurs de la Mondaine qui prenaient des notes, des clichés, etc. Grâce aux maisons, ils connaissaient les moindres déviations de leurs contemporains. Ils tenaient des fiches toutes bien rangées dans ce qu'ils appelaient leur *armoire rose*. Ils ne s'en servaient, il faut reconnaître, qu'assez rarement... avec quelques précautions. Juste, ils donnaient de temps en temps à certains journaux de quoi faire un écho sibyllin... une allusion dans un style aimablement humoristique. Le concerné était tout de suite au parfum. Tout était mis en place pour qu'il comprenne et, alors, il cessait de faire campagne sur telle ou telle question. Il devenait tout à fait coopératif... conciliant... il envoyait son bulletin de participation aux bonnes œuvres de la police. Il pistonnait, là où il en avait le pouvoir, le gendre du Divisionnaire. Il se répandait en compliments, en invitations... en petits cadeaux. Tout ça furtif, feutré, dans une discrétion... je dirais, presque de bon goût.

Dans leur fameux placard rose aux jolis souvenirs, les flics devaient avoir une fiche toute spéciale pour ce micheton, Inspecteur d'Académie, qui se faisait sodomiser par un énorme danois appelé Néron. Ça existait dans maintes maisons closes, le clébard de service, un animal spécial dressé pour les amateurs zoophiles... Hommes ou femmes... il arrivait que des clients amènent au bordel leurs petites amies ou même leurs épouses pour la faire tringler devant lui par le gros toutou de la taulière.

L'Inspecteur d'Académie, lui, laissait sa femme à la maison. C'était une dame de la haute société, une noble, dans le sud-ouest de la France. Paul Reboux raconte cette histoire dans son *Guide galant,* sans préciser le lieu, le nom de la ville et du boxon. J'ai essayé d'en savoir davantage... en vain! L'affaire me fut confirmée par un fonctionnaire des archives de la Préfecture, il m'a juste dit que ça se passait en 1928. Le monsieur en question a des descendants et ça créerait donc des problèmes si on révélait son blase armorié.

N'importe... il arriva un beau jour (pas beau pour tout le monde) que le chien ne put se décoller du client. On voit ça quelquefois dans la rue, des clebs qui ne peuvent plus se détacher l'un de l'autre après le coït. Le gland du mâle congestionné grossit considérablement et ne peut plus ressortir. Là, avec l'Inspecteur, ça prit tout de suite un tour tragique. Néron devint furieux et se mit à griffer, mordre son partenaire qui se mettait à poil pour se faire enfiler. Une horreur! Des hurlements... le médecin... Police-secours... Il fallut abattre ce pauvre Néron, victime du devoir.

On imagine le retour du monsieur très bien chez son

épouse... les explications oiseuses pour justifier ses blessures sur le dos... ses pansements... Et ensuite la rumeur publique... tous les collègues au parfum... les allusions qu'on faisait devant lui à propos de *Britannicus,* du personnage de Néron! Un boulet qu'il traîna toute son existence.

Après la fermeture des taules, on m'a raconté aussi que ça avait posé des problèmes de réadaptation pour ces chiens qui avaient pris forcément de mauvaises habitudes, et qui sautaient un peu sur tout le monde... « Sur ma pauvre concierge, m'a dit une dame ex-sous-maque, j'ai dû m'en séparer... l'envoyer à la campagne. »

Ce jour d'avril 1946, on a tout remis en cause, en question, comme disent les plumitifs métaphysiciens et moralistes. Bien joli, mais les êtres étant ce qu'ils sont... les chambouleurs devenus les maîtres sont bien obligés de faire avec. Et on en revient avec des détours, des mots, des manières, aux bonnes vieilles méthodes. Ça demande du temps pour tout remettre en route. Il faut déguiser les choses avec de nouveaux vocables. Le système change, les structures restent, comme dit Lévi-Strauss. Même dans les pays des lendemains qui chantent, à l'Est, on n'échappe pas aux règles ancestrales dans ce domaine. Les putes travaillent dans les hôtels directement maquées par le K.G.B. Pour les renseignements, ça va plus vite qu'en passant par les tenancières. Tout est masqué pis qu'aux pires heures de la tyrannie ecclésiastique dans la France Louis-philipparde.

A noter aussi, après quelques voyages, que ces bleds égalitaires sans prostitution visible sont d'une tristesse colossale, d'une grisaille pesante... tout le monde déambule en serrant les miches. La vertu règne, paraît-il, et on ne rit plus. A Haïti, sous la férule des sanguinaires Tontons Macoute... du président Duvalier fils, incroyable despote pas du tout éclairé... tout le populo mendigote... les mômes courent après les autocars, la main tendue... les gonzesses font *boutique de leur cul* pour trois dollars... La société capitaliste engendre ici la plus grande déchéance, il faut bien le reconnaître... et pourtant ces gens, ces négrillons, ces plus pauvres des plus pauvres de la terre se marrent encore de toutes leurs dents blanches. Ça crie, ça vibre, ça fait de la musique... ça vit malgré la misère! La vertu hélas! est toujours lugubre!

Parenthèse... que je vous ramène à mes bobinards. Je me suis un peu embringué dans ce livre sans me rendre compte que j'allais vivre – par pages blanches interposées, mais n'empêche – dans un drôle d'univers paroxysmique... au milieu des fesses, des mamelles plus ou moins fermes... des biroutes plus ou moins saines... des cinglés et des sordides... le pandemonium. J'y suis, bien obligé d'y rester, de vous y guider le mieux possible afin que vous ne vous crottassiez point trop les godasses, ni les escarpins, chères lectrices.

Un petit détour du côté de Saint-Sulpice. Nous sommes, ne l'oublions pas, au temps des curés en soutane, de la messe en latin... des péchés mortels. Les ecclésiastiques, cependant, se glissent dans de petits bobinards discrets près de la Place... Ils ont retiré leur soutane mais l'œil le moins avisé les retapisse tout de suite... à leurs pompes noires, leurs fringues mal coupées... leur feutre noir pour cacher leur tonsure. Ils ne peuvent cependant se débarrasser d'une certaine odeur de sainteté... ce mélange d'encens, d'eau bénite... peut-être aussi d'une certaine négligence corporelle. N'empêche, ils vont fauter... impossible qu'ils vivent comme ça, sans aucun rapport sexuel. Les deux, trois claques en question rue Saint-Sulpice, rue de Seine, rue Saint-Placide sont tenus par les dames Beety, Alys, Nita, Lucie... toutes femmes éduquées pour recevoir avec la révérence adéquate les écarts érotiques des serviteurs de Dieu. Ne vaut-il pas mieux, à tout prendre, qu'ils libèrent leurs appétits avec de gentilles putes pleines de charité chrétienne qu'avec les petites filles, voire les petits garçons du cathéchisme de persévérance? Ils se confesseront les uns les autres et tout ira pour le mieux.

– On avait les caoutchouteux, marmonne Paquita, un soir que la conversation roule sur la michetonnerie.

Des types qui se faisaient confectionner des combinaisons de caoutchouc... des pompes... des masques... genre plongeur sous-marin, n'était la forme de ces étranges fringues... des sortes de jupes, de soutiens-gorge... cache-sexe.

Elle se souvient plus bien, la vieille, du but de tout ça... comment ces clients-là s'envoyaient au septième ciel. Armand n'a pas d'explication... moi non plus. C'était, probable, une sorte de fétichisme.

Paquita, sur ce chapitre, a connu tous les chabraques du déguisement. Le type qui se couvrait de lainages... chandails... cache-col... passe-montagne... canadienne! Même, ou plutôt surtout en plein été. On le bordait dans un lit couvert d'édredons. Paquita ajoute qu'il demandait tout de même une fille, elle en tenue légère, pour le border, le dorloter, lui chuchoter d'affreuses cochonneries une fois bien au chaud dans son plumard. Il se donnait lui-même son plaisir de sa main gantée de laine. Sans doute cherchait-il de la sorte un retour au ventre maternel!

Armand ramène toujours les choses en terrain plus stable... les louftingues, fallait faire avec d'autant qu'ils payaient cher mais fort heureusement, dit-il, les normaux, les sérieux, les sans trop de complications formaient le gros du bataillon des consommateurs. Même dans les maisons quatre étoiles, les sado, maso, coprophages ou autres obsédés fétichistes ne représentaient qu'une minorité.

Importante, tout de même, si j'en crois les ouvrages spécialisés. Armand n'aimait pas trop qu'on insiste là-dessus, ça le débectait.

– C'est comme les chiottes, il en faut, mais ça sert à rien d'en parler.

Certes, mais, moi, j'ai eu un besoin quasi scientifique d'en entendre de toutes les cloches pour vous instruire. D'où mes rencontres, mes interviews d'anciennes taulières... Vous dire le nom, l'identité précise de ces dames à la retraite... devenues provinciales... parfois des douairières... des respectables, des exemples presque de vertu... ça serait ignominie de ma part. Surtout que j'ai pu les atteindre grâce à des mots de passe (c'est le cas de le dire!), des sésames les plus secrets.

L'essentiel, n'est-ce pas, c'est de me faire confiance. Quel intérêt aurais-je à vous inventer lorsque la réalité atteint parfois le surréalisme?

Carrière d'une femme de tête... de cheval!

Depuis la fermeture, on a publié pas mal sur les maisons... des études sérieuses (ou prétendues telles), des essais, des romans et aussi les mémoires de quelques putes, quelques taulières vedettes. Martoune, la patronne du *Sphinx*, Mme Billy de la rue Paul-Valéry, Fabienne Jamet du *One two two* – qui vit encore retirée en province et qui ne veut, hélas, plus voir personne. Le livre de cette dernière est aussi instructif par ce qu'il dit que par ce qu'il cache... ses omissions, ses justifications... ses lamentations! Tout ça excessivement savoureux pour qui veut se donner la peine de lire entre les lignes. La chère dame Jamet s'efforce d'apparaître à ses lecteurs comme une victime... de faire bonne figure face à l'Histoire. Je mets un H majuscule mais il ne s'agit que de la petite Histoire... l'anecdotique, aussi importante que l'autre, je trouve.

En tant que maîtresse de maison de tolérance, dans le genre, Fabienne Jamet, dite Tête de cheval, se situe parmi les grandes, celles qui laissent un nom dans les chroniques du temps... l'élite des maquerelles. Le *One two two* n'habite pas les souvenirs de la capitale comme un lieu de débauche sinistre. Tel *le Chabanais* avant la guerre de 1914, le *One* se voulait être le claque de la haute... Mme Fabienne fait état sans cesse de sa clientèle huppée. Elle cite les noms de tout ce qui compte dans l'entre-deux-guerres en fait de célébrités littéraires, politiques, financières, artistiques. Ça allait de l'Aga Khan à Tino Rossi en passant par Raimu, Jules Berry, Erich von Stroheim. Consommateurs de filles ou non, sans doute tous ces gens sont-ils venus un jour ou l'autre au *One two two*, ont dû aussi aller au *Sphinx* et encore au *Chabanais*. Michel Simon traînait partout... ne se cachait nullement d'un tas de manies plus ou moins effrayantes.

Le *One two two* c'était le triomphe de la tolérance... ou plutôt son chant du cygne. Fabienne ne se relèvera jamais de la fermeture. Le dernier chapitre de son livre n'est qu'une longue plainte. Elle finit quasiment dans la misère après avoir été riche, comblée, adulée de tous... une véritable reine de Paris.

Derrière elle, bien sûr, se profile M. Jamet dit Fraisette, parce que c'était sa boisson préférée en Argentine, je crois... Le Vichy-fraise bien frais sous les tropiques, il n'y a que ça de vrai avec le pognon des filles. C'était un pote du Bel Armand, ils avaient conclu ensemble quelques alliances... s'étaient partagés des affaires. Le succès aidant, Fraisette vannait, se pavanait... jouait les hommes du monde... les vedettes. C'était la seule chose que lui reprochait Armand... à part ça, un mec irréprochable selon la déontologie particulière du Milieu. Un tenancier heureux, comme l'homme propriétaire d'une seule chemise, ne doit pas avoir d'histoire... Vivons cachés! Fraisette avait oublié ce sage adage. Peut-être à cause de Fabienne... soucieuse de paraître comme toutes les gonzesses.

En tout cas, jusqu'en 1940, M. Marcel avait drivé son affaire de main de supercaïd. Il était lui aussi un enfant de la scaille... les dabs alcooliques... l'école mal suivie... la pente fatale, n'est-ce pas, vers la délinquance. Que vouliez-vous qu'il fît à dix-huit berges sans instruction, sans métier et sans le rond? Qu'il mourût ou bien que les écailles, les nageoires de hareng lui poussassent.

Comme c'était l'époque de la remonte en Amérique du Sud, Fraisette s'était embarqué à Lisbonne avec un *très beau colis*. Je vous ai dit, on appelait les filles de la sorte entre maques et tenanciers qui, eux, étaient des marchands de viande, des bidochards. Une fois sur place à Buenos Aires, M. Marcel ne s'était pas contenté d'une fille au tapin. Très vite, il avait acquis un véritable harem... ouvert une maison des plus accueillantes pour les pionniers, les gauchos en mal d'amour. D'après les mémoires de Mme Fabienne, il se conduisait avec toutes ses gagneuses en grand seigneur, M'sieur Marcel! Ce qui ne l'empêchait pas de leur ponctionner les bénéfices... de s'enrichir aux dépens de leurs jolies fesses.

Les bonnes manières, ça sert à quoi, je vous le demande un peu, si on n'a pas de fortune personnelle... si on marche à côté de ses pompes? C'est du superflu grotesque.

Vers 1925, M'sieur Fraisette était déjà rentré des Amériques avec quelques éconocroques, des relations dans le Mitan et surtout la cote maximum... ce qui veut dire une haute réputation dans la truanderie...

Avant que Fabienne soit la célèbre taulière du *One two two,* il y avait eu Doriane, une ravissante que M. Marcel avait placée quelque temps au *Chabanais* avant d'en faire sa régulière puis sa femme légitime. Tout arrive... devant le maire, le curé... la consécration. Et c'est avec Doriane que Fraisette avait en 1926 ouvert au 122, rue de Provence ce qui allait devenir un des bordels les plus prestigieux de l'entre-deux-guerres.

Pour monter une taule pareille, il fallait un supertaulier, un homme de poids et de savoir-faire. Doriane, mise au pli par son homme, s'était métamorphosée grande dame pour accueillir le chaland. Les sapes de chez Chanel... pas une once de mauvais goût... aucune vulgarité dans le texte. Fabienne, qui entra d'abord au *One* comme petite main, si je puis dire, et qui finit par supplanter Doriane, devenir la taulière elle-même... la dégrène un peu dans son bel ouvrage... que sa classe n'était que du vernis... qu'en réalité cette Doriane était d'origine, n'est-ce pas, tout à fait ordinaire... prolétarienne... des gens de très peu! On s'en doute... les maquerelles, même dans les bordels de luxe, étaient rarement des héritières de la famille d'Orléans ou de Clermont-Tonnerre. Qu'au fond des âmes, on trouve les mêmes ressorts, ça paraît certain, mais dès leur plus tendre enfance chez les aristocrates, les grands bourgeois, on s'inculque des choses, de ces petits riens qu'on a du mal à imiter lorsqu'on débarque de sa cambrousse.

Le *One two two,* je vais m'y arrêter assez longuement, vous y laisser vous prélasser, parce qu'il me paraît dans le genre exemplaire. Il est le bordel en flèche juste avant la guerre et pendant l'Occupation il sera pris entre deux feux... Marcel Jamet obligé de composer avec tout le monde, la Gestapo, la Wehrmacht, les truands et la Résistance. Ensuite, au moment de l'offensive de Marthe Richard, il sera souvent sur la sellette. Les taules d'abattage, personne n'osera trop les défendre en dehors de ceux qui invoqueront la grande détresse sexuelle des travailleurs immigrés. Mais le *One*... on ira jusqu'à dire qu'il servait le prestige de la France... que les Anglais, les Ricains, les Hollandais venaient spécialement à Paris pour se faire éponger rue de Provence... qu'il avait sa place dans notre tourisme entre la Sainte-Chapelle et le musée du Louvre... qu'il faisait rentrer des devises dans l'escarcelle nationale.

Mme Fabienne affirme que ses pensionnaires, toutes plus jolies les unes que les autres, étaient traitées comme des princesses... des nymphes! Rien de commun avec les pouffiasses du *Panier Fleuri* ou des bobinards de Grenelle. *Le jour et la nuit*, dit-elle texto. Ducs, rois, grands avocats, médecins en renom... académiciens (encore eux!), ministres, diamantaires, producteurs de cinoche, généraux, industriels, gros commerçants... ils se pressaient à la lourde... Et ils ne venaient pas au *One* uniquement pour la bagatelle... se faire cacater dans les moustaches... beaucoup fréquentaient l'endroit comme un club... un cercle pour se retrouver entre gens d'élite, préparer le futur ministère, l'élection de François Mauriac chez les Immortels, des petits échanges commerciaux fructueux... que sais-je... peut-être même les meilleurs mariages du meilleur monde! On pouvait y dîner... le bœuf à la ficelle de M. Marcel était réputé. Le Mumm, le Dom Pérignon coulaient à flots.

Dans les gogues cependant il y avait un écriteau significatif... *« Messieurs, voulez-vous avoir l'obligeance de vous désinfecter. »* Un conseil formulé bien poliment... n'empêche, on n'était pas à *La Tour d'Argent*. Mme Jamet, d'ailleurs, reconnaît que parmi ses clients huppés il y avait des hommes à passions... Et elle y va, ne lésine pas sur les exemples les plus gratinés... Les messieurs soupeurs... c'est-à-dire ceux qui viennent glouglouter le sperme de leur prédécesseur à même la chatte qui l'a reçu. A ce propos, une sorte de polémique s'est ouverte. Certaines putes ont prétendu qu'elles trichaient comme pour le faux pucelage avec du blanc d'œuf. Fabienne s'inscrit en faux contre ces affirmations. En tout cas, ce n'était pas dans sa maison si bien tenue. Elle était trop attentive à ce qu'on ne se livre pas à ce genre de tricherie malhonnête. Elle cite, pour nous convaincre, un bon client, un très riche, qui se gavait trente à quarante soupes. Il venait d'Angleterre spécialement, il y passait toute une journée, une partie de la nuit à ses curieuses dégustations.

Comme dans tous ces genres de mémoires, on a toujours le défilé de maboules. Mme Jamet nous parle d'un homme loup qui ne pouvait s'éclater qu'en hurlant : « Hou! Hou! Hou! », une imitation qui rendait tout le monde mal à l'aise... etc.

Comme le *Chabanais,* le *One two two* avait ses chambres japonaises, mauresques, médiévales, chinetoques... mais en plus, et là il innovait, il avait son grenier à foin pour ceux qui voulaient retrouver leurs émotions de jeunesse campagnarde avec des nanas en sabots, déguisées en fermières... une hutte de sauvage décorée de masques nègres, de peaux de crocodile, peaux de tigre... une tête de rhinocéros!... sans doute pour les anciens de la Coloniale... une cabine de transatlantique... l'igloo des esquimaux avec ses couchettes en peau de renne... le salon Miami... le jardin fleuri et surtout le fameux compartiment de chemin de fer...

Ici, j'ai l'anecdote adéquate... J'ai partagé, un temps, ma cellule à Fresnes en 1948 avec un lascar qui se présentait comme une victime de Marthe Richard. Un petit bonhomme tout à fait quelconque que le couple Jamet employait comme faux contrôleur de la S.N.C.F. D'après ce qu'il racontait, il était fringué en uniforme avec la casquette, la sacoche... Dans le compartiment de sleeping reproduit fidèlement, le client s'installait avec sa valoche. La voyageuse arrivait, s'asseyait devant lui. Un système mécanique très au point secouait le compartiment comme dans un train en marche... avec le bruit sur les rails... le sifflet de la locomotive et jusqu'à un paysage qui défilait à la fenêtre. Un vrai truquage de cinoche. Le voyageur contemplait la madone des sleepings qui petit à petit relevait ses jupes... montrait enfin son porte-jarretelles... sa petite culotte. L'homme finissait par extirper de sa braguette son braquemart au garde-à-vous... Et, là, au moment où il allait sabrer la fausse jeune fille fausse voyageuse mais vraie morue... Vlan! le contrôleur! « Vos billets, s'il vous plaît! » Ce que ça produisait... difficile à savoir. Mon codétenu disait que parfois le type, ça le faisait cracher son venin immédiat... jouir de cette surprise qui n'en était pas une, à vrai dire... que d'autres fois, il débandait et qu'alors il lui demandait bien poliment de le remplacer auprès de la dame... « Allez-y... ne vous gênez pas, mon brave! »

– Je m'en suis tapé des chouettos, disait-il... des morceaux de choix qu'on aperçoit d'habitude de très loin... au pesage à Auteuil.

Il devait affabuler un peu, cézig... il en rajoutait... qu'il avait brouté les plus beaux minous à satiété...

Une fois la terrible loi du 13 avril passée... le 122 lourdaresse... mon malheureux faux contrôleur, pour se recycler, on n'allait pas lui offrir d'entrer avec des annuités de retard à la véritable S.N.C.F. D'où la débine... trois gosses à nourrir, je ne sais plus au juste... et il s'est mis à la fauche pour subsister... le vol à l'étal... Comme il avait gardé son veston et sa gapette de la Compagnie des Chemins de fer, il inspirait confiance aux commerçants qu'il dévalisait... Mais tant va la cruche... il s'était fait alpaguer et dans ce temps-là les magistrats vous cloquaient au trou pour moins que ça.

A noter, au passage, d'autres gens réduits chômedus après la fermeture. Les démonstrateurs. Dans certains claques, ils officiaient lorsqu'un client voulait voir une fille se faire égoïner devant lui... à moins que ce soit carrément son épouse un peu tordue ou sa petite amie. Le tringleur de service était un bandeur infatigable, monté comme un bourricot si possible et qui pratiquait le self-control. Aujourd'hui, on trouve ce genre de zèbre employé dans les films pornos... au Théâtre des Deux Boules, mais ceux qui furent pratiquement jetés à la rue en 46 n'avaient pas tellement l'occase de se recycler. Ils sont devenus maques ou voleurs...

Ça, Mme Richard ne pouvait pas le prévoir... qu'elle allait rejeter dans la délinquance, voire le crime, quelques jeunes gens qui ne demandaient qu'à servir leur prochain et surtout leurs prochaines comme de vrais boy-scouts.

Avant de devenir Mme Jamet, Fabienne, je vous ai dit, avait œuvré de chair au *One two two* comme simple pute. Ça avait été son but, son idéal... se faire embaucher rue de Provence. Elle affirme – et pourquoi en douter – qu'elle y était devenue rapidos en quelques coups de reins, quelques turlutes savantes, la meilleure gagneuse. Et que, mis à part ses qualités vicelardes qui lui valaient la clientèle la plus riche... sa beauté, sa classe, son élégance faisaient florès auprès de l'élite... Le marquis de Polignac, Bob Morane, son Excellence l'Ambassadeur de Hongrie et même le Nonce apostolique se disputaient pour l'inviter à leur table... converser un peu avec elle... savourer ses mots d'esprit. Tout au plus, elle montait cinq six fois par jour se faire tringler et on la payait très cher.

Néanmoins ce *One two two* si chic, M. Marcel le drivait comme les autres bordels de la place... main d'acier dans un gant de pécari. Discipline extrêmement rigide. Les amendes pleuvaient pour les retards, les absences injustifiées... deux cents balles pour un après-midi, ce qui représentait beaucoup de fric en 1932 ou 33... Pénalisation aussi pour les négligences vestimentaires ou corporelles après la revue de détails chaque matin comme à la caserne.

Et la Mondaine dans tout ça... Oh, on ne l'oubliait jamais... toutes ces demoiselles étaient fichées... bien visitées chaque semaine par le toubib... la carte bien en règle. Fraisette, s'il se méfiait des poulets! En vieil arcandier, bourlingueur de toutes les combines possibles, il savait leur glisser les mots doux qui leur parlent au cœur... les petits cadeaux... les politesses. Sans doute avait-il quelques lignes directes place Beauvau... Quai des Orfèvres.

Certes, écrit Fabienne, il n'aurait jamais fait quelque chose qui ne fût pas convenable [1]. Bel hommage posthume... je ne demanderais qu'à le croire, mais l'entreprise à la tête de

1. *One Two Two* de Fabienne Jamet, Éditions Olivier Orban, 1975.

laquelle il se trouvait me permet d'en douter. On ne voit pas bien pourquoi M. Marcel aurait échappé aux règles du métier, mais il n'était sans doute pas le pire de l'espèce taulière, sinon il ne serait pas mort de sa belle mort.

Au sujet de la belle Fabienne, je me pose toujours des questions... comment a-t-elle fini par l'envelopper, ce Fraisette, l'emballer, devenir sa régulière ? En tout cas, elle est montée en grade très vite. Après le 6 février 34, Doriane elle-même vient lui annoncer une promotion inespérée. Elle est nommée gouvernante... euphémisme pour dire sous-maque. Au *One*, travaillent une soixantaine de nanas en deux équipes chaque jour de quatorze heures jusqu'aux aurores. Pour que ça tourne rondement, Madame ne suffit pas, elle a ses assistantes, je vous ai expliqué plus haut... ses sergentes qui veillent à la bonne cuisson du pain de fesses. Fabienne, quoique très jeune, va être de celles-là... le pied à l'étrier. A présent, elle va jouer serré... donner tous les changes qu'il faut... les mauvaises fortunes bon cœur... avaler quelques couleuvres, etc. en attendant son heure... le moment propice pour se glisser dans le plumard de m'sieur Fraisette. Naturellement, Fabienne ne dit pas les choses aussi crûment dans son ouvrage. Au contraire, elle nous les enrobe... elle n'a aucune mauvaise pensée. Elle trouve M. Marcel très gentil, très sympathique, très smart lorsqu'il est en smoking... sans pour autant guigner une place sur son traversin. Tout est arrivé, n'est-ce pas, à cause d'un bel attaché d'ambassade... un Albanais qui était jeune et beau et riche... C'était au temps du roi Zog, pas un socialiste calamiteux de l'Albanie d'après 1945!

Je me plais à imaginer, en scénariste, romancier, un petit schéma assez vraisemblable... que la Fabienne l'avait essayé, l'attaché du roi Zog... un merveilleux amant... en bonne camarade, elle a voulu en faire profiter Doriane. Oh, sans rien brusquer... quelques habiles manœuvres! J'oublie de vous dire que Mme Fabienne et Doriane à l'occase se faisaient des petites mignardises sexuelles... qu'elles sont un peu de la famille tire-bouton, selon l'expression en usage dans ce temps-là.

Fabienne, tout en surveillant ses copines... la bonne marche de la maison... que le Maharadjah de Kapurthala (un blase qu'on dirait inventé par Forton pour une aventure des *Pieds*

Nickelés) retrouve son œil de verre perdu au cours d'une étreinte... d'une saoulerie... que le champ coule à flots, etc. que les amateurs d'escalier de service ne fassent pas d'impair... Au 122... seules quelques femmes se faisaient sodomiser. Des spécialistes et qui demandaient, on s'en doute, un fort supplément. Pour ce genre de gâteries, certaines maisons annonçaient la couleur : « *L'envers vaut l'endroit* », ce qui voulait dire que toutes les pensionnaires refilaient du petit... de la dossière, de l'escalier de service... les expresssions d'usage.

Je vous disais donc que Mme Fabienne, de temps en temps, s'offrait une incartade du côté de chez Lesbos. Elle nous raconte d'ailleurs ses amours avec une certaine Denise, une ravissante riche héritière dont elle devint un certain temps carrément le mec... avec appartement dans le VIIIe à la clé... des fourrures, des bijoux... une des premières tractions avant décapotables en cadeau d'amour. L'évidence, à la lecture de tout ça... que Fabienne était une surdouée dans le domaine qui nous intéresse. Hommes ou femmes, elle gagnait partout.

Je reviens à notre Albanais qui donnait à Doriane de vives émotions plumardières. Quelqu'un, un beau jour, téléphone à Fraisette... une voix anonyme qui lui veut du bien pour l'avertir de son infortune. Fabienne est présente au moment de ce coup de fil. Elle assiste son patron en proie à la rage, la déprime... Elle est douce, elle sait dire les mots qu'il faut à ce mâle vieillissant.

Qui a pu téléphoner à M. Marcel ? Je me pose tout de même la question. Certes ça ne peut pas être Fabienne elle-même... mais elle va profiter assez rapidement de cette infamie. Fraisette vire illico Doriane... sans plus... il n'a plus l'âge sans doute des vengeances de voyou... Fabienne se donne même le beau rôle de plaider l'indulgence pour sa chère patronne... Voilà... la place est nette et elle nous dit ne plus très bien se souvenir des circonstances exactes de son amarrage dans le lit du taulier. Elle était restée au salon à bavarder avec lui... Elle avait compris qu'il redoutait à présent la solitude... alors, n'est-ce pas, elle l'a accompagné dans sa chambrette pour le border dans son pieu.

Le tour est joué, Fabienne accède au trône. Ça s'est déroulé comme dans Machiavel. Nous sommes à la veille de la guerre.

Marcel Jamet n'a peut-être plus le tonus nécessaire pour tenir aussi bien son *One two two*, mais Fabienne va le seconder, on peut lui faire toute confiance, elle connaît son métier sur le bout des doigts, de la langue et du clitoris. Durant son ministère de sous-maque, elle a tout vu, tout appris... tout retenu. Le *One*, avant que ne se déclenche la catastrophe hitlérienne, va redoubler d'activités mondaines... toujours ce Prince russe en exil qui arrive avec son valet afin que celui-ci s'envoie une fille devant lui, après quoi il le sodomise... toujours tous les soupeurs, sado, maso, copro, nécro... académiciens, députés, diplomates et puis maintenant le Tout-Hollywood... les superstars de l'époque... Tyrone Power, Humphrey Bogart, Cary Grant... tout juste s'ils ne traversaient pas l'Atlantique pour se pointer au *One two two*... même Marlene Dietrich qui vient pour se rendre compte, admirer, écluser du champ. Et Fabienne n'oublie pas ses chers amis, grands noms du Gotha... Choiseul-Praslin, Guyot de Saix, d'Harcourt, etc. On sent que les blases à tiroirs lui en foutent plein la vue! C'est la petite Georgette qui transparaît là... fille d'une concierge et d'un agent de police. Elle est arrivée... en vendant son cul, ce qui veut dire qu'elle n'a plus tant d'illusions sur l'espèce humaine, cependant elle reste un peu midinette, les princes et les ducs l'impressionnent... elle a la naïveté de croire qu'elle est des leurs parce qu'elle est la grande prêtresse de leurs débauches.

Néanmoins, elle reste bien attachée à la caste des tenanciers. Elle va s'y retremper lorsqu'elle accompagne Marcel à Reims où ils vont festoyer avec Charlot l'Éventré au *Palais Oriental* dont il est le propriétaire, une taule dont on parle encore dans les living-rooms champenois.

Et nous voici en septembre 1939, la France s'habille en kaki, elle remet ses bandes molletières comme la nana de Fernand Trignol [1] qui tapinait dans le Bois de Boulogne en 14-18 avec ce genre de protection pour éviter de se déchirer les bas de soie dans les ronces du chemin.

---

1. Truand et auteur argotier de *Pantruche* et *Vaisselle de Fouille*, ouvrages aujourd'hui hélas! introuvables.

Fabienne et ses pensionnaires n'ont pas l'air de prendre la guerre au sérieux. En cela, elles ne diffèrent pas de nos stratèges dans leur G.Q.G. de Vincennes qui gueuletonnent, ni de nos dirigeants politiques abrutis d'électoralisme. Hitler, à qui ils ont déclaré la guerre sans la lui faire, ne les empêche pas d'aller de temps en temps vider une bouteille au *One two two* ou au *Sphinx* et sans doute de se faire éponger par la même occase... Je vous ai dit que la rumeur publique attribuait à M. Albert Sarraut, un ponte du régime, des parts financières au *Sphinx*... ses ennemis politiques, bien sûr... Cinquante ans plus tard, on le prétend toujours sans preuve certaine. Sarraut, vieux rad-soc, n'était pas abolitionniste, rien ne l'empêchait d'avoir des billes dans le proxénétisme. On en pense ce qu'on veut... de là à en conclure que la France a perdu la guerre à cause de cela et des chansons de Tino Rossi, il n'y a qu'un pas que certains plumitifs vichyssois n'hésiteront pas à franchir.

Mai 40... l'attaque éclair... les blindés de Guderian qui foncent dans nos vertes campagnes sans trop essuyer de coups de fusil. Tout s'effondre, barre en brioche... la grande débandade! Notre chère IIIe se fait hara-kiri...

A part de Gaulle, à Londres avec son micro, seuls les bordels vont résister... le *One two two* en flèche. Toujours selon le témoignage de Mme Fabienne. Mélange de rouerie et d'ingénuité. Qu'elle n'y comprenne rien tout d'abord, à l'arrivée des Allemands à Paris... rien d'étonnant. Personne n'y pigeait rien. Certains pariaient tout de même à un contre cent pour la victoire anglaise, mais ils se comptaient sur les doigts.

Au début, toute la Wehrmacht défile au *One two two*. Ce qui déplaît surtout au taulier et à sa madame, c'est qu'il s'agit de simples feldgrau... d'unteroffizier à la rigueur... de la piétaille grossière. La Kommandantur du Gross Paris a réquisitionné la maison purement et simplement pour le soulagement, le repos des guerriers... nos chers vainqueurs, comme disait une mondaine de la Collaboration en les accueillant, les bras larges ouverts, du haut du perron de son hôtel particulier.

Fabienne ne laisse pas les choses traîner, elle fonce voir le commandant de la place... le général Briesen lui-même. Comment fait-elle pour être reçue? Son charme joue très certainement. En tout cas, elle plaide la cause du *One two two* avec passion... que c'est un lieu artistique... qu'il fait partie du patrimoine culturel de notre pays... que notre vénéré maréchal Pétain a fait partie de sa clientèle et qu'il ne manquera pas de faire une petite visite au 122, rue de Provence lorsque la guerre sera finie, etc. Elle obtient gain de cause, le général l'autorise à rouvrir ses portes aux civils.

– J'avais rendu le *One two two* à la France.

Ce qu'elle écrit et elle est sérieuse. C'est un tour de force, il est vrai. Partout ailleurs les Fritz ont édicté leur loi... les meilleures maisons sont réquisitionnées pour leurs officiers... le *Chabanais,* le *Sphinx,* le *39* de la rue Pasquier... le 50, rue Saint-Georges où l'on verra de temps en temps le feldmaréchal Goering dans son uniforme blanc, toutes ses décorations sur le bide, s'engouffrer tandis que le quartier se hérisse de S.S. l'arme au poing.

Les bidasses, les feldgrau iront dans les bordels de classe moyenne. Restent pour les autochtones, les Franchouillards vaincus, les taules d'abattage... le Fourcy, la rue Gérard, derrière la place d'Italie.

Ça tient donc du miracle que le *One two two* échappe au diktat... Le général a précisé que les officiers auront le droit d'y aller, mais en civil. Ça explique peut-être le mystère... le délicat de la situation... En civil, ça veut dire que les hommes de l'Abwehr et de la Gestapo vont venir s'y divertir après le travail. Ni vu ni connu... eux, ils sont presque toujours sans uniforme. Les autres, ceux de la Wehrmacht, de la Luftwaffe, on imagine mal qu'ils changent de fringues pour aller au claque.

En outre, le *One* va devenir une des *cantines* des voyous de la bande Bonny-Lafont... la Carlingue... Villaplane, Danos, Clavié, Loutrel plus connu sous son sobriquet de Pierrot le Fou, Boucheseiche. Ceux-là, Fabienne les trouve plutôt abominables. Ils ont des flingues, ils jactent argot. Ont-ils des gonzesses qui turbinent dans la taule ?... Probable... Ils sont maques, braqueurs, trafiquants, tortionnaires, etc. Presque tous sortent de prison, on ne peut pas leur demander de lever le petit doigt en buvant du thé et de jouer aux petits patriotes.

Mme Fabienne a plutôt un faible pour les Chleuhs de l'hôtel Lutétia... ceux de l'Abwehr. On retrouve quelques noms dans son livre qui nous l'éclairent d'une lumière historique... le capitaine Radecke, Herr Doktor Otto Brandt qui jouent un rôle de premier plan sous la botte.

Des gentlemen, dit-elle, nouvelle race d'hommes d'affaires qu'elle avait déjà vue dans ses salons avant la guerre. Ce qu'ils venaient foutre en France ceux-là? Tout de même pas uniquement s'offrir les filles du *One*. Apparaît aussi Joanovici... le célèbre M. Joseph. Un être merveilleux, selon Mme Jamet... Bessarabien d'origine juive, il est parvenu malgré l'antisémitisme nazi à être le plus gros fournisseur de métaux non ferreux de l'armée allemande. Un personnage tout à fait exceptionnel... menant des opérations qui tiennent du génie... mettant dans sa poche l'Abwehr, la Gestapo puis la Résistance.

Fabienne nous le dépeint avec admiration. Il venait au *One* à la bonne franquette... avec des amis de toutes sortes... Comme il regorgeait de fric, on se doute qu'il en avait plus qu'il ne lui en fallait. Rien que pour se marrer, il distribuait des billets de banque aux filles sans même monter tirer son coup. Ça ne l'intéressait pas tellement la fesse... il préférait le poker... tous les jeux... ceux avec le feu de sa vie sur la corde raide... Les parties de jambes en l'air, il les offrait plutôt à ses copains. « Montez donc, cher ami! » Lui, il était là plutôt pour rencontrer des gens... des Chleuhs, des Italiens, des Français... Il traitait ses affaires en buvant le champagne, en rigolant à gorge déployée. Il obtenait tout ce qu'on voulait... la bouffe, l'essence, les ausweiss... jusqu'à la libération de gens mis en prison par les nazis. Une puissance occulte fabuleuse... Malgré son physique peu avenant – c'était un gros homme à tête porcine – il avait une sorte de charme, disent tous ceux qui l'ont connu... ce qui explique sans doute un aspect de sa réussite.

Par la suite, en 1947, il a chuté... on l'a envoyé cinq ans en cabane... une bagatelle, si l'on considère les bénéfices colossaux qu'il avait réalisés avec les Allemands.

Pour peu qu'on plonge dans toutes ces histoires de police, de trafic, de truandage sous l'Occupation et même au-delà, dans les trois quatre ans qui suivirent la Libération, on y perd son latin, son français et même son argot. Tout est louche, tout s'achète, se fourgue. On tue, on torture et on fait du fric. Les idées là-dedans n'ont plus grand-chose à voir. Et cependant il faut tout de même compter avec les purs... les fanatiques... ce qui complique tout... ce qui brouille même le tableau pessimiste de ceux qui écrivent l'Histoire avec l'encre noire du cynisme.

Paris, la nuit, n'a jamais été aussi brillant que pendant ces quatre années. Une phrase de Fabienne Jamet placée dans un écrin. Il faut les avoir connues les nuits de Paris sous la botte ailleurs qu'au *One two two* pour en apprécier tout le sel... tout l'humour noir. Après la Libération, elle va se plaindre qu'on s'est acharné sur elle, mais son claque dans le contexte de l'époque était un scandale permanent. Les nuits brillantes du *One* avec les truands de la Carlingue, les hommes de l'Abwehr, Joanovici, les officiers de la Kriegsmarine en civil, etc. vont peser lourd dans la balance lorsqu'il s'agira de savoir s'il faut ou non fermer les claques.

La France était exsangue... en pleine guerre civile. On crevait partout de faim, de froid... on fusillait... on mourait sous les bombes... Chaque jour, à partir de 1942, amenait son cortège de sang et de douleurs et au 122, rue de Provence, on sablait le Pommery, Bollinger, Heidsick... on se gavait le caviar à la louche... le foie gras... le gigot de pré-salé... Dans la fameuse salle à manger, autour de la grande table en fer à cheval, ça ripaillait sans vergogne... Fabienne nous mentionne son argenterie... les assiettes en porcelaine de Limoges... le magnifique lustre de cristal. Elle en a les larmes entre les lignes. Pour se dédouaner, elle nous précise que les Fritz payaient ça au prix le plus fort... le trou du cul, le caviar, le Pommery.

Et ça continuait autour la ronde des vicelards, des dingues obsédés... la défaite de la France ne les empêchait pas de rechercher leur jouissance tarabiscotée.

Quel était ce personnage qu'on enduisait de miel et qui se roulait dans les plumes d'un traversin éventré pour faire l'oiseau ? Selon son humeur, il se disait faucon pèlerin, bergeronnette, comète de Sapho, fou de Bassan... colibri... un vrai poète de la question... Une fois couvert de plumes, il se mettait à courir partout, à sauter sur les tables et il payait les filles pour le chasser avec des carabines à flèches.

Un certain soir, un témoin m'a raconté... des Gestapistes,

agacés par ce maboul, se sont mis à lui tirer dessus à balles réelles... au ras du fion... des oreilles!... Bing! Bing! Il fut au comble de la félicité, paraît-il.

Mme Jamet ne nous révèle pas les petites lubies de ses clients Fritz... il devait bien y avoir parmi eux la même proportion de masochistes... coprophages, etc. Elle reste discrète à ce sujet. Il est vrai qu'ils avaient plus de difficultés, eux les vainqueurs, à se livrer devant des putes françaises à des facéties grotesques.

Le bordel en allemand, c'est le *pouf*... ça nous a exporté le mot *pouffiasse*... petite précision étymologique d'argot. Leur cher Führer, le regretté Adolf Hitler, ayant les *poufs* en aversion, les avait presque tous lourdés. Juste, on en avait gardé quelques-uns à Berlin réservés aux hôtes de passage... Comte Ciano ou autres! Ça permettait aux services de Reinhard Heydrich de faire filmer derrière des glaces sans tain les évolutions, figures érotiques de ceux qui venaient là s'offrir du bon temps. Certains dignitaires de la Wehrmacht, piégés de la sorte en tutu, le gode au troufignard, ont perdu toute velléité de s'opposer au régime nazi.

La France peuplée d'alcooliques enjuivés pouvait conserver toutes ses tares, la victoire allemande prévoyait de nous réduire en vaches à lait, en cloportes et nos gonzesses toutes en putes... donc nos boxons pouvaient servir à leurs guerriers au repos. Mais alors, gare aux microbes! Chaque soldat devait laisser son nom, son matricule à l'entrée de la maison. On lui fournissait gratis une capote anglaise. S'il s'avisait de ne pas en faire usage et qu'il attrapait une chaude-lance, on la lui traitait aux sulfamides et hop! il se retrouvait aux sports d'hiver sur le front de Léningrad ou sur les rives de la Volga. La nana contaminatrice, dont on avait noté le nom à elle aussi, risquait fort de se réveiller de sa surprise, après des soins énergiques, dans un B.M.C... en Pologne, en Silésie... voire dans un camp de concentration. Certaines, de la sorte, sont devenues des déportées... elles défilent en tenue rayée les jours de commémoration avec les véritables héroïnes de la Résistance.

De temps en temps, des inspecteurs de la santé du Reich venaient aussi rendre visite aux filles. Nullement pour s'occuper de leur chatte... non, juste leur regarder le lobe de l'oreille, c'est ainsi qu'ils détectaient les Juives, paraît-il. En tout cas, celles qu'ils désignaient comme telles, on ne les revoyait plus... embarquées séance tenante. Mme Jamet affirme qu'elle a toujours pu éviter à ses pensionnaires ce genre de contrôle et que pourtant elle avait quelques Rachel ou Rebecca parmi son cheptel... qu'on avait pris la précaution d'appeler Mireille ou Suzy. Jamais, conclut Fabienne, sur ce chapitre, les bordels ne furent mieux tenus que pendant l'Occupation.

En outre, M. Peyrouton, ministre de l'Intérieur du gouvernement de Vichy, avait renforcé le système de la tolérance... Les taules devinrent des sociétés par actions. Manouche m'a raconté que Carbone, son amant, le grand caïd de Marseille, avait bondi sur l'occase... placé ses boules un peu partout... qu'il s'était associé également avec Marcel Jamet en vue de l'achat d'un hôtel. Témoin que j'ai eu le loisir d'entendre... la mère Manouche, en dehors de ses longues périodes de poivrade, avait une sacrée mémoire! Avec les truands marseillais, lorsqu'elle montait à Paris, elle allait elle aussi se désaltérer au *One*. Elle se souvenait y avoir rencontré bien du monde... du joli qui frayait avec la pègre. Des noms qu'il serait malséant de révéler. Rudy de Mérode, en cavale depuis quarante ans, on peut toujours en parler. Manouche disait que c'était un vrai dandy... un séducteur-né. Seulement lui aussi travaillait pour la Gestape. Une officine concurrente de celle de Lafont. Il lui arrivait, un peu éméché, de faire brûler un billet de mille devant les putes. Pour l'époque, c'était une somme bien plus importante que les cinq cents balles riffaudés devant les téléspectateurs indignés par Serge Gainsbourg.

Elle avait aperçu aussi Szolnikoff, un Juif russe, ancien commerçant du Sentier devenu fournisseur de la Kriegsmarine et qui fit une fortune dépassant celle de Joanovici. Il venait là carrément avec le Haupsturmführer Engelke, un redoutable S.S... le commandant Kieffer, le chef du S.D. à Paris... etc. Les hautes figures terrifiantes du Paris allemand. Comment s'étonner ensuite de la réaction d'août 44... ç'aurait pu être pire. Les F.F.I. pouvaient faire carrément sauter le *One two two*...

En 1942, Fraisette décide de régulariser sa situation avec Fabienne. Celle-ci essaie de nous faire croire qu'elle hésite et qu'il faut que M'sieur Marcel insiste. Enfin elle se laisse faire une douce violence, elle accepte. Et c'est le sacre, le couronnement, elle devient la véritable Madame... les amoureux passent devant M. le maire du IXe arrondissement. Avec pour témoin, métier oblige, Castagné le patron du bordel de la rue de l'Arcade. On ne sait pourquoi les choses ne vont pas jusqu'à l'église de la Madeleine, mais le champagne va couler à flots dans la grande salle à manger du *One two two*... Les fleurs, les cadeaux s'amoncellent. Rien que des invités de marque... Fréhel et Léo Marjane pour la goualante... Viviane Romance et son ténébreux Georges Flament, Tino Rossi avec un ami corse de la Carlingue... Tonton, l'homme qui préside à toutes les festivités de la pédale au *Liberty's* Place Blanche... Roger Nicolas, le chansonnier... et tous les tauliers, les taulières, les Julots et quelques amis allemands toujours si corrects et en civil. La joie débordait... le bonheur! Dans la nuit, très tard, les voisins entendirent les bouchons de roteuses sauter... les convives éméchés reprendre en chœur *Lily Marlene*... ça allait faire à tous de bons souvenirs pour plus tard.

« Quant les histoires sont trop jolies », dit une chanson d'Édith Piaf, *« ça ne peut pas durer toujours »*. L'évidence... après Stalingrad, un mariole comme M. Marcel et une dame aussi futée que la belle Fabienne eussent été bien mirauds pour ne pas s'apercevoir que les carottes commençaient à cuire pour leurs potes en uniforme vert-de-gris. Le virage, ça urgeait de le prendre, mais en douceur cependant. Tant que les Boches seraient à Paris, fallait se la donner sévère de leurs réactions... un animal, un fauve blessé n'en est que plus dangereux.

Fin 43, début 44... les hommes de la bande Bonny-Lafont vinrent de plus en plus souvent festoyer au *One* lorsqu'ils rentraient de leur mission. Ils s'y comportaient en véritables caïds... tout à fait impossibles... mal embouchés, ivres morts la plupart du temps... la crosse du flingue qui dépasse de la ceinture!... Ce qui leur permet de dégainer style western et de défourailler dans la suspension... les lampes... de menacer les clients et les filles au moindre prétexte.

Pas question de les virer... d'en appeler aux flics. Ils s'en foutent bien des flics. Abel Danos dit le Mammouth, un des plus beaux fleurons de la bande, s'est permis d'aller arrêter dans le fief de la police, au 36, Quai des Orfèvres, un commissaire divisionnaire... celui-là même qui l'avait mis au trou naguère.

Fraisette comprend un peu tard qu'il aurait dû suivre la politique du double jeu pratiquée par Martoune et Jo Lemestre, les patrons du *Sphinx*. Eux, ils sont retirés à Sainte-Maxime et ils y font plus ou moins de la résistance, tandis que Martel, leur associé, poursuivait l'exploitation de la tolérance du boulevard Edgar-Quinet, assisté par la sous-maque, la Grosse Freda. Une gonzesse d'une telle autorité qu'elle arrive à calmer les rixes entre Allemands et Français éméchés.

Fabienne Jamet, au moment où elle rédige ses mémoires vers 1974, a perdu un peu la notion exacte des choses. C'est tellement cousu de fil blanc que ça en devient comique. Après avoir vanté l'élégance, la classe de la race des seigneurs selon les préceptes de *Mein Kampf*... décrit complaisamment les joyeuses soirées du *One* pendant les années noires, elle devient tout à coup patriote. Elle s'offre quelques phrases pour nous dire qu'elle aussi elle attend le cœur battant les armées alliées et le général de Gaulle. En cela, d'ailleurs, elle ne diffère pas trop de bon nombre de Français. Plus la Libération approche, plus ils deviennent résistants.

A la suite d'une nuit mouvementée où quelques truands, d'on ne sait quelle officine de la Gestapo – il y en a une douzaine à Paris en 1944 – ont foutu la panique un peu partout... d'abord dans le bordel de la rue de l'Arcade, celui de Castagné... ensuite, ils ont débarqué au 122 où ils ont cassé un peu de vaisselle, mis à mal quelques paisibles michetons. Jusque-là rien d'irrémédiable, mais la suite... à Pigalle, rue Frochot où ils avaient foncé avec leur 11 CV... un accrochage, je ne sais au juste... avec un officier allemand qu'ils avaient tout simplement descendu au parabellum histoire de rigoler encore un peu!

Le lendemain, Fabienne fut appréhendée par les flics de la Kommandantur... interrogée sans ménagement, on se doute. On voulait lui faire dire les noms des joyeux garnements qui étaient venus chez elle. Réaction de femme du Milieu, elle ne reconnaît jamais personne. Sans doute a-t-elle été convaincante... les Chleuhs l'ont relâchée vingt-quatre heures plus tard.

Voilà comment on devient résistante... Et de se souvenir subito qu'elle a un frère prisonnier en Prusse Orientale... qui souffre, le pauvre garçon! Jusque-là, elle n'en avait jamais parlé. Elle cherche vainement à le faire évader. Mieux vaut tard que jamais, et maintenant Fraisette et Fabienne vont se mouiller pour la bonne cause. Le *One* va planquer des Juifs, des aviateurs de la R.A.F., des parachutistes... ça n'ira pas jusqu'aux F.T.P. mais M. Marcel, un soir au cours d'un dîner au *Pavillon de l'Élysée* où Roger Nicolas passe en attraction, entonne la *Marseillaise* devant les Boches qui ne pipent pas... n'empêche, il saura rappeler cet exploit le moment voulu!

Dans la période qui précède la Libération, il faut reconnaître qu'au *One two two,* comme dans la plupart des maisons, ce n'était pas chaque soir du millefeuille. Se succédaient les Allemands, la Milice, les malfrats, les F.F.I. et *tout était possible...* un attentat, la fusillade, l'arrestation de tout le personnel...

L'arrivée de la 2e D.B. en août 44 réjouit Fabienne comme une bonne petite Française qu'elle est restée malgré quelques mauvaises fréquentations. Enfin ils sont là, avec leurs cigarettes blondes, leurs gueules bien de chez nous. On respire. On est libre. Mais elle déchante aussi sec, la belle taulière. Tout d'abord, les G.I.'s lui envahissent son lupanar et ils se conduisent comme des sauvages... Ils sont saouls du matin au soir, ils se battent entre eux... ils tirent au Colt, comme les truands, dans sa belle suspension... sur les lampes, ils cassent les bouteilles... le mobilier. Et pour payer, alors la croix! Bref... l'impossibilité dans des conditions pareilles de faire rouler une maison de classe comme le *One*.

Quelques jours comme ça dans la pagaille, les cris, le délire. Puis ça semble s'arranger. Les autorités militaires alliées interdisent les boxons à leurs soldats. *Off limits* placardé sur la porte. Un manque à gagner sans doute, mais préférable à cette ruée sauvage perpétuelle.

La vie devrait reprendre au rythme des passes comme avant, mais voici une nouvelle tuile. Ça va être la série noire pour le couple Jamet. L'épuration a commencé. On aurait pu croire qu'il ne s'agissait que d'une flambée de colère, un peu folle mais légitime. On avait tondu quelques femmes à droite à gauche. Des idiotes qui s'étaient amourachées et qu'on avait vues au bras d'un Fritz dans leur quartier. Quelques exécutions sommaires... des salauds avérés et malheureusement quelques innocents, victimes de vengeance personnelle.

En fait de flambée, ça s'est mis à durer, à s'étendre... et un matin les F.F.I. sont venus embarquer Fraisette. Au saut du lit. Aucune discussion possible... nulle explication! L'époque était venue où on emmenait les gens sans qu'on sache si c'était pour la P.J., le Vél'd'Hiv' ou un centre de détention provisoire comme l'Institution dentaire où les choses se passaient dans le style soviétique à la balle dans la nuque.

Marcel Jamet, dans un sens, a plutôt de la chance, il est sous la protection des vrais flics... dans un circuit tout ce qu'il y a de légal... Quai de Gesvres, aux prises avec le commissaire Clot chargé du dossier de la Gestapo française. On l'enchaîne à la même paire de menottes que Lafont. La fréquentation de celui-ci lui valait d'être compromis avec toute la bande de la rue Lauriston. Beau faire... trouver des appuis de gens nouvellement en place... ça va lui rester, au Marcel, cette marque d'infamie. On va en reparler lors des débats sur la Fermeture au Conseil municipal de Paris et à l'Assemblée nationale... le *One two two* où se prélassaient les bourreaux après le travail. Les communistes iront jusqu'à prétendre qu'on y tendait des pièges pour les résistants et qu'on y torturait dans la cave. Ceci sans l'ombre d'une preuve... D'ailleurs Fraisette sera le seul, de ceux qu'on a arrêtés avec l'équipe Bonny-Lafont, a être relâché au bout d'une quinzaine. Le commissaire Clot est un flic sérieux, il ne garde pas les gens sans motif. Or, il n'y a rien de précis contre Marcel Jamet. Simplement, ça fleure mauvais en ce qui le concerne. Martoune du *Sphinx* ira jusqu'à écrire qu'il renseignait Rudy de Mérode. Sans preuve, bien sûr, mais de toute façon on l'a trop vu avec la pire engeance... il a trop bien vécu pendant que les autres crevaient la dalle.

Pendant son incarcération, on lui a pillé sa propriété dans le Loiret. Dans la Presse paraissent des entrefilets fielleux. *« Après avoir été protégé par les nazis, Marcel Jamet le propriétaire du* One two two *est blanchi par la Libération.* » On laisse entendre qu'il a dû arroser les nouvelles plantes qui poussent dans les allées du nouveau pouvoir. Possible. L'époque se prête à toutes les éventualités. Joanovici, on le sait, s'en tire à merveille en finançant les journaux de la Résistance après avoir équipé des unités nord-africaines supplétives de la Gestapo.

Pour le *One,* c'est une période assez difficile. Marcel fait front. Encore une fois, il résout les problèmes de chauffage, de ravitaillement, etc. Il se met en fouille des hommes en place. Il espère que ça va repartir, que la paix va ramener le train-train du plaisir d'avant-guerre avec sa bonne clientèle de messieurs décorés, obsédés sexuels.

Seulement, voilà... ça va aller, au contraire, de mal en pis... de Charybde en Scylla... Une certaine Marthe Richard commence à faire parler d'elle...

Le couple Jamet m'a paru assez caractéristique, exemplaire quant à l'attitude des tauliers, des gens du proxénétisme à l'égard des autorités allemandes pendant l'Occupe. C'est pourquoi je me suis arrêté longtemps sur leur histoire.

Bel Armand, lui, sous la botte, avait tenu sans se faire remarquer. Au ralenti, ça valait mieux. Surtout il avait évité tout ce qui frayait avec la Gestape... tous les petits et gros malfrats de la rue Lauriston et de l'avenue Foch. De cœur, comme il était gaulliste dès 1940, il s'était mouillé pour la meilleure cause. Aide aux Juifs, aux résistants... Il avait même quelques communistes influents dans ses relations.

– Fraisette, son drame, c'est qu'il s'est cru invincible.

Tous les tauliers, et surtout ceux qui s'étaient le plus aventurés du côté des Chleuhs, essayaient de renverser la vape. Pas toujours facile. Dans toute la France, ça s'agitait dur. A Marseille, les nervis de Carbone et Spirito en avaient croqué à belles dents. Pendant que leurs fiancées en écossaient dans les claques, eux étaient *en mission.* Avec le calibre, le carton... « *Police allemande, où sont les bijoux?* » On se racontait leurs intrusions chez les bourgeois, chez les Juifs, en imitant leur accent.

L'image de marque, comme on dit aujourd'hui, des maisons closes était on ne peut plus mauvaise. Les anti-abolitionnistes auront beau soutenir qu'elles sont utiles sur le plan sanitaire... invoquer les bancalos, les tordus, les aveugles sans secours sexuel, pour sauver la tolérance, les erreurs, errements et crimes de la majorité des proxénètes pendant l'Occupation vont être déterminants pour faire voter la Fermeture.

Je ne vais pas m'étendre sur les règlements de comptes entre malfrats de la Libération. On n'en parle pas tellement dans les ouvrages historiques... ils furent nombreux... tout à fait obscurs, difficiles à démêler. Certains caïds en mal de services rendus à la Résistance se sont improvisés épurateurs ultra-expéditifs en liquidant des complices, des associés par trop compromettants. Le risque toujours qu'ils se mettent à table. On prévenait cette douloureuse éventualité.

L'acteur Aimos... qui incarnait dans les films d'avant-guerre les gavroches, les titis parisiens avec un grand talent... toute la Presse a annoncé sa mort héroïque sur les barricades de l'insurrection parisienne... Voilà qui était tout à fait conforme à sa légende. La réalité était autre. Le cher Aimos faisait depuis longtemps le Julot. Il avait des filles dans un ou deux claques. On dit même qu'une maison d'abattage du XVIIIe lui appartenait. Il s'est fait étendre d'une balle dans le dos... par qui ? Un rival ? Un rancunier victime d'un coup tordu ?... En tout cas, il est peu probable qu'il soit mort pour la patrie. Seulement, ça valait mieux de le dire. Le bon peuple s'identifiait à lui. Ça aurait servi à quoi de lui barbouiller son image ?

Comment une humble
péripatéticienne de Nancy
devint une espionne
au service de la France
à l'époque des casques à pointe.

« Ils sont obligés de parler comme cela quand ils sont perchés sur leurs tréteaux, mais je sais bien qu'ils ne pensent pas ce qu'ils disent... Moi, je ne leur en veux pas. La preuve, c'est que mon plus beau salon, mon salon rouge et or, je l'ai appelé salon de la magistrature. »

Mme DENISE,
patronne de *La Tour de Nesles* à Rennes.
Cité par Jacques ROBERTI
dans *Maisons de société.*

Mme Jamet n'a jamais digéré la Fermeture. Sa vie s'est effondrée le 6 novembre 1946 lorsqu'il lui a fallu appliquer le décret du 13 avril. Six mois de sursis. Dans cette période, certains tauliers ont, paraît-il, cru au miracle... que ça allait s'arranger d'une façon l'autre. C'est ce qu'ils ont raconté en tout cas, mais j'ai de bonnes raisons de croire qu'ils ont, pour la plupart, pratiqué un double langage. Mis à part les vieilles taules provinciales style *Maison Tellier* dont les propriétaires, tous assez âgés, ont pris une retraite pleurnicheuse... les autres n'ont pas tellement souffert du décret Marthe Richard.

– On a regretté surtout le côté artistique de la chose, me disait Bel Armand en tétant son Havane.

Il avait son œil goguenard!... Le côté artistique... Toulouse-Lautrec, Maupassant, Degas, Foujita, Jean Lorrain, dans le fond il s'en battait les testicules, Armand. Tout ce que je vais apprendre concernant les soubassements... les arrière-plans de l'opération Marthe Richard vont me le confirmer.

Pour les exploitants de la fesse, à la réflexion sérieuse, le système de la tolérance ne présentait pas, beaucoup s'en faut, que des avantages. D'abord ils étaient *logés,* répertoriés... coincés par la Police mondaine... Avant-guerre, ils laissaient déjà 52 % de leurs bénéfices aux impôts. A partir de la Libération, la pression fiscale n'avait cessé de s'accroître. En avril 46, elle atteignait 67,5 %. Sans doute, s'agissait-il d'un forfait, ça permettait une marge assez importante de tricherie. Les contrôleurs se basaient pour le *Sphinx* ou le *One two two* sur quatre ou cinq passes par jour et par fille. C'était le minimum, elles en faisaient souvent davantage, parfois le double et en outre tous les petits suppléments payés cash par les michetons vicelards, les sado-maso, les coprophages, les messieurs qui ne pouvaient reluire qu'habillés en garçonnet à culottes courtes, que les dames punissaient à coups de verges... tout ça ne pouvait pas se comptabiliser, on s'en doute.

Dans les taules d'abattage, on fraudait aussi sur le nombre... on déclarait trente saillies, là où il y en avait soixante! Ne pleurons pas sur ces pauvres tenanciers victimes de la fiscalité. Mais cette situation de commerçant sans l'être vraiment... tous ces règlements tatillons, c'était pas le genre à subir tout ça. Une fois reconvertis dans les simples hôtels de passe, leurs affaires devenues presque illégales, ils ne s'en portaient que mieux.

Les vedettes de la profession comme les Jamet, les Lemestre qui jouaient la carte du prestige, eux, ne pouvaient pas se reconvertir facile dans le clandé. Durant vingt-cinq ans, après la Fermeture, les flics ont couvert plus ou moins nombre de petites taules, dans des appartements bourgeois... des villas autour des grandes cités urbaines. Le client y trouvait des nanas de toute espèce prêtes à lui rendre de multiples services, mais pas question de renouveler les décors du *Sphinx,* du *Chabanais* ou du *One*. La police était censée ignorer les activités de la maison... Si la taulière avait un bon condé, elle était avertie assez à l'avance des descentes de police. Elle pouvait toujours expliquer qu'elle recevait quelques jeunes filles de bonne famille pour leur apprendre la broderie anglaise, l'aquarelle... la puériculture! Fallait-il encore pour cela que les flics fassent semblant de couper dans ses boniments et qu'on ne retrouve pas dans les lieux des objets d'un caractère par trop érotique... trop évidemment destinés aux jubilations des tordus sexuels. Les fameuses chambres de torture, les faux compartiments de chemin de fer, fausses cabines de yacht des grandes maisons closes n'étaient plus concevables.

Mme Billy, qui a publié elle aussi ses mémoires [1] et que j'ai pu interviewer, tenait une maison de rendez-vous fameuse rue Paul-Valéry... Le ministère de l'Intérieur lui envoyait carrément les roitelets nègres, les présidents Boudoubalou... les émirs du pétrole, toutes les personnalités étrangères en visite plus ou moins officielle à Paris. Sagesse de la part de nos dirigeants, nos superflics. Comme il est certain que ces messieurs de passage désirent s'envoyer en l'air avec les Françaises si réputées question science trouduculière, autant que ça se fasse sous la surveillance discrète de la police. On évite des incidents et on apprend des bricoles qui se révèlent parfois utiles en cas de crise.

Mme Billy est un cas. Elle avait déjà sa taule pendant la guerre... la rue Paul-Valéry s'appelait alors rue Villejust où les Allemands installèrent dès 1940 un bureau d'achats... officine du marché noir où ils employaient des hommes qui collaboraient avec eux à la Gestapo. Quand je dis taule à propos du 4, rue Paul-Valéry, ce n'est pas tout à fait exact. Il s'agissait d'un ancien hôtel particulier transformé en maison de rendez-vous. C'est-à-dire que des couples ordinaires – de rencontre ou adultérins – pouvaient y louer une chambre pour un moment ou pour la nuit. Mais Mme Billy présentait des filles de petite vertu aux messieurs seuls. Y venaient aussi ceux qui ne pouvaient pas ou qui n'osaient pas se montrer au *Chabanais* ou au *Sphinx*... les hommes trop en vue de la politique ou de l'Église. Le décret du 13 avril 1946 ne la concernait pas. Elle

1. Mme Billy, *La maîtresse de « Maison»*, éditions de la Table Ronde, 1980.

continuera ses activités jusque sous Giscard d'Estaing en 1978. Une nouvelle vague de pudeur et d'hypocrisie aura raison de son petit commerce. Et pour la remercier de ses bons et loyaux services, un énorme redressement fiscal aux fesses.

Après ça, il ne restera plus que la rue, le Bois de Boulogne ou les réseaux de putes téléphoniques... les call-girls, et pour la police encore plus de difficultés pour accomplir, comme on dit, son devoir... de savoir pour pouvoir réprimer à bon escient.

Je reviendrai plus loin sur la période post-Fermeture... de 1946 à nos jours, toutes les conséquences de l'abolitionnisme... auparavant, il me faut revenir à Mme Richard. C'est abusivement qu'on accole son nom à la loi du 13 avril, je vous ai dit. Elle n'était que Conseillère municipale. Elle ne fut jamais député tout simplement parce qu'on s'est aperçu qu'elle n'était pas de nationalité française. Par son mariage avant-guerre avec un M. Crompton, elle était devenue anglaise. Une fois veuve, elle n'avait pas encore recouvré sa citoyenneté d'origine au moment de la Fermeture. Ça aurait pu, en des temps plus légalistes, provoquer un procès... une annulation du décret de la Ville de Paris. On passa outre... et petit à petit, en étudiant cette affaire, je me suis aperçu que ça fourmillait de bizarreries... que rien n'était bien net du côté de notre Jeanne d'Arc anti-bordels.

Armand m'avait laissé entendre qu'elle en aurait croqué elle-même dans sa jeunesse... c'est-à-dire qu'avant 1914, elle était en carte à Nancy. Aujourd'hui, une militante de la cause des femmes contre le proxénétisme ne se cacherait pas de ce qui représentait une espèce de tare en 1945. Au contraire, ça lui donnerait une base sérieuse, des arguments étayés d'expérience pour mieux démolir l'adversaire.

Galtier-Boissière, un homme courageux, un esprit libre, s'est attaqué à Marthe Richard dès 1947... ça lui a valu un procès qu'il a perdu mais en relisant les comptes rendus de Presse on s'aperçoit que la belle Marthe s'en tirait en faisant état d'une amnistie qui effaçait tous les délits, toutes les ardoises de l'avant-guerre.

Je me suis souvenu qu'Armand m'avait parlé de deux

rencontres avec la dame, une lorsqu'elle avait annoncé son offensive contre les claques et la seconde pratiquement pendant la bataille, alors que son issue ne faisait plus de doute.

– Elle avait dans les cinquante-cinq, cinquante-sept piges, mais c'était encore une très belle gonzesse.

Ça, ça me revenait... les paroles d'un connaisseur... super-barbeau... caïd de la pègre et un des délégués de la fameuse Amicale des tenanciers... sorte de Krasucki du proxénétisme.

Effectivement, sur les photos, elle porte encore beau en 1945, une certaine allure, une régularité des traits... un visage un peu carré, une énergie mêlée de charme. D'ailleurs, Bel Armand lui prête un coquin, à l'époque, une sorte de gigolpince. Pas tellement blanc-bleu, ce mec! Une vraie petite frappe, ce qui étonne de la part de l'amant d'une dame qui s'attaque au nom de la morale à la forteresse de la tolérance.

Jeune, d'après les photos, c'est sans conteste une très belle môme. Armand avait été frappé par ses yeux bleus. Au cours de son procès, Galtier-Boissière parle de son apparence pastel... le teint, les châsses, les cheveux... un côté Fragonard. Facile d'imaginer qu'à vingt ans elle en jetait sérieux. Consciente de sa beauté, elle va s'en servir avec une hilarité de grande courtisane.

J'anticipe... je n'en suis encore qu'à mes premiers soupçons... que cette femme présentée partout comme un prix de vertu, cette pourfenderesse de la débauche et de ses établissements patentés... n'est pas aussi claire, aussi incorruptible qu'elle le laisse entendre.

Elle a déjà sa légende en 1945. Elle fut aviatrice, puis espionne au service de la France pendant la Grande Guerre avant de devenir celle par qui le bordel sera anéanti.

Régulièrement, on parlera toujours d'elle dans la Presse depuis 1946. Dès qu'une offensive de parlementaires, de journalistes ou d'écrivains se dessinait en vue de la réouverture... d'une nouvelle tolérance en matière de prostitution, on l'interviewait... elle faisait des conférences, elle publiait des articles... A l'époque de la prétendue révolte des filles de joie à Lyon sous la direction d'Ulla, Marthe était intervenue pour l'assister de bonnes paroles. Et cependant il n'était pas difficile de comprendre que la belle Ulla revendiquait les droits au tapin dans les rues lyonnaises sans risque de procès-verbal... pour le plus grand bénef des harengs, ce qu'elle n'ajoutait pas, on la comprend. Indignée lorsqu'on lui parlait de proxénètes, elle affirmait qu'ils n'existaient plus, que la marche du temps les avait laminés. Elle et ses amies en remoulaient uniquement pour leur compte. Et les journalistes, les sociologues, les psy tout-ce-qu'on-veut donnaient dans ce grossier panneau. Il suffit de passer dans certaines rues l'hiver du côté de la Place Pigalle pour se rendre compte – déduction simple – que les filles qui tapinent dans le froid à des heures impossibles n'y seraient certainement pas si elles n'avaient derrière leur cul la menace du maque... la dérouillée sévère... les moyens les plus féroces pour les rendre dociles et bien rentables.

En décembre 1973, Marthe Richard encore alerte malgré ses quatre-vingt-quatre ans a répondu à une interview de Pierre Démeron dans *Marie-Claire*. Sans doute sucrait-elle un peu... elle raconte là des choses tout à fait étonnantes, notamment à propos de sa participation à la Résistance. Déjà, il est surprenant que les Allemands d'Hitler ne se soient pas plus intéressés à une espionne qui les avait blousés sous Guillaume II. Certes, ils ont perquisitionné chez elle dans son appartement parisien mais juste pour piquer des exemplaires de son ouvrage *Marthe Richard au service de la France!* On peut constater qu'ils ne sont pas très rancuniers, ces sales Boches, et ça paraît assez curieux.

Passons. Marthe Richard dit ensuite qu'elle a fait activement de la Résistance à partir de 1943. (Que n'était-elle partie à Londres appuyer de son prestige le général de Gaulle!) Au M.L.N... Mouvement de Libération Nationale. Elle ne précise pas ce qu'elle a fait dans ce mouvement... simplement elle explique sans piper qu'à la Libération elle a vendu des certificats de résistance à des gens qui avaient quelques petites choses à se reprocher dans leur comportement avec les occupants... « Ils avaient peur de ce qui allait leur arriver. Alors, on leur vendait des certificats de résistance. »

J'ai relu ce passage cinq six fois... Ça donne une idée surprenante de cette dame... cette patriote à toute épreuve. Naïvement, elle vend la mèche... Une révélation de ce genre en disait long. Ça permettait de tout revoir, de tout éplucher à son endroit... pour voir l'envers, bien sûr... toucher un peu la vérité. Ce qui me passionne... j'aime décortiquer les légendes.

Toute l'interview de *Marie-Claire* dénote que Marthe Richard fut une pute. Avant tout, une pute. Ce que Galtier-Boissière avait toujours dit. Elle explique à Pierre Démeron qu'elle a couché sans aucun plaisir, bien sûr, avec le baron Von Krohn, chef des services secrets allemands en Espagne pendant la guerre 14, uniquement par patriotisme. Elle avoue aussi n'avoir jamais aimé un homme que pour lui soutirer du fric. Si ça ne dénote pas une mentalité de pute, je veux bien être pendu. Le texte entier respire une gonzesse froide, calculatrice... Oh, pas n'importe quelle tapineuse! Une femme qui domine sa condition, qui la façonne, qui ne s'en laisse pas conter par le premier barbiquet venu. Démeron, de temps en temps, marque une certaine surprise, il fait comprendre qu'il n'est pas tout à fait dupe par une question teintée d'ironie. On se rend vite compte que tout est équivoque dans le récit de la vie de Marthe... tout sujet à caution... qu'elle n'a progressé qu'en utilisant ses charmes... que ses histoires d'espionnage ont un parfum de bidonnerie. Avec un chef, le commandant Ladoux, son supérieur au Deuxième Bureau, mouillé en 1917 avec Bolo Pacha, escroc international et espion. Arrêté, remis en liberté... mais de justesse... un personnage tout à fait douteux. Et que c'est cet officier qui va, quelques années après la guerre, propulser Marthe Richard dans la vitrine des librairies!

Tout ce que m'avait laissé entendre à son sujet Bel Armand m'est alors revenu... Quelquefois on entend des choses, on n'y prête pas très attention sur le moment, et puis elles font leur bonhomme de chemin sans que vous vous en rendiez compte et elles vous remontent à la surface un beau jour... et alors elles vous éclaboussent de clarté.

Peu à peu me venait à l'esprit que Marthe Richard avait dû faire le même calcul que les parlementaires d'avant-guerre qui lançaient le bruit d'une campagne contre les maisons et puis se taisaient subito parce que entre-temps l'Amicale des tauliers était intervenue avec l'enveloppe. Seulement, là, il y avait un os dans le fromage... la machine s'était grippée. Toute l'affaire... savoir pourquoi.

Bel Armand avait été maintes fois le représentant discret des tenanciers auprès de ces personnages en mal de pureté des mœurs. Il avait rencontré Mme Richard... que s'étaient-ils dit ? Là-dessus, il restait évasif... il déviait sur le physique de la dame... l'impression qu'elle lui avait donné d'être une gonzesse exceptionnelle. L'article de *Marie-Claire,* la vénalité, l'esprit de combine qu'il révélait chez Marthe me donnaient à penser qu'elle n'avait pas refusé d'une façon hautaine et catégorique l'enveloppe des proxénètes associés. Leur en voulait-elle au point d'avoir leur peau à tout prix ?... après tout, c'était possible si, comme le disait Galtier-Boissière, elle avait débuté elle aussi sur le trottoir... exploitée, maquée, dérouillée par ces messieurs à nageoires.

Peut-être aussi avait-elle entamé sa campagne trop vite, d'une façon trop éclatante sans se rendre compte que le M.R.P., ce nouveau parti sur l'échiquier français, allait saisir la balle au bond. Trop belle occase, pour un mouvement se réclamant de Dieu et de la morale chrétienne, que d'être à la base d'une loi qui allait, croyaient ces utopistes mâtinés tartuffes, en finir avec le proxénétisme et par là même le plus vieux métier du monde. Sans compter qu'en 1945 De Gaulle avait octroyé le droit de vote aux femmes. Indéniable que celles-ci n'appréciaient pas cette domination absolue du mâle que représentait le bordel.

L'interview de *Marie-Claire* ne faisait que me conforter dans mes soupçons. Marthe Richard avait agi au départ par vénalité... dépassée par la situation, elle avait fait en sorte de prendre la tête de l'offensive. D'une certaine façon, elle illustrait la phrase de Jean Cocteau : « Impuissants à comprendre ces mystères qui nous dépassent, feignons d'en être les organisateurs. » A la suite de quoi, notre bonne dame espionne devenait la mère de la loi du 13 avril 1946.

Déjà, ça m'intéressait de raconter cette histoire, elle me paraissait instructive en diable... Ça disloquait un peu la mécanique... ça brouillait les brèmes... ternissait une imagerie d'Épinal par trop coloriée rose bonbon.

Pour la première fois, je me mettais à une sorte de travail pour ainsi dire d'historien. Je ne vais pas prétendre que Marthe Richard vaut son pesant de Staline, de Clemenceau ou même d'un grand ministre du passé... un Guizot... un Thiers...

1946 : on ferme...

Dessin de Dubout. © A.D.A.G.P., *coll. Romi.*)

... et on rafle ces demoiselles
jetées sur le trottoir.
(Ph. coll. Romi.)

Dans toutes les villes de garnison, les guerriers se reposaient au bordel. *(Coll. Romi.)*

Naturellement le cadre était plus luxueux pour les gradés que pour les hommes de troupe. *(Coll. Roger-Viollet.)*

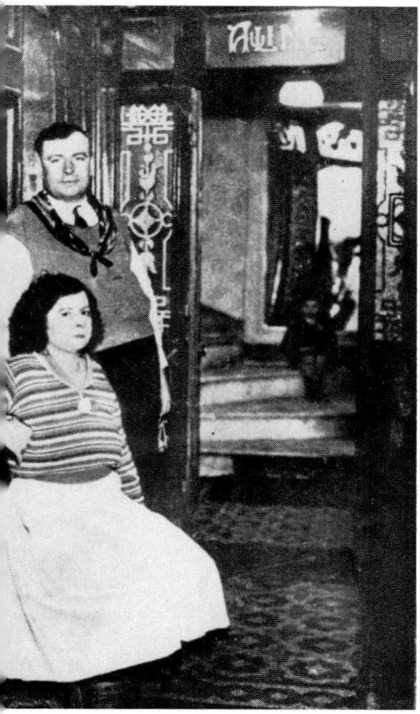

Un couple de tauliers parmi tant d'autres. *(Coll. Romi.)*

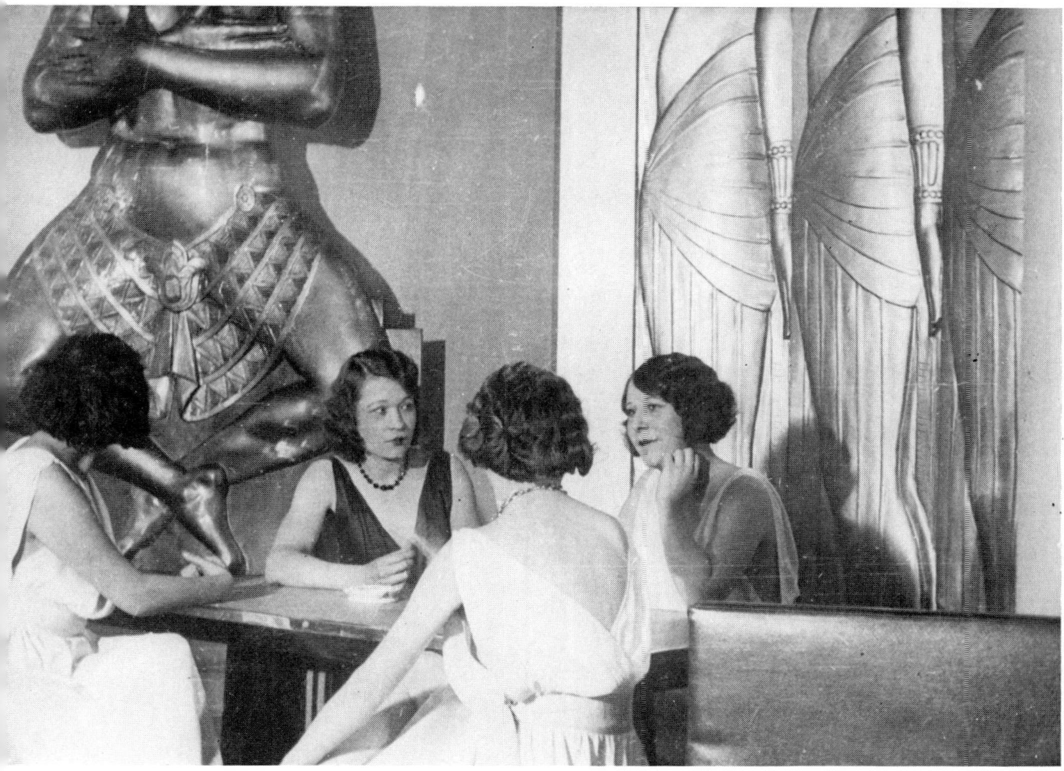

Au début du siècle, une certaine Mme Lacaisse *(en haut)* présidait aux ébats des michetons et de ces demoiselles d'un bordel sis rue de Londres. *Ci-dessus*, pensionnaires du Sphinx vers 1938. *(Ph. Musée Carnavalet, Paris, cl. Jean-Loup Charmet et Roger-Viollet.)*

Le système de la Tolérance commence sous Bonaparte. *(Coll. Roger-Viollet.)*

1903

Nom Lannier

Prénoms Juliette, Henriette,

née à Paris

le 19 mars 1833

Les visites auront lieu

le ... et le 26 de chaque mois.

Lorsque la visite tombera un dimanche ou un jour férié, elle sera remise au lendemain.

Les jours fériés sont le 1er Janvier, le Mardi-Gras, le Vendredi-Saint, le Lundi de Pâques, l'Ascension, le Lundi de la Pentecôte, le 14 Juillet, le 15 Août, la Toussaint et la Noël.

VISITES SANITAIRES PÉRIODIQUES.

Le 29 Avril	A été reconnue Saine en foi de quoi le cachet a été apposé.	
Le 7 Mai 71	A été reconnue Saine en foi de quoi le cachet a été apposé.	
Le 13 Mai	A été reconnue Saine en foi de quoi le cachet a été apposé.	
Le 20 Mai	A été reconnue Saine en foi de quoi le cachet a été apposé.	

409

MAIRIE DE REIMS.

Bureau central de Police.

LIVRET DE FEMME PROSTITUÉE.

Du 29 Avril 1871

PRÉFECTURE DE POLICE DIVISION DU SECRÉTARIAT GÉNÉRAL ARCHIVES

Les filles sont mises en carte.
(Cl. Holzapfel.)

Celles qui sont malades sont soignées à Saint-Lazare aux frais de la République. *(Coll. Roger-Viollet.)*

Comme en 1804... le choix dans les années 30. *(Coll. Roger-Viollet.)*

L'apogée du règne des maques, c'est la remonte...
(Coll. Roger-Viollet.)

Toujours le jules derrière la fille, au temps de Bruant comme au temps d'Albert Simonin.
(Coll. Romi et Doisneau/Rapho.)

Vers l'Amérique du Sud où l'on place les femmes dans les maisons d'abattage.
(Ph. Henri Cartier-Bresson/Magnum.)

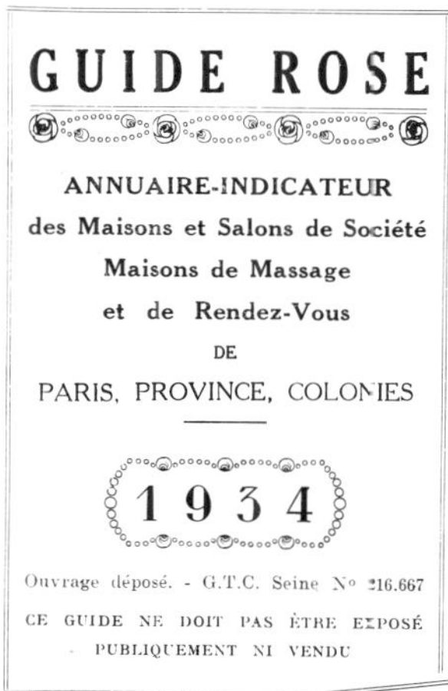

GUIDE ROSE

ANNUAIRE-INDICATEUR
des Maisons et Salons de Société
Maisons de Massage
et de Rendez-Vous
DE
PARIS, PROVINCE, COLONIES

1934

Ouvrage déposé. - G.T.C. Seine No 216.667

CE GUIDE NE DOIT PAS ÊTRE EXPOSÉ PUBLIQUEMENT NI VENDU

Le *Guide rose* donne aux amateurs les meilleures adresses pour s'envoyer en l'air confortablement. *(Coll. de l'auteur.)*

Y a pas, faut que le pognon rapplique...
le micheton est là pour ça... *(Cl. Dorka.)*

Le soir, on note ses passes... pour la Comptée du protecteur.
(Coll. Romi.)

L'histoire du *One Two Two* en trois personnages : Marcel Jamet super-taulier. Doriane sa première femme... évincée par Fabienne qui fera la fermeture en 1946. *(Coll. Romi.)*

Marthe Richard en 1904. Elle s'appelle encore Mlle Betenfeld. *(Arch. E.R.L.)*

Fédération Aéronautique Internationale

FRANCE

Nous soussigné, pouvoir sportif reconnu par la Fédération Aéronautique Internationale pour la France, certifions que :

Mme Richer Marthe
né à Blamont (M.-M.)
le 15 Avril 1889
ayant rempli toutes les conditions imposées par la F.A.I. a été breveté ;

Pilote-Aviateur

à la date du 23 Juin 1913
Commission Sportive Aéronautique
Le Président

Signature du Titulaire :

N° du Brevet : 1369

Devenue Mme Richer, elle se passionne pour l'aviation naissante. *(Arch. E.R.L.)*

M. Richer, premier mari... Un homme bon et généreux, il va mourir à la guerre en 1916. *(Arch. E.R.L.)*

Pour le venger, Marthe devient espionne en Espagne. On la retrouve à Saint-Sébastien aux courses près du roi Alphonse XIII. *(Arch. E.R.L.)*

RÉPUBLIQUE FRANÇAISE

Département de la Seine (Préfecture de Police)

PASSEPORT À L'ÉTRANGER VALABLE POUR UN AN

Pour l'Espagne

SIGNALEMENT

Au nom du Peuple Français

Préfet de Police

Madame Vve Richer née Betenfeld Marthe

nationalité française

née à Blamont (Meurthe-et-Moselle) le 15 avril 1889

demeurant à Paris 85 rue Michel Ange

Fait à Paris

SIGNES PARTICULIERS

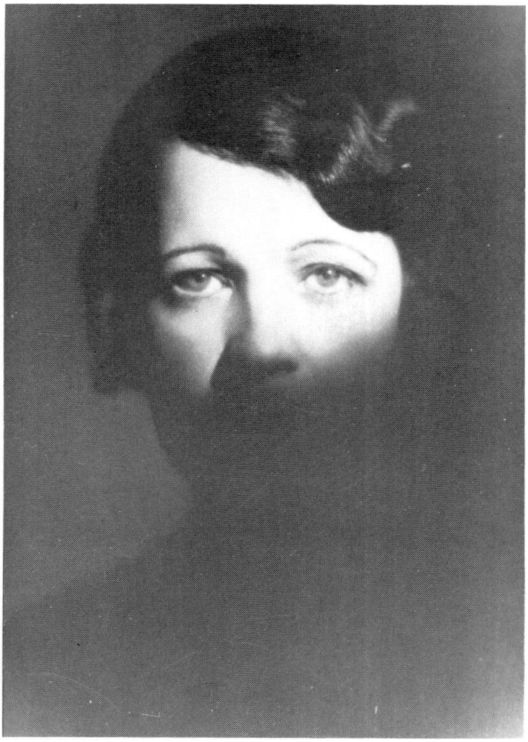

Jeune, brune, aux yeux bleus, vêtue de noir, Marthe sera l'Alouette pour les Services secrets. *(Arch. E.R.L.)*

Un second mari : Thomas Crompton, directeur pour la France de la fondation Rockefeller... *(Arch. E.R.L.*

... ce qui permet à Marthe de mener la grande vie dans les Années folles.
(Arch. E.R.L.)

Le commandant Ladoux, un des chefs du contre-espionnage français pendant la guerre de 14-18. Il va accréditer, en 1932, la légende de Marthe Richard, espionne au service de la France. *(Arch. E.R.L. et Keystone.)*

Seconde Guerre mondiale. Marthe Richard *(en blanc)* libère le garage des autobus de la porte de Saint-Cloud. *(Arch. E.R.L.)*

A Tours M. Royer sauve les fresques de Jacquemin. L'Étoile bleue, maison de tolérance réputée, est devenue le siège de la jeune chambre économique. *Ci-dessus,* le miroir sans tain qui permettait aux voyeurs de se rincer l'œil. (Peintures de Jacquemin-1929. *Cl. éditions du Petit Faucheux, Tours.)*

1946. Encore un instant de bonheur avant la fermeture. *(Coll. Dorka.)*

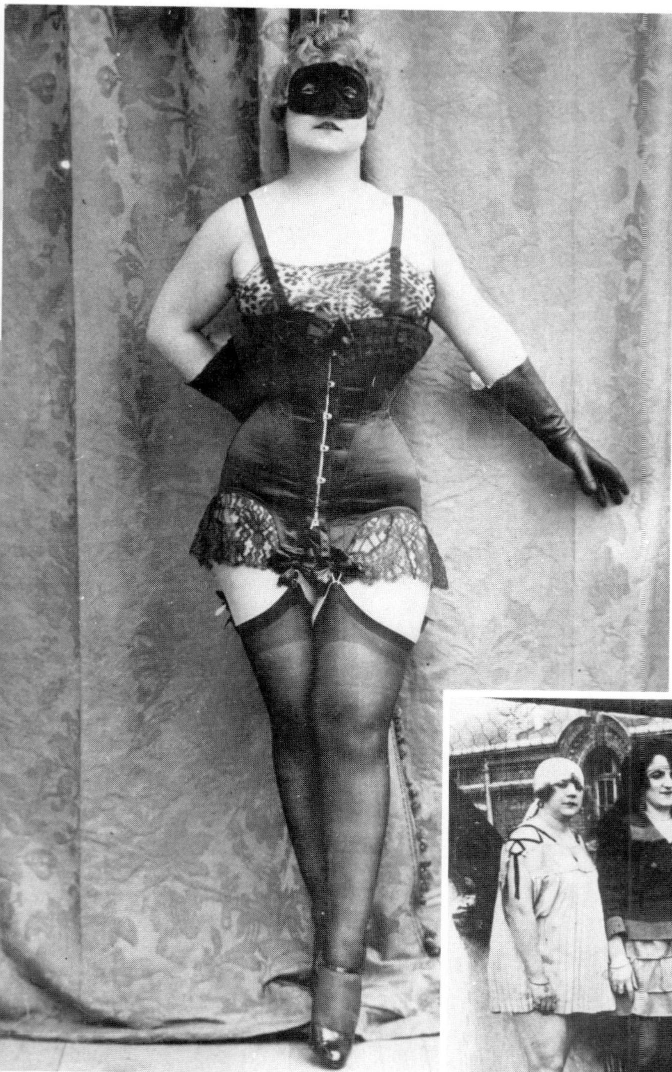

Fille en tenue pour le plaisir des masochistes. *(Coll. Romi.)*

Quelques fausses mineures dans une maison de province. *(Coll. Romi.)*

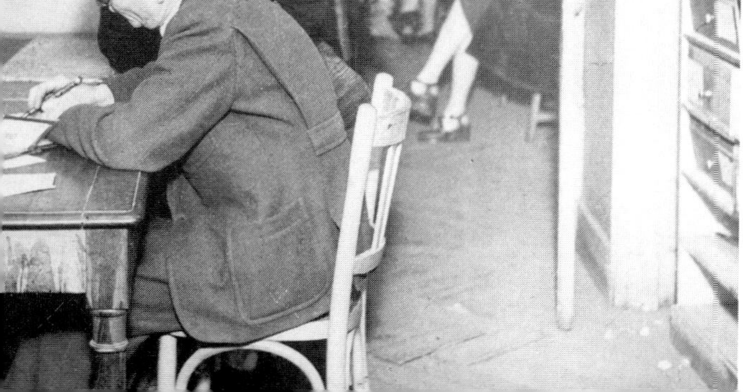

Après le 13 avril 1946, le travail de la police deviendra plus difficile. *(Cl. Dorka.)*

Devenue octogénaire, Marthe Richard se laisse convaincre par Jacqueline Trapper, prostituée qui milite pour l'ouverture d'Eros Center en France. *(Cl. G. Wurtz/Paris-Match.)*

Les putes se révoltent en 1975... y a-t-il des maques dans la salle ?
(Keystone.)

un Fouché... N'empêche, à la finale de mes recherches, mes trouvailles... tout ce que j'en ai déduit, je découvre un de ces personnages comme Vidocq, Thérèse Humbert, Mme Steinheil ou Joanovici que le romancier le plus imaginatif n'oserait pas inventer.

Et le grand art de Marthe Richard, son originalité par rapport aux autres, fut de *s'inventer elle-même*... de créer sa légende au fur et à mesure de son existence cahotique.

En 1974, elle publiera chez Robert Laffont, dans la collection *Vécu,* ses mémoires définitifs... sous le titre *Mon destin de femme.* Ces sortes d'ouvrages sont rarement écrits par la personne qui signe. Un collaborateur se charge de la rédaction d'après des notes et des confessions au magnétophone. Ça doit, c'est le but, devenir des best-sellers. On soigne donc le travail pour obtenir le succès populaire.

Tout d'abord, le plus évident est que le contenu de ce livre ne colle pas très bien avec les récits précédents de Marthe Richard... ceux du Ladoux de 1932 et le sien, *Ma vie d'espionne.* Pour peu qu'on se penche sur la question avec un minimum de rigueur, tout se déglingue, ça fuit de partout... on respire les coups fourrés toutes les trois pages.

Si, en plus, on se donne la peine de lire l'article que lui a consacré *Le Crapouillot* dans son numéro spécial sur *La farce des services secrets,* on devient plus que sceptique... on a l'impression que la belle espionne nous prend pour des amateurs de roman-photo... elle n'y va pas dans la nuance!

Ça méritait donc que je me mette en chasse, que je traque un peu la vérité à travers les textes, les enquêtes, les témoignages. J'aurais bien voulu rencontrer moi-même mon héroïne mais elle avait fini par passer l'arme à gauche. Quatre-vingt-treize ans, c'était un bel âge pour une aventurière. On dit – les anars et les ironistes – qu'il n'y a que les généraux qui meurent dans leur lit... Ils oublient certains hors-la-loi... tous ne finissent pas comme Émile Buisson ou Mesrine. Le personnage que j'ai mis en piste dans *Cinoche,* que j'appelle Milo des lafs, vient lui aussi de calancher nonagénaire... De son vivant, je n'ai pas pu dire qu'il était, entre autres méfaits, fortement soupçonné d'avoir *aidé* le Conseiller Prince à se suicider en 1934 en s'allongeant sur les rails d'un chemin de fer... dans le cadre de l'affaire Stavisky dont il avait été le fidèle porte-flingue. Gégène des Gravilliers – Gégène des Graves – autre célébrité du Milieu... qui portait un véritable sombrero en fait de chapeau d'indic, lui aussi est mort de vieillesse dans son bon dodo... muni peut-être des derniers sacrements de l'Église!

Marthe Richard est, au départ, à peu près du même métal que Mata-Hari... Elles jouent de leur physique toutes les deux... elles couchent quand il le faut avec celui qu'il faut. Elles mentent comme elles respirent. L'une joue la bonne carte, passe à travers toutes les mailles de tous les filets, devient une espèce de gloire nationale, l'autre, la malheureuse, va finir à la Caponnière de Vincennes devant le peloton d'exécution. Toutes les deux ont eu le même chef au Deuxième Bureau, ce joyeux capitaine Ladoux. Toutes les deux ont putassé, couché avec les Fritz et raconté des histoires invraisemblables. Mata-Hari a dû être victime de sa célébrité tapageuse avant 1914. Marthe Richard a-t-elle mieux joué ou a-t-elle eu simplement plus de chance? Un mélange des deux éléments sans doute.

Depuis 1946, elle était particulièrement pointilleuse quant à sa respectabilité. Jusqu'à sa mort, elle poursuivra devant les tribunaux ceux qui s'aviseront de mettre en doute les récits qu'elle fait de son passé. Galtier-Boissière, en 1952 devant la XVIIe Chambre Correctionnelle, est condamné à vingt-cinq mille francs d'amende pour avoir écrit que « *la demanderesse avait rempli à Madrid un office que trente années plus tard elle a prétendu interdire à des milliers de malheureuses qui ne pouvaient évidemment s'autoriser de mobiles aussi patriotiques que les siens.* »

On accorde cependant des circonstances atténuantes à Galtier tirées *du fait que Mme Marthe Richard s'est étendue avec complaisance sur les conditions dans lesquelles elle avait accepté de devenir la maîtresse d'un officier allemand et a donné une publicité malsaine à ses agissements.*

L'additif est tout de même assez curieux. On a l'impression que les juges sont mal à l'aise avec leur sentence condamnant Galtier... que quelque chose les retient.

Marthe Richard va être en quelque sorte intouchable. C'est une héroïne nationale... elle a sauvé la France avec son cul en 1917 et elle a fait boucler les maisons de tolérance, ce qui constitue deux titres de gloire un peu contradictoires. Galtier a raison mais, n'empêche, on n'a pas le droit de dire même cela... A-t-elle de quoi riposter très fort si les décisions de justice ne lui conviennent pas ? On est en droit de se le demander.

Je recherche dans la Presse, dans les archives, tout ce qui concerne notre chère héroïne... tous les comptes rendus de l'affaire des bordels... le procès avec le directeur du *Crapouillot*... la plaidoirie magistrale de Me Garçon qui suggère tout mais cependant n'obtient pas gain de cause. Et en 1954 je tombe sur une bien curieuse histoire dont on évitera de parler par la suite. Le 12 mai, *France-Soir* en première page annonce : « *Mandat d'amener contre Mme Marthe Richard.* » Et on entre dans une sombre affaire de bijoux volés par des faux gestapistes *(« Police allemande, où sont les bijoux ? »)* en 1943 à une amie de Marthe. Une ancienne *Dolly Sisters* nommée Louise Cardot. Il est question de bracelets de platine, de brillants, d'un solitaire de dix-huit carats, etc., le tout pour une valeur d'une dizaine de briques 1943... une somme considérable.

Pourquoi vient-on douze ans plus tard perquisitionner chez Marthe Richard ? Pourquoi l'inculpe-t-on ? Il est question d'un Corse, un certain Dominique, ami des deux dames qui travaillait pour la Carlingue dans l'équipe Spirito-Carbone. Marthe Richard, bien sûr, nie farouchement mais on a découvert cachée chez elle une montre dont elle ne peut indiquer la provenance. Ça suffit pour que le lendemain le juge d'instruction envoie Mme Richard à la prison de la *Petite Roquette.*

Ce genre de fait divers concernant une ancienne Conseillère municipale de Paris décorée de la Légion d'honneur et qui a attaché son nom à l'abolition de la Tolérance devrait provoquer une sorte de scandale. Il n'en est rien. Les journaux rapportent l'affaire qui se termine le 4 juin par un non-lieu signé du juge Baurès.

On n'a rien pu prouver et la dame Cardot, qu'on dit être devenue un peu sénile, se rétracte et finalement ne reconnaît pas formellement la montre saisie chez son ex-amie. Cette Louise Cardot n'a à ce moment-là que soixante ans mais on laisse entendre qu'elle se drogue et que la came, en 1942, lui était fournie par ce Dominique en si bonnes relations avec Marthe Richard.

En tout cas, on nage dans des eaux tout à fait troubles... aux relents fétides... la Gestapo de Marseille... un braquage... le recel de bijoux... et on s'interroge sur le pourquoi de cette affaire revenue sur la sellette après douze ans de sommeil. A la base, certainement une dénonciation. De qui ? Mystère... la police, là-dessus, est des plus discrètes... on ne grille pas un informateur. Marthe prétendra, plus tard, qu'il s'agissait d'un coup monté de toutes pièces par les ex-tauliers... une affaire de vengeance qui se sert, comme chacun le sait, sortie du réfrigérateur. Possible, mais quels ex-tauliers ? On les voit mal se réunir huit ans après la fermeture de leurs maisons pour mettre Marthe Richard en difficulté. S'ils en avaient eu les moyens, pourquoi n'avaient-ils pas agi en 1945 ?

Restent les flics ? Eux aussi en ont gros sur la patate d'être privés de cette source de renseignements que constituaient les bordels. Même question... pourquoi avoir attendu, puisqu'on apprend que Mme Cardot avait déjà porté plainte en 1945... qu'elle avait déclaré alors avoir vu son ex-amie Marthe avec un bracelet semblable à l'un de ceux qui lui avaient été volés par les hommes de la Gestape ?... Et en 1945 on avait classé l'affaire...

Il se dégageait de tout ce que j'apprenais sur Mme Richard un drôle de parfum. Pas de fumée sans feu. Ça valait le coup d'entreprendre quelques recherches. Armand m'avait dit que Marthe était venue le soir escortée d'un jeune lascar qui était quoi ? Son garde du corps ? Son gigolpince ? Elle dira dans l'interview de Pierre Déméron que les hommes ne l'ont jamais intéressée autrement que pour leur fric ou pour les renseignements qu'elle tirait d'eux, comme avec Von Krohn. Il me semblait permis d'en douter puisqu'il y avait de fortes chances pour que ce nervi soit son amant. Passé la cinquantaine, on se demande ce qu'une femme peut faire d'un homme jeune sinon le glisser dans son plumard.

J'ai vraiment respiré la vape... que ma belle Marthe était d'une espèce rare... une gonzesse à double ou triple vie. Je tenais un fil de la pelote d'embrouilles, il me fallait le tirer doucement pour ne pas qu'il casse.

Autre sujet d'étonnement, son procès avec le commissaire Chennevier, l'ancien patron de la Sûreté nationale. Celui-ci avait mis vraiment les pieds dans le plat... Tout un chapitre consacré à notre héroïne dans ses mémoires *La Grande Maison* [1]... de très lourdes accusations, non seulement de mensonges, de tricheries... mais d'actes passibles de se retrouver devant la Justice. Eh bien, encore une fois, Marthe Richard, après avoir attaqué Chennevier en diffamation, obtint qu'on retire le livre de la circulation... qu'on l'ampute du chapitre la concernant.

Toujours en vertu de cette loi d'amnistie et des services que la plaignante avait rendus à la France en 14-18. A ce compte-là, on n'aurait jamais dû juger le maréchal Pétain. Aujourd'hui encore il n'est pas permis de rappeler les actes d'un gestapiste s'il a été amnistié ou réhabilité. Pour écrire l'Histoire du XXe siècle, ça complique sérieusement le travail des historiens.

Marthe Richard avait des raisons bien à elle pour qu'on n'écrive pas l'Histoire autrement qu'elle en avait décidé. Ça valait la peine de s'occuper de la question. Le plus simple était de me procurer ses propres ouvrages, de les étudier attentivement, d'essayer de comprendre le sens de toutes ses manigances, tous ces mystères. Incontestablement, elle était puissante. Elle faisait taire des gens. Elle était seule contre tous et elle avait triomphé puisqu'elle était morte de sa belle mort sans que sa réputation soit entachée.

J'ai été à la recherche des derniers témoins, flics ou voyous ou taulières. Les plus favorables me l'ont dépeinte comme une mythomane. J'ai une certaine expérience des mythomanes, j'en ai côtoyé en prison... et j'ai appris que presque tous les escrocs sont au départ des mythomanes. Pris dans les méandres de leurs mensonges, ils finissent par en tirer profit.

J'ai consulté la Presse. Souvent elle donne dans les panneaux les plus grossiers pour faire des titres... pour vendre... Seulement, avec les témoins, quelques documents irréfutables, je suis

1. Éditions des Presses de la Cité, 1976.

arrivé à cerner d'assez près, il me semble, la vérité. Je parle avec beaucoup de précautions. La vérité est une notion assez mouvante. Elle est multiple selon le point de vue de ceux qui la reçoivent. Il n'en reste pas moins que certains mensonges sont évidents... qu'ils soient commis pour telle ou telle bonne raison, ils restent des mensonges.

Mes sources... bien sûr, j'ai dégotté la première édition du livre de Chennevier. Le chapitre concernant Marthe Richard contient quelques contre-vérités, j'en ai eu la preuve. Chennevier pousse les choses au plus noir. La plupart des faits qu'il rapporte paraissent vrais, mais son texte est surtout entaché d'une malveillance constante. Il va trop loin parce qu'il se venge... (ou il venge la police, ce qui revient au même). Il tire quelques conclusions hâtives... Il parle trop en Accusateur public.

J'ai vu des hommes, des femmes qui ne désirent pas qu'on mentionne leurs noms. Pour toutes sortes de raisons... Déjà duraille de les faire causer, je ne peux pas les remettre sous les flashes de l'actualité qu'ils ont eu tant de mal à fuir.

De toute façon, je ne vous affirmerai rien que je ne puisse prouver. Pour le reste, je place des points d'interrogation... au lecteur de trouver les réponses. Parfois, il n'y a aucune hypothèse satisfaisante. Mais nous ne sommes peut-être pas là pour nous repaître de satisfactions.

La lecture des ouvrages de et sur Marthe Richard est déjà en elle-même assez instructive. A force de se vouloir pure et héroïque, elle en rajoute tellement que ça confine à l'invraisemblable.

Elle est née le 15 avril 1889 à Blâmont en Meurthe-et-Moselle. Ça, on en est sûr. Pour le nom de jeune fille, ça commence à diverger. L'acte de naissance porte Betenfeld Marthe, fille de Louis et Marie-Élisabeth... Certains historiens disent qu'elle s'appelait en réalité Betenberg. On ne voit ni pourquoi elle aurait menti sur son patronyme ni pourquoi ces historiens en inventent un autre. En tout cas, ça commence... pendant quatre-vingt-treize ans, tout sera sujet à caution dans sa vie, on pourra contester les moindres détails. Quelque part, elle devait être marquée. Signe zodiacal, le Bélier... Quelques jours plus tard, sous le même signe, naissait à Braunau en Autriche Adolf Hitler. Je n'en tire aucune conclusion, je trouve simplement dommage qu'ils ne se soient jamais rencontrés.

Quelques détracteurs de Marthe affirment que Blâmont était en territoire annexé par l'Allemagne en 1871. Ça laisserait encore planer plus de doutes sur son action d'espionne en 14-18. En réalité, Blâmont était situé à trois kilomètres de la frontière franco-allemande édictée par Bismarck.

On peut s'étonner que, si près de la frontière, elle n'ait pas trouvé le moyen d'apprendre l'allemand. Mais il est vrai qu'à cette époque, en Lorraine restée française, on haïssait l'Allemagne et tout ce qui pouvait rappeler la défaite de 1870.

Dans une version de ses mémoires, elle dira avoir appris la langue de Goethe avec une dame originaire de Nancy à Paris en 1910 ou 11... dans une autre, elle dit que c'est à treize ans avant de passer son certificat d'études. Ça ne tirerait pas à conséquence si elle n'affirmait pas ne pas savoir l'allemand lorsqu'elle est en mission d'espionnage en Espagne en 1916.

Que penser de tout ça ? Qu'elle ne s'y retrouve plus dans ses mensonges. Sans doute, et ça porte de l'eau au moulin de Galtier-Boissière lorsqu'il stigmatise les Services secrets de la Grande Guerre.

Marthe avait une sœur jumelle qui va mourir en bas âge. Dommage, dans les affaires d'espionnage, ça aurait permis des cas de figure tournant au film burlesque.

Le père est ouvrier brasseur. En 1979, Marthe dira à des journalistes de *Libération* qu'il dépensait tout l'argent de la famille au bordel. D'où son aversion pour les maisons closes. Jamais auparavant, elle n'avait mentionné ce penchant de son papa pour les putes.

Elle fréquente différentes écoles religieuses jusqu'au certificat d'études qu'elle passera à quatorze ans. A la lire entre les lignes, on se rend compte que la petite Marthe n'est pas une élève très douée. Plus tard, des gens qui la connaîtront d'assez près ne la trouveront pas très intelligente. Affaire de point de vue... Marthe ne sera peut-être ni très cultivée, ni très instruite, mais elle aura l'intelligence *dont elle a besoin*. Elle est plus finaude, rusée qu'intelligente à proprement dire. Surtout elle a du caractère. Sans lequel, dit Chamfort, l'intelligence ou la sensibilité ne servent à rien.

Après le certif, les parents Betenfeld lui font apprendre le métier de couturière. Trois ans d'apprentissage non rémunéré. Marthe parle de révolte. Elle ne fera jamais ce métier, c'est juré. Sa mère la traite de paresseuse, d'insubordonnée. Elle préfère devenir nurse à Maréville, près de Nancy. Il s'agit de garder une fillette de deux ans atteinte de paralysie. Là, ça diverge encore... Marthe s'étend dans son livre sur son sacerdoce auprès de la petite fille. En même temps, elle reconnaît être instable puisqu'elle quittera cette place de bonne d'enfant au bout de cinq mois pour retourner dans sa famille en attendant une occasion de descendre à Paris « *afin de trouver un travail qui me délivre de tout souci* ». La phrase semble assez révélatrice lorsque je découvre une autre information disant que la jeune Marthe Betenfeld est effectivement partie de chez elle à l'âge de seize ans après une algarade où elle aurait giflé sa mère et qu'elle s'enfuit à Nancy pour se prostituer. Ce qu'elle appelle dans ses mémoires *vivre sa vie*. Où se prostitue-t-elle ? Le rapport de police parle de racolage près des casernes. Très inexpérimentée, elle s'est fait prendre en flagrant délit par les flics des Mœurs. La police reconduit la jeune Marthe à ses parents. Accueil pas très chaleureux, on s'en doute. Dans son livre, elle dit simplement qu'elle a des problèmes avec sa mère qui lui reproche d'avoir quitté son travail auprès de la petite handicapée. Rien en ce qui concerne ses moyens d'existence à Nancy.

Entre la biographie de Marthe et ce que j'ai pu apprendre ailleurs... par exemple, dans les rapports du docteur Lacassagne, médecin-chef au service des Mœurs ou dans les textes laissés par le commissaire Chennevier, le déroulement des choses est bien différent.

Après cette première fugue, Marthe travaille dans une entreprise de lingerie. Selon ses dires. Elle est mal payée, le travail est sans intérêt et, bien sûr, elle veut sortir de sa condition. « *Serai-je l'esclave des préjugés et des traditions qui, depuis des siècles, enferment les femmes dans un carcan ? Un mari, des enfants ? Une maison ? Travailler le soir, le ménage et, comme le racontent devant moi si crûment les ouvrières à l'atelier, subir, après ces journées de labeur, les caprices de « l'homme », le mari, qui vous prend pour la « chose » et qu'on vous a obligée à épouser sans amour, sans rien connaître de l'existence?* »

Mon Destin de femme a visiblement été publié après Mai 68. Le passage ci-dessus pourrait avoir été écrit par une militante féministe bon teint. J'ai du mal à croire que Marthe Betenfeld raisonnait de la sorte aux alentours de 1900 lorsque la famille était sacrée. D'autre part, elle prétend qu'on marie les jeunes ouvrières contre leur gré, ce qui me paraît une contre-vérité. Dans la bourgeoisie, l'aristocratie, la paysannerie, le mariage était souvent un moyen d'alliance, d'enrichissement, de préservation du patrimoine... de promotion sociale. On mariait donc parfois les filles sans qu'elles soient très consentantes. Par respect de la famille et des convenances. Les prolétaires, eux, n'étaient pas soumis à ce genre de pression. Ils convolaient très jeunes pour s'émanciper, ne pas rester une charge pour leurs parents. Aussi sans doute pour s'accomplir sexuellement... Les garçons n'ayant pas les moyens de se payer le bordel ou de sauter la petite bonne.

Prétendre, en outre, que les ouvrières parlaient de « la chose », des caprices de l'homme comme d'une corvée, relève aussi d'un certain féminisme... celui de *La Cité des Femmes* de Fellini.

Entre 1940 et 1944, j'ai été apprenti fondeur chez Deberny-Peignot. J'ai vécu toute ma jeunesse, toutes les années de l'Occupation dans un milieu d'usine, avec exclusivement des ouvriers et des ouvrières. Pour ce qui est de « *la chose* », comme dit Marthe pudiquement, les jeunes et les moins jeunes en redemandaient... Les femmes se plaignaient de leur veuvage provisoire lorsque leur mari était prisonnier en Allemagne. Ça plaisantait plutôt dans la gauloiserie. C'est là que j'ai fait une partie de mes classes linguistiques... Ça forniquait même dans les vestiaires, dans les gogues. J'ai raconté mes aventures avec la grande Marcelle, une employée de la maison, qui se faisait prendre debout dans les portes cochères.

Marthe affabule pour les besoins de sa démonstration, elle se pousse du verbe... Ou elle n'a jamais travaillé dans le monde ouvrier ou elle a totalement oublié le comportement, les réactions de ses compagnes. Je la crois davantage lorsqu'elle prétend que tout de suite elle a voulu s'évader... échapper à cette vie sans issue. A l'égard de la condition prolétarienne, je dois avouer avoir ressenti la même répulsion. Très rapidement, le départ dans le petit jour blême... la gamelle réchauffée... les ragots d'atelier... l'ennui sur le boulot répétitif, l'attente de la sainte paye! Comme les discours marxistes n'ont jamais eu vraiment de prise sur ma jeune conscience, j'ai fini par glisser vers la délinquance.

Pour les garçons, s'ils veulent échapper à l'usine, s'ils n'ont pas de culture, de formation professionnelle sérieuse... s'ils sont un peu flemmards... ils finissent presque toujours voleurs ou maques. Les filles, c'est plus facile, plus simple... il y a la location de leur cul, la retape pour peu qu'elles ne soient pas physiquement des prix à réclamer.

Le cas de Marthe. Elle ne veut pas rester parmi les pauvres et elle est bien roulée. Les photos de l'époque en font foi. Elle est belle d'une beauté qui ne paraît pas, comme dans certains cas, démodée. Elle éclate. On comprend qu'elle n'ait pas eu du tout envie de moisir dans sa fabrique de lingerie. *D'instinct, elle avait tout pigé.*

Le chapitre où elle raconte son expérience ouvrière s'intitule «*Antonio, premier amour*». L'Antonio en question serait... je dis *serait,* vous allez voir pourquoi... un Italien étudiant en médecine qui l'invite à danser un soir où elle a pu aller au bal en racontant à sa mère qu'elle reste à l'usine pour fêter la promotion d'un chef. Antonio la fait valser langoureusement et Marthe est *envahie d'un trouble étrange.* Il a tout pour plaire, ce Rital, il est brun calamistré, il est beau, il jacte bien et il essaie ensuite de l'entraîner dans sa chambrette...« *En tout bien tout honneur, Marthe! Je vous jure que vous ne risquez rien avec moi.* » Air connu.

Marthe, éblouie, au comble de la confusion, accepte d'abord, puis elle se reprend, mue par cet instinct qui, dit-elle, ne l'abandonnera jamais au cours de sa vie aventureuse... « *Une certaine méfiance est gravée en moi.* »

Donc, Antonio rentre chez lui la bite sous le bras... On va attendre deux chapitres de la biographie avant qu'il réapparaisse, et Marthe affronte sa maman qui lui reproche de rentrer si tard. D'une parole l'autre, l'engueulade s'envenime et c'est là qu'elle situe la gifle. En 1905, ça constitue un acte de rébellion d'une extrême gravité si l'on considère les mœurs de l'époque. De toute façon, ça dénote chez Marthe une nature tout à fait farouche. La gifle à la mère étant un acte irrémédiable, notre héroïne va quitter à nouveau son foyer... foutre le camp à Paris.

Deuxième fugue, la première est du mois de mai, celle-ci du mois d'août. Quatre mois environ d'expérience ouvrière en usine. Là, l'ouvrage édifiant de 1974 nous narre l'arrestation de la pauvre jeune fille à la gare de Nancy alors qu'elle allait prendre son billet pour Paris. Curieusement, les flics mettent cette mineure directement au trou avec des ivrognesses et des prostituées. Elle trouve ces dernières d'ailleurs fort sympathiques. Elle les plaint, elle se rend compte de l'avilissement de ces malheureuses. « *C'est cela l'Enfer de Dante.* » Plus tard, le souvenir lancinant de ces filles déchues pèsera lourd dans sa détermination de fermer les claques.

C'est ce qu'elle nous raconte quelques années avant de nous révéler que son père était client des maisons. Une raison peut s'ajouter à une autre, mais je cherche s'il n'y a pas autre chose de plus déterminant.

Bien sûr, il y a la version de la police... Je dis la police pour faciliter le travail. Il s'agit de divers témoignages, divers documents qui se recoupent les uns les autres et qui d'ailleurs se superposent à la version de Marthe Richard à la façon d'un calque d'une autre couleur. Il est bien connu que rien n'échappe aux flics, qu'ils notent tout, qu'ils cernent les vérités toutes crues, si dénudées de leur contexte, de leur environnement, qu'il faut les recevoir avec certaines précautions. Sans cela, on force vers le pessimisme et on s'égare... On doit donc se méfier pour savoir *raison garder*. N'empêche, le récit de Marthe Richard est trop édifiant, trop démonstratif... trop rose et j'ai alors tendance à croire un peu plus la police.

Cette seconde fugue à Nancy est plus prosaïque. Marthe, qui aurait donc déjà tâté du pain de fesses, recommence à fourguer ses charmes près des casernes. Nancy est une ville de garnison, les soldats ont des besoins plus impérieux que la revanche contre l'ennemi héréditaire. (Nous sommes à l'époque de la ligne bleue des Vosges chère à Paul Déroulède et à Maurice Barrès.)

Et il va être question d'un Italien, Antonio comme dans le *roman* (sic) de Marthe Richard. Un séducteur, là-dessus tout le monde est d'accord. On sait même son nom : Mazzeri. Il n'est pas étudiant en médecine mais sculpteur ou ingénieur aux Travaux Publics... en tout cas de profession si mal définie qu'on lui en trouve une autre... Il est au répertoire des lardus... déjà condamné pour vagabondage spécial, ce qui veut dire proxénétisme dans le langage judiciaire Belle Époque. Évidemment, il s'agit peut-être d'un homonyme, d'un autre Antonio que celui du bal. Avouez que c'est une jolie coïncidence!

Par la suite, ça se recoupe avec des propos de Bel Armand que j'avais crus sur le moment simples bobards inspirés par la rancœur. Il affirmait avoir connu un Napolitain ou un Sarde qui aurait maqué Marthe Richard. Vantardise peut-être mais ça cadre assez bien avec les renseignements de police et même avec ce qu'elle-même nous raconte dans son livre. Oh, elle ne nous le présente pas comme un souteneur même en puissance. Au contraire, c'est presque *Le Grand Meaulnes*. Elle en rajoute dans l'autre sens. *Trop*. Elle le fait revenir quelques années plus tard, on verra comment. Il en ressort tout de même que ce type la marque profondément. Souteneur ou *Grand Meaulnes*, il est incontestablement son premier, son grand amour. A quatre-vingts ans passés, elle en parle avec des larmes au fond de la voix.

Sculpteur, ça paraît sa couverture. Il se dit aussi anarchiste... sans doute pour se justifier s'il est repris de justice. Nous sommes à la grande époque des disciples de Bakounine, Kropotkine, Stirner, Proudhon, etc., les libertaires. Il en est de toutes sortes, des purs, des moins purs, des dingues et aussi des malfrats, parmi lesquels on trouvera Jules Bonnot qui va détourner quelques jeunes fous idéalistes vers le banditisme motorisé.

Si mes souvenirs sont exacts, Bel Armand avait connu cet Antonio Mazzeri, ce spécimen d'hareng rital, en Argentine pendant la Remonte. C'était devenu un *homme du voyage* qui avait pignon à lanterne sur rue à Buenos Aires ou peut-être à

Montevideo. Ce qu'il est devenu ? Nul ne le sait. On perd sa trace sur le continent sud-américain où l'on peut mourir de sa belle mort certes, mais aussi d'une lame entre les omoplates, d'une balle pas si perdue que ça... d'un bain forcé dans une rivière à piranhas.

Sur la période 1905, 1907... divers renseignements et surtout ceux de la police, laissent à penser que la petite Marthe se livre au plus vieux métier du monde pour le meilleur compte de cet Italien. Elle va finir par se faire argougner par le service de Santé de l'Armée. Elle aurait contaminé plusieurs militaires. On la soigne et on demande son inscription sur les contrôles de la prostitution... Ce qui fut fait et Marthe Betenfeld figure au fichier des filles soumises de Nancy avec le numéro 640. Ça, c'est de la précision, mais on n'en parlera plus jamais après la guerre de 14 lorsque Marthe sera devenue la Jeanne d'Arc des services secrets.

En 1945, durant les débats sur l'abolition de la tolérance, Marthe Richard va insister pour qu'on détruise les fichiers des filles en carte. Elle obtiendra gain de cause. On peut se demander si, dans ce cas précis, notre pourfendeuse de bordels ne fait pas se rejoindre l'utilité publique avec son intérêt personnel.

Après tout, va-t-on se dire, si Marthe Richard dans sa jeunesse a subi la férule d'un Julot, si les flics l'ont fichée, humiliée, etc., on voit bien pourquoi, quarante ans plus tard, elle va s'attaquer à la forteresse du proxénétisme et les raisons qu'elle a d'en vouloir à la Brigade des Mœurs dont elle va faire sauter le fichier des filles soumises. Tout du moins le croit-elle, mais ces messieurs de la Grande Maison gardent des doubles... l'enfance de l'Art.

En 45, elle se venge en quelque sorte, elle ne peut pas révéler son passé... l'air du temps n'est pas encore à *La Dérobade*. Le premier témoignage sur la question sera publié en 47 dans *Les Temps Modernes*, la revue de Jean-Paul Sartre. Et encore sans la signature de l'auteur. Seulement, en 1973, lorsque Marthe Richard répond à Pierre Déméron dans *Marie-Claire* et, lorsqu'elle publie sa biographie l'année suivante, là, elle pouvait vraiment tout dire, se déboutonner sans retenue. Ça n'aurait donné que plus de force à son récit sans ternir le moins du monde son action historique contre le système de la tolérance.

Effet de l'âge... elle reste accrochée à ses vieux, ses pieux mensonges. A noter, toutefois, que si elle a été la régulière du Rital Antonio, celui-ci ne l'avait pas mise en maison. Elle tapinait... elle était dans la rue... elle se tapait ses michetons probablement dans une chambre d'hôtel.

Ce détail a tout de même son importance puisque, après la loi de 46, toutes les filles vont se retrouver sur le trottoir, condamnées à faire leurs passes à l'hôtel. Les anti-abolitionnistes ont beau jeu de faire remarquer que la fille jetée dans la rue n'a rien gagné à la fermeture des claques. Dans la rue, on n'y est à l'abri ni du maque, ni des intempéries. Le patron de l'hôtel de passe encaisse le prix des chambres tout comme la taulière du *Grand 9*.

Revenons à cette époque 1905-1907. Il est donc question de soldats contaminés par la demoiselle Betenfeld. Le rapport ne dit pas s'ils ont attrapé la vérole ou la chtouille. Supposons que ce soit cette dernière, c'est moins grave et on en guérit même avant la pénicilline. Ça amène notre héroïne à faire deux séjours à l'hosto. Je peux même préciser les dates : du 11 janvier au 12 avril et du 26 juillet au 20 décembre 1906. Ce qui prouve que le dossier de Marthe a été conservé précieusement par un flic. Un rancunier qui n'arrivait pas à avaler la pilule de la Fermeture. Il est décédé lui aussi. Paix à son âme et amusons-nous à l'idée d'une rencontre avec celle de Marthe Richard au Purgatoire.

Ces deux séjours à l'hôpital correspondent à peu près au chapitre III de ses mémoires. Madame Betenfeld mère nous y est présentée comme une mégère horrible... une marâtre de démonstration. On a conduit Marthe devant un commissaire de police qui a convoqué les parents. Le père ne se dérange pas. Il est inexistant, le père... un zombie. La maman, sans aucune tendresse pour sa fille, demande au commissaire qu'on l'enferme au *Bon Pasteur*. Or, le *Bon Pasteur*, ça veut dire la maison de correction. La vingt et une, on appelait ça. C'était une sorte de prison, de bagne pour enfants, dont on ne sortait qu'à sa majorité, vingt et un ans à l'époque... les garçons pour faire leur service militaire aux Bat' d'Af'... et les filles, neuf fois sur dix, pour retourner au tapin.

Le commissaire de Nancy est bon enfant... il refuse d'envoyer Marthe au *Bon Pasteur*. Il trouve une sorte de demi-mesure... l'envoie quelque temps dans un asile. Elle raconte à Pierre Déméron qu'il s'agit purement et simplement d'un asile d'aliénés à Mazéville où elle fut placée comme bonne d'enfants. De quelle sorte d'enfants, elle ne le dit pas. Un an plus tard, dans son livre, il n'est plus question ni de fous, ni d'enfants. Elle dit asile sans plus et sans préciser où... Elle le décrit comme un lazaret tenu par des religieuses. S'il ne s'agit pas d'un hosto, on se demande pourquoi elle est bouclée là. Une mineure en fugue, reprise, la justice l'envoyait en Correction si elle avait commis quelques méfaits ou elle la rendait à sa famille. Or, Marthe affirme être enfermée dans un asile... un lieu sordide où elle est encore avec des putes, des filles enceintes et des droguées. Ce qui ne correspond à rien. Elle ne peut être qu'au *Bon Pasteur* ou à l'hôpital. Les méchants rapports de police semblent bien avoir raison. On la soigne chez les vénériens dans la section des filles publiques.

Elle va s'évader de ce pourrissoir grâce à une certaine Alice. Une belle fille, une bourgeoise qui se came à l'éther. Entre les deux femmes s'établit une complicité qu'elle n'explique pas très bien mais qui ressemble, entre les lignes, à une passion homosexuelle. Cette belle Alice trouve un subterfuge pour faire évader Marthe et lui glissera dans la fouille, à son insu, une enveloppe contenant un billet de cent francs. Beau cadeau en 1907, à peu près deux mois de salaire d'un ouvrier. C'est là qu'on peut se demander si Marthe et Alice ne se sont pas un peu brouté le minou dans leur cellule ? Quelques réflexions d'une bonne sœur qui s'étonne de voir Marthe sur le lit de sa compagne nous mettent sur cette voie. Rien de terrible après tout. On sait l'importance des amitiés particulières dans les collèges religieux de jeunes filles et tous les témoignages de tenancières ou de sous-maques rapportent que les putes avaient tendance à se gougnoter dans les bordels. Ça les reposait sans doute de la sordidité des rapports avec les clients.

Là, je m'aventure... je suppose et cette supposition n'a rien de réprobateur pour la mémoire de Mme Richard. D'ailleurs, je ne me place sur le plan d'aucune morale. Je suis fasciné par cette femme qui va passer son existence dans le mensonge. Elle me touche d'une certaine façon. Elle laisse, parfois à son insu, tomber le masque, dans son livre ou dans ses interviews... échapper *sa vérité profonde*. On devine que toute cette mythomanie est une façon pour elle d'échapper à la condition médiocre, grise, que ses origines lui faisaient une espèce de devoir d'accepter. Si elle a commencé à tapiner autour des casernes nancéiennes, maqué par un brocheton rital, elle a tout de même réussi le tour de force de s'échapper de la basse prostitution. C'est assez rare pour qu'on le mentionne. On sent aussi une blessure dans son cœur à propos de ses parents. Ils me font penser à ceux de *Poil de Carotte*. M. Lepic, pas méchant bougre, mais terrorisé par une femme incroyablement féroce. Jules Renard sublime son destin en devenant un grand écrivain. Marthe Richard, en devenant une aventurière, une fausse héroïne nationale, fait à un échelon au-dessous le même genre de reconversion.

Marthe, pour réussir ses différentes métamorphoses... son *destin de femme*, comme elle l'intitule... a besoin d'être dure. En la lisant, en étudiant ses agissements (aussi bien les vrais que ceux qu'elle invente), on la trouve souvent froide, calculatrice, impitoyable. Elle a beau nous conter des histoires édifiantes, démagogiques, dans un style bibliothèque de gare, elle n'arrive pas tout à fait à donner le change. Ce caractère (elle dira : « J'avais de la volonté... les Lorrains ont de la volonté. ») qui va la mener loin. Je pense qu'elle l'a hérité de sa peau de vache de mère et finalement ça ne lui a pas mal réussi.

A nous deux, Paris! Elle a compris d'instinct qu'elle ne gagnerait rien en restant en province. Dans toute cette affaire d'asile, de belle Alice et d'évasion, on ne sait plus ce que devient Antonio. Il a disparu de l'histoire en lousdoc. Il y reviendra aussi subitement qu'il en était parti.

Marthe Richard s'étend sur sa fuite de Nancy avec force détails *qui ne font pas vrai*. Les gens qui ont rédigé son livre sous sa dictée auraient dû l'empêcher de donner dans le suicide raté... cette noyade dans le canal de la Marne au Rhin qui ne s'inscrit dans aucune logique après cette évasion du faux asile d'on ne sait quoi. Ou alors elle a eu une faiblesse... très passagère, puisque par la suite elle ne perdra jamais les pédales.

Parvenue à Paris, elle tente de nous apitoyer avec l'image de la jeune fille pauvre mais honnête qui cherche du travail. Comme par enchantement... elle est tout de même reçue et hébergée par des amis nancéiens installés depuis peu dans la capitale. On lui trouve un petit boulot mal rémunéré, on se doute, chez une blanchisseuse et, très vite, elle va rencontrer M. Richer.

D'après les flics, les choses vont vite. Marthe séduit ce M. Richer en quelques regards faussement candides... une certaine façon de tortiller du popotin de la bonne manière pour un mandataire aux Halles, comme dans la chanson de Georges Brassens. Elle ne s'est pas trompée d'adresse, la fine mouche... en plus de son affaire aux Halles, il est propriétaire terrien, M. Richer. Près du Mans, il a un castel avec des hectares de bois et de blé, des serviteurs... des trophées de chasse dans le salon. Marthe le trouve vieux, il n'a pourtant que dix ans de plus qu'elle. C'est un beau barbu brun, comme on les aimait en ce temps-là jusqu'à ce que Landru vienne ternir l'image de marque de ce genre de séducteur.

Les ragots de police disent qu'en fait d'apprentissage dans une blanchisserie, Marthe a repris ses habitudes putassières en arrivant à Paris. Elle fréquente les restaurants et les cafés de nuit. Sans doute michetonne-t-elle, comme on dirait aujourd'hui, c'est-à-dire qu'elle accroche les hommes au petit bonheur, sans avoir un terrain de retape bien précis, ce qui lui évite de traîner un hareng dans son sillage.

Richer se prénomme Henri dans les textes de Marthe et Louis dans les rapports de police où il est présenté comme un noceur impénitent. Fatal qu'il rencontre Mlle Betenfeld. Elle raconte que c'est au Pavillon de la marée, en allant chercher du poisson pour les amis qui la logent. N'importe, mais il est permis d'imaginer que c'est dans un de ces cafés de nuit où elle cherchait fortune.

Voilà... elle l'a trouvé... le miracle... le conte de fées. Marthe Betenfeld deviendra en 1915 (le 13 avril, même jour que le décret de la Fermeture voté par l'Assemblée trente et un ans plus tard) Mme Richer... ce qui fera Richard, on verra pourquoi plus loin... 1915, c'est la date exacte, celle enregistrée à la mairie du XVIe arrondissement à Paris. Dans son *Destin de femme*, Marthe situe ce mariage une quinzaine de jours après la déclaration de la guerre... c'est-à-dire fin août 1914. Pour quelle raison donne-t-elle un renseignement faux ? On ne voit pas. Quant à la police, elle situe cette union en 1907... le 13 avril. Ça me permet tout de même de recueillir ses informations avec précaution. Néanmoins, on peut constater que tout ce qui touche à la biographie de Marthe Richard est toujours, dans les moindres détails, à double ou même à triple version.

Parlant de son futur, elle dira toujours M. Richer... Une marque de respect ? de distanciation ? Je ne sais... je constate. Son second mari, Thomas Crompton, elle l'appellera aussi monsieur dans ses mémoires.

Avec M. Richer, oh ! ce n'est pas le coup de foudre. Elle dit qu'il est massif, gentiment bourru, le visage rayonnant de bonté. Ce qui frappe surtout Marthe, c'est son fric... son opulence. Il a une voiture personnelle, chose rare à l'époque. Une De Dion. Et tout de suite il invite la jeune fille à faire un petit tour. Ce premier dimanche, la bagnole tombe en carafe. Marthe rentre en retard chez ses amis qui n'ont pas tellement l'air de croire à cette panne sèche. Nous non plus. Bref, en tout bien tout honneur, M. Richer revoit Marthe le dimanche suivant à déjeuner... etc., les grands restaurants... les promenades ! Marthe est éblouie, troublée sans plus, affirme-t-elle, par cet homme qui lui fait une cour discrète et *dont les prévenances remplaçaient l'affection de son père qui lui avait toujours manqué*.

Elle ne devient pas sa maîtresse... pas de ça, monsieur ! et pourtant cet homme aimable la met dans ses meubles... une chambre, pour commencer, rue Monsieur-le-Prince. Pour fêter la pendaison de cette crémaillère, on va au bord de la Marne boire du champagne. La pauvrette n'a jamais bu de ce qu'elle appelle *ce breuvage pernicieux*. On est dans un roman de Delly ou plutôt de Paul Bourget qui, était, avant 1914, l'auteur de chevet des jeunes filles du meilleur monde.

Mettez-vous à sa place, à ce M. Richer, après la location de la chambre, le dimanche à la campagne... il voudrait bien s'offrir une partie de jambes en l'air. Prochain rendez-vous pour le lendemain soir. Là... ça devient fabuleux. Marthe, tout à coup, nous ramène sur la page blanche son Rital, son bel Antonio. Elle n'en a plus reparlé depuis le soir de son premier bal et il lui écrit. Voilà... il passe par Paris le lendemain.

Marthe se lance alors dans un étonnant récit de voyage en Italie avec Antonio. Elle a largué M. Richer, sa De Dion, son visage rayonnant de bonté et elle file le parfait amour avec Antonio qui la trimballe en train à Milan, voir la cathédrale, les peintures de Raphaël, de Tiepolo et du Tintoret. Et le coquin n'a loué, lui, qu'une chambre à l'hôtel Terminus. Marthe se dit inquiète mais curieuse. « Entre les bras de M. Richer ai-je connu le véritable amour ? » se demande-t-elle alors que quelques pages auparavant elle nous laissait entendre qu'elle ne lui avait jamais cédé. Bref, elle se donne à Antonio... à *ses mains caressantes, ses doux baisers qui effacent la violence avec laquelle il me possède*. Joli, n'est-ce pas ?

Antonio fait à Marthe les promesses les plus folles. Ils vont à Venise se rouler des patins en gondole *qui glisse sur l'eau noire tandis que chante sous les étoiles une romance napolitaine*. Ça baigne !... On est dans une histoire d'amour comme on n'en fait plus. Seulement voilà... y a des lames de rasoir dans la salade... tout à coup, Antonio en a sa claque de ce voyage presque de noces en fiacre et en gondole... d'admirer les Titien et les Van Dyck... les peintures du Quattrocento... Florence, son musée des Offices... on rebrousse chemin de fer pour Nice. Et la triste réalité éclate... l'affreuse découverte... Antonio flambe ! Il claque son flouse au baccara... au trente et quarante... à la roulette... au poker... tout lui est bon. Il gagne quelquefois mais le plus souvent il rentre à côté de ses lattes. Du coup, Marthe reprend tout son amour. Rien ne va plus... Antonio a perdu trois mille louis, l'infâme, en une seule nuit. Pas d'hésitation... elle fait sa malle... ses cartons à chapeaux et elle se casse... direction Paris où « *il me faut bien reprendre contact avec M. Richer. Ainsi, dit-elle, finit mon premier amour* ».

Ça vaut le coup de tout lire pour peu qu'on se paye ça au deuxième degré. Tout à fait romantique avec je ne sais quoi de putassier, de bien les pieds sur terre qui se pointe au détour d'un paragraphe sucré.

Tout ça s'éclaire ou s'obscurcit lorsqu'on apprend, toujours par la bande, que Marthe Betenfeld a été en mars 1908 demander à la Police des Mœurs sa radiation des contrôles de la prostitution. Ceci pour obtenir un passeport. Elle a l'intention de se rendre en Italie. La radiation lui est refusée... ces vaches de flics trouvent, après enquête, qu'elle mène à Paris une vie aussi peu recommandable qu'à Nancy l'année précédente.

Voulait-elle en Italie retrouver son Antonio, le vrai, le Jules, le hareng? Ne sais. En tout cas, elle transpose... elle compense... et ça nous vaut ce chapitre, digne de *l'Astrée* d'Honoré d'Urfé, dans ses mémoires... ce merveilleux morceau de littérature où, en épilogue, on a droit à la mort du bel Antonio... oui, oui... Antonio qui se met en l'air... qui se suicide! Il a écrit, supplié la belle Marthe de revenir. Elle n'a pas daigné lui répondre. Alors, n'est-ce pas, il n'y a plus qu'une solution... il a pris son revolver et il s'est fait sauter le caisson!

Si Armand ne m'avait pas affirmé avoir connu cet aimable Rital en Argentine, je me serais plu à l'imaginer victime d'un règlement de comptes napolitain. Ça paraît plus conforme à ce genre de zèbre que ce numéro final des souffrances du jeune Werther.

L'épisode suivant est peut-être le plus noble et le plus vrai. Les flics, on ne peut plus malveillants à l'endroit de Marthe Richard, vont dire eux-mêmes que sa vie se déroule sans incident notable jusqu'en 1913. Ça prouve indubitablement qu'elle s'est rangée. A son retour d'Italie, *si voyage en Italie il y a*, M. Richer l'attend, les bras remplis de fleurs. Sans l'ombre d'une rancune. Faut-il qu'il en soit fou de sa Marthe, le mandataire aux Halles! C'est énorme, mais tout à fait plausible. Connaissant Marthe... son caractère, son habileté... considérant son portrait, ses photographies, lorsqu'elle avait vingt ou vingt-cinq ans, elle avait tout ce qu'il fallait pour ensorceler ce barbu élevé à Sainte-Croix de Nantes en vue de devenir ecclésiastique. Il a tout compris, il n'a pas besoin d'explications mais il a tout pardonné. Il s'en fout, il aime cette fille, elle le fait goder, elle est là, elle est revenue, c'est l'essentiel! Pour plus de sûreté, il l'emmène vivre dans son manoir à Joué-en-Charme près du Mans. Je vous rappelle que c'est l'héroïne qui raconte ça... on revient dans le roman presque à l'eau de mélisse. Henri Richer ne peut rien refuser à sa belle maîtresse. Il la promène dans ses jardins à la française... avec sa barbe, on dirait Landru en pleine préméditation meurtrière. Il lui cueille des roses, elle se remet peu à peu de ses émotions italiennes dans un hamac, elle apprend à monter à cheval. Ça rebaigne dans l'huile, n'étaient les domestiques du castel qui la toisent, la traitent en petite amie du patron... pourquoi pas en pute pendant qu'ils y sont, ces manants?

Deux années passent... au rythme des saisons... parapluie... ombrelle... escarpolette... dada... les cygnes sur le lac... les hirondelles qui arrivent, repartent, etc. De temps en temps, Marthe a des velléités de faire une incursion à Paris. M. Richer s'y oppose... il doit se méfier, cézig, des Ritals qui traînent les Halles. Et puis son divorce est prononcé. La narratrice avait omis jusque-là de nous préciser qu'il était marié, le vilain. Maintenant, il lui propose de l'épouser. Son devoir, il n'y faillira pas. Bizarrement, elle refuse. Elle a le temps de se marier, elle veut rester libre. M. Richer a bien du chagrin mais il reste *bon*... ce qui doit vouloir dire qu'il en croque à mort... que sa passion pour Marthe ne faiblit pas. Elle ne nous conte pas leurs nuits d'amour, mais si je me fie à la version policière de sa biographie, elle a dû apprendre pas mal de petites choses coquines à Nancy... elle a comme un don... elle connaît le cochon qui sommeille au cœur des hommes... elle sait le réveiller, ce dégueulasse. En ces temps d'avant les déluges guerriers de 14-18 et de 39-45, on s'affectionne de l'épiderme comme de nos jours, on fait toutes les galipettes érotiques imaginables, mais on n'en parle pas... ou alors avec des sous-entendus, des métaphores, des petits sourires... des gloussements, des paupières baissées. Il s'agit encore d'un gros péché... la luxure! Ça se respecte un péché, ça se murmure au confessionnal. Dans ce domaine, Marthe Richard est bien de son époque... elle le restera lorsqu'elle écrit ses aventures en 1974. Elle nous enveloppe encore les choses, elle tait ce qui ne lui semble pas nécessaire. A présent on cause, on cause... on se déboutonne le froc, les romancières se troussent devant le lecteur. Au diable ce que les contemporains de Marthe appelaient la sensualité!... Les dames ne s'abandonnent plus, elles se font tirer... elles ne montent plus au septième ciel, elles ont leurs orgasmes et elles les comptent. C'est en étudiant le langage qu'on mesure les transformations apportées dans les mœurs, peut-être à cause de la Fermeture.

En tout cas, Henri ou Louis Richer que les flics disaient noceur s'est calmé. Il est constamment au manoir... on se demande d'ailleurs comment il s'occupe de ses poissons aux Halles. A-t-il vraiment dès 1908 proposé le mariage à Marthe? Ça me paraît un peu douteux que dans ce cas elle ait refusé. Dans sa situation que pouvait-elle espérer de mieux? Les raisons qu'elle donne de son refus ne semblent pas convaincantes.

Nous parvenons en 1912 et ça va être la période dont Marthe Richard restera la plus fière... Sur la fin de sa vie, elle n'aimera pas trop qu'on évoque son rôle dans la croisade contre les maisons closes, elle soulignera même que la loi du 13 avril devrait être attribuée à un certain Dominjon qui l'a fait voter, qu'elle n'était alors que Conseillère municipale et qu'on *oublie trop son passé d'aviatrice et d'espionne.*

Espionne, on va s'y intéresser plus loin, ça reste le passage à la fois le plus trouble et le plus burlesque. Aviatrice, il semble bien qu'elle le fut vraiment. Comme preuve, on a surtout des photographies... mais peut-on imaginer qu'elle ait eu l'idée de frimer pour la postérité en combinaison de pilote au cours d'un meeting à Nantes en juillet 1913? Elle dit avoir passé son brevet en juin de la même année. Impossible de vérifier, disent les flics. Je suppose qu'ils n'y ont pas mis beaucoup de zèle. Ça me sort trop de mon sujet pour que j'aille enquêter là-dessus.

La vocation pour les aéroplanes... sa passion... lui est venue en allant voir les frères Wright au Mans où ils venaient faire des essais. Par la même occase, ils ont fait un jour prendre le baptême de l'air au sénateur Paul Doumer... « *Quelle agréable sensation de quitter ainsi nos activités quotidiennes* », a dit le futur président de la République en revenant sur terre.

Marthe est enthousiaste... littéralement en extase. Depuis le premier meeting auquel elle a assisté, elle ne pense qu'à l'aviation. Elle dévore toutes les revues, les journaux spécialisés. Ce sont les débuts de la conquête de l'air et la jeunesse se passionne pour les exploits de Farman, Blériot, Geo Chavez. Le brave M. Richer, qui comprend décidément tout, offre à Marthe son baptême de l'air... Ensuite, on la voit partout où on vole, à Orly, Villacoublay, Issy-les-Moulineaux, et elle finit par prendre des leçons de pilotage sur un biplan Astra. Elle doit être douée car elle décroche son brevet de pilote en deux mois. Là, on comprend mal l'acharnement de ses ennemis. Qu'elle ait été pute et qu'elle soit une truqueuse innée, n'empêchent pas qu'elle puisse parallèlement être aviatrice.

Il est vraiment à l'aise, ce M. Richer... cousu d'or et très épris de sa maîtresse, il va lui offrir un avion personnel. Un Caudron biplan... le G 3... 60 CV Gnome et Rhône. Pour qu'elle puisse s'adonner à son sport de choc... extrêmement dangereux à l'époque, il loue même une villa à Chaville afin qu'elle soit le plus près possible du terrain de Villacoublay. On ne peut guère donner de plus belles preuves d'amour... de générosité.

Ça serait le bonheur sans faille, mais M. Richer tout à coup a des ennuis de fortune. Il a dû donner beaucoup de fric à sa première femme au moment du divorce et Marthe reconnaît qu'il s'est un peu ruiné pour ses beaux yeux et sa passion aéronautique... Il y a mieux ou pis, selon le point de vue où l'on se place. Les rapports de police disent d'Henri Richer, le noceur, qu'il s'est un peu compromis dans des affaires pour le moins glandilleuses. D'après Marthe, il a été la proie d'une bande d'aigrefins... il s'est laissé embarquer dans un tas de combinaisons louches. Le mot escroquerie est prononcé à son endroit. Il est question de bilans truqués, de falsifications... billets de fond, de contrats bidon passés avec des patrons de chalutiers... N'oublions pas que M. Richer fait dans le poiscaille aux Halles. Ça serait trop compliqué, trop long à disséquer... toujours est-il que le brave M. Richer s'en tire de justesse en y laissant une grande partie de sa fortune. Marthe, qui découvre le pot aux roses entre deux loopings aux commandes de son Caudron (elle dit qu'on la surnomme alors *Feuille morte* en raison de ses acrobaties aériennes), n'écoute que son cœur généreux et elle décide d'aider son amant en participant à des meetings d'aviation rémunérés. Elle est en elle-même une attraction, puisqu'il n'y a en France que cinq femmes brevetées et qu'elle est la seule à posséder son propre coucou.

Elle se produit alors un peu partout en France, en Suisse ou en Belgique avec ces merveilleux fous dans leurs drôles de machines... les as des as qui font rêver toute la jeunesse... Santos-Dumont, Védrines, Gabriel Voisin, Louis Blériot... Et ce qui devait arriver arrive... elle se plante, s'écrase avec son Caudron à La Roche-Bernard. Dieu qui l'avait élue pour détruire les maisons de la luxure veillait sur Marthe. Éjectée de son siège, elle s'en tire miraculeusement, avec des fractures multiples, une péritonite et une paralysie faciale. Elle devrait être réduite à la ramasse sur un fauteuil roulant pour le restant de ses jours. Second miracle, toutes ses blessures ne lui laisseront aucunes séquelles apparentes. Elle répondra à Pierre Démeron, lorsqu'il lui demandera insidieusement si ses rapports intimes avec le baron Von Krohn quand elle était espionne n'étaient pas trop *pénibles*, qu'elle était devenue presque infirme de *ce côté-là* depuis un grave accident d'avion. Elle ne précise pas ce qu'elle entend par là... douleurs, infirmité sexuelle... on ne sait quelle sorte de blessure a pu la rendre frigide. Ça donnerait à croire que cette sorte d'infirmité intime a pu jouer un rôle pour la rendre championne de vertu en 1945.

En tout cas, elle se remet assez vite sur pattes puisque ce terrible accident a lieu le 31 août 1913 et qu'elle est de nouveau sur les pistes de vol en février 1914. Omission dans son livre, elle ne dit plus s'être attaquée au record féminin de la distance Le Crotoy-Zurich en aéroplane. Ailleurs, dans des articles, au cours de conférences, elle s'en vante... elle a eu la première un titre de recordwoman. Là, pourtant, il y a un os... l'avion était piloté par un certain Poulet, Marthe n'était que passagère. Diverses pannes en cours de route... des avaries de moteur et l'affaire tourna court. Le zinc fut démonté et il parvint à Zurich sur une plate-forme de chemin de fer. C'est donc le flagrant délit de mensonge. Pas bien grave, une tartarinade... Marthe n'a jamais battu le record Le Crotoy-Zurich. Elle s'en est glorifiée un certain temps puis elle a fait machine arrière, elle a gommé le prétendu exploit de sa biographie. Tout ça relève de la fantaisie, d'une aimable mythomanie sans plus.

Que devient Henri pendant ce temps-là... ce bon M. Richer? Il a dû se refaire la cerise puisqu'il a acheté à la veille de la guerre une nouvelle voiture. Lorsque Marthe était sur son lit de douleur à l'hosto, il est venu et il l'a aidée. Il a même eu l'idée touchante d'aller chercher la mama! Mme Betenfeld elle-même, l'affreuse salope qui voulait envoyer Marthe en maison de correction. Elle arrive au chevet de sa fifille et cette cloporte se métamorphose en douce coccinelle, en gentille libellule... D'émotion, elle a des larmes qui coulent le long de ses bonnes grosses joues. Bouleversantes retrouvailles... édifiant tableau de genre qui ne tient compte d'aucune vraisemblance psychologique, eu égard à ce qu'elle nous a raconté plus haut.

Tango argentin... la matchiche... Maxim's... l'insouciante Mlle Betenfeld, en robe de chez Poiret avec une aigrette dans les cheveux, danse, sable le champagne... déguste distraitement du caviar et du foie gras truffé tandis que les nuages s'amoncellent sur l'Europe! Sarajevo... l'archiduc François-Ferdinand revolvérisé... l'engrenage fatidique... et les Teutons qui se mettent en branle pour égorger et violer nos compagnes. Marthe, au temps de sa gloire d'espionne au service de la France, affirmera que sa soif de vengeance contre les Allemands, son désir de leur faire le plus de mal possible lui sont venus lorsqu'elle a appris que les Uhlans avaient fusillé son papa inexistant et sa maman dégueulasse revenue à de meilleurs sentiments maternels. Tout à fait clair... logique... on en aurait tous gros sur la patate à la place de cette pauvre Marthe.

Dans le film tiré de son livre, *Ma vie d'espionne*, Raymond Bernard va en rajouter... Marthe est présente dans la maison familiale à Wattignies, rajeunie en fillette, lorsque les envahisseurs arrivent. Elle réussit à s'enfuir en chemise à travers les bois pour échapper à la soldatesque allemande qui ne manquerait pas de lui outrager le derrière avant de l'achever à coups de Mauser.

Affabulation encore... sans doute pour améliorer le récit, motiver sa vocation d'espionne. En réalité, ses parents n'ont pas été le moins du monde inquiétés par les soudards du Kaiser. Ils sont morts beaucoup plus tard, dans leur lit. D'ailleurs Marthe Richard, dans son dernier ouvrage, a renoncé à cette fiction. En 1974, les Uhlans flingueurs ne font pas plus recette que le Pétomane ou la Femme à barbe... les lecteurs de la collection *Vécu* n'ont pas besoin de ce genre d'anecdote fleurant les vieilleries patriotiques pour s'intéresser au fabuleux destin de Marthe Richard.

Revenant donc à plus de vraisemblance... M. Richer est mobilisé dans l'Intendance dès le début de la guerre. Cette fois, il insiste tellement que Marthe accepte de l'épouser avant qu'il aille affronter nos ennemis héréditaires. S'il lui arrive de se faire étendre, il mourra tranquille, la femme de sa vie sera à l'abri du besoin.

La mobilisation permettant de supprimer les délais de trois semaines pour la publication des bans, on fonce devant M. le maire et on dîne une dernière fois chez Maxim's.

Parfait, mais nous ne sommes qu'en août 1914 et à la mairie du XVIe le mariage de M. Richer n'est inscrit que le 13 avril 1915. Anomalie ? ou version plus attendrissante aux yeux de Marthe, que ce mariage à la veille du cataclysme ?... N'importe, Marthe n'est pas à une date près... elle devient Mme Richer et sitôt son mari parti rejoindre son régiment au Mans, où il est ambulancier auprès des Anglais (une page auparavant, il était dans l'Intendance), elle se met en devoir de se rendre utile. De *Servir*.

Contrairement à ce qu'on pourrait croire, ce n'est pas si facile en 1914 de faire quelque chose d'utile pour la France meurtrie. Marthe Richer se débat contre l'incurie, contre les bureaux poussiéreux, contre les hommes qui n'aiment pas voir les femmes se mêler de la guerre. On est dans une ambiance d'infirmières volontaires, d'arrière-front, d'automobiles De Dion Bouton... qui rappelle *Thomas l'Imposteur* de Jean Cocteau.

Et, bien entendu, on se gausse des talents aéronautiques de Marthe... de son record Crotoy-Zurich, de son offre de mise à la disposition du ministère de la Guerre d'une *Union Patriotique des Aviatrices de France* dont elle est la secrétaire générale.

Elles ne sont que sept pilotes dans cette Union et la Convention de La Haye ne considère pas les femmes comme des belligérantes. On lui claque la porte au nez. Le machisme ou phallocratisme est roi. Il faudra attendre près de soixante-dix ans pour que les femmes puissent être gendarmes ou artilleuses.

Marthe ne se décourage pourtant pas. On la vire par la porte, elle revient par la fenêtre... elle attend dans les couloirs... harponne les officiers dans les escaliers... elle finit même par se rendre suspecte à force de hanter les bureaux du ministère et des États-Majors. Les services de sécurité se mettent à s'intéresser à cette lancinante gonzesse, à fouiller son passé... et, là, nous entrons dans une phase critique... glandilleuse... controversée! Apparaît le capitaine Ladoux du Cinquième Bureau. On pénètre alors dans l'univers insolite et grotesque des *Services secrets* où Marthe Richer, plus tard Richard, va se tailler un rôle haut en couleur.

Nous avons plusieurs versions de ses activités d'espionnage... celle de *Mon Destin de femme*, celle de *Ma Vie d'espionne* 1935 et celle du commandant Ladoux, auteur de *Marthe Richard, espionne au service de la France* en 1932. Ce n'est d'ailleurs qu'à cette date que Marthe va apparaître sur la scène publique, auréolée de ses exploits de la Grande Guerre.

En outre, il y a aussi le rapport de la police. Il se résume en quelques lignes. *Les missions relatées par Mme Richer sont presque intégralement sorties de son imagination.*

Peut-être, mais il n'empêche que le commandant Ladoux a accrédité un magnifique roman d'espionnage. Pour quelle raison?... Nous essaierons d'y voir clair un peu plus loin. Il commence donc par faire surveiller cette jolie personne qui en fait un peu trop. Les services de renseignements étaient assez rudimentaires en 1915, mais pour connaître le passé de Mme Richer, ça ne présente pas trop de difficultés. Ce qui intéresse surtout le capitaine Ladoux, c'est de savoir si cette dame ne travaille pas pour les Allemands. Pourquoi pas après tout... Rien n'a étayé cette thèse, mais dès qu'on met le doigt dans l'engrenage des services secrets, tout est possible. C'est ce même capitaine Ladoux qui va s'occuper de Mata-Hari pour l'amener devant le peloton d'exécution. Mata-Hari est un peu plus âgée que Marthe. Quand on la fusille en 1917, elle a quarante ans. Les chroniqueurs de la Belle Époque se plaisent à nous la peindre sous des traits charmants... ses danses sacrées hindoues ont, paraît-il, ensorcelé bien des hommes. Mais, ça, c'était en 1905... en 1916, d'après Bouchardon, son juge d'instruction, elle est *hideuse, lippue, cuivrée.* Il ne lui trouve aucune beauté et peu d'intelligence. Au Deuxième Bureau, on dira aussi que Marthe Richard est inintelligente mais *culottée.*

En tout cas, elle a l'avantage sur la fausse danseuse orientale d'être plus jeune et plus jolie. Sur ses rapports avec le capitaine, puis commandant Ladoux, on ne sait trop rien. Marthe le présente comme son chef hiérarchique, un point c'est tout. Sur les photographies, il n'a rien du bel officier tel que l'incarnaient dans les films d'avant-guerre Charles Boyer, Victor Francen ou Pierre Fresnay. Un pépère bedonnant avec des moustaches ridicules et des petites lunettes de vieux prof. Je ne pense pas que Marthe attache tellement d'importance au physique d'un homme qui peut lui servir. A moins que Ladoux ait pour principe de ne jamais mélanger la fesse et le travail, on ne voit pas pourquoi il se serait privé des gâteries intimes que pouvait lui prodiguer la belle, et peut-être joyeuse, veuve.

Oui... je ne vous ai pas encore dit... annoncé en temps voulu la mort glorieuse de ce pauvre Henri ou Louis Richer sur le front. Tout va vite et se bouscule, nous sommes déjà en 1916. Il n'a pas pu garder sa planque chez les Anglais au Mans... la guerre dévore les hommes et on l'a envoyé en première ligne au casse-pipe. Il va faire partie de ces centaines de milliers de héros dont on ne lit plus beaucoup les noms sur les monuments aux morts de nos villages.

Chagrin immense, mais il me semble assez hâtif, de Marthe. Ça se chevauche, son veuvage, avec l'époque où elle va connaître le capitaine Ladoux... qui écrira, à ce sujet dans son livre, qu'après l'annonce de la mort de son mari, « *elle avait le même ton et le même air insouciant que lors de notre première rencontre. Je savais qu'elle avait aimé son mari, sans doute comme elle pouvait aimer...* ». Il a jaugé, jugé sa Marthe, le capitaine Ladoux... sans doute est-il un profond connaisseur du cœur humain.

Selon elle, tout débute non par les soupçons de Ladoux qui finira par la convoquer, mais par une rencontre sur les boulevards avec un nommé Zozo. Souvent, par la suite, bien des choses commenceront de la sorte dans l'existence de Marthe Richard... par des rencontres fortuites et presque toujours sur les boulevards.

Le Zozo en question est un Russe qu'elle a connu au cours de ses meetings aériens. Il est en uniforme de sergent aviateur. Son vrai blase, c'est Davrichewy, il travaille au contre-espionnage pour le capitaine Ladoux. On va le rencontrer également sous le pseudonyme de Jean Violan. Sa rencontre avec Marthe n'est pas fortuite... elle est surveillée depuis quelque temps.

Curieux personnage ce Zozo... Jean Violan... Davrichewy... il est né en 1882 en Géorgie comme Joseph Staline. Marthe, qui va devenir sa maîtresse, le dépeint sous des couleurs attrayantes, il est très amusant... a beaucoup de faconde.. toujours fauché parce que généreux... quelque peu mythomane. Il aurait participé à la révolution de 1905 et il s'est enfui de Russie pour échapper à la répression tsariste. Si cela est vrai, on peut se poser quelques questions. Comment a-t-il été recruté par le Deuxième puis le Cinquième Bureau ? A-t-il encore des liens avec les Bolcheviques ?... Il paraît pour le moins étrange qu'il soit dans un service de contre-espionnage français alors que nous sommes alliés de la Russie tsariste d'où il a été chassé. En 1917, lorsque Lénine aura pris le pouvoir, ce Davrichewy reste en place au Deuxième Bureau... On va le rencontrer longtemps sur le parcours de Marthe Richard. Les uns et les autres le citent, mais personne ne s'arrête pour le regarder un peu à la loupe.

Il nous donnera plus tard ses impressions au moment de leur rencontre dans un livre intitulé *Dans l'air et dans la boue*. Visible qu'elle lui a tapé dans l'œil. Il n'en est pas encore revenu dix ou quinze ans après. Marthe, elle, reste discrète sur ses relations avec Zozo, elle le traite dans ses récits en bon camarade... mais enfin, lui, il ne peut s'empêcher d'écrire ce passage révélateur :

« Caresser une jolie femme, ses épaules, sa poitrine qui sera peut-être grâce à vous, un matin glacial, percée de douze balles

dans le fossé de Vincennes. Plaisanter, la distraire, la faire danser, mentir, jouer la comédie pour faire sourire de confiance cette bouche rose aux si jolies dents, l'aimer, l'observer en même temps, la haïr et après l'envoyer à la mort. »

« *Est-ce qu'on peut résister, à la fin, à ce drame enfoui dans votre cœur, au désir instinctif et inexplicable des hommes de céder à un sentiment vrai d'amour pour celle que vous poussez, sur ordre de votre esprit froid, devant le peloton d'exécution ?* »

« *J'ai fouillé, honteux et les mains tremblantes, ses affaires et sa correspondance, j'ai fouillé son cœur, toutes ses connaissances, je suis devenu fourbe, jaloux et méprisable.* »

« *Cela par engagement volontaire, par amour pour la France !* »

« *Cela dura deux mois, deux mois de martyre et d'amour sadique.* »

« *Je ne trouvai rien, rien de compromettant... Et si, par malheur, j'avais découvert quelque chose, un indice, une certitude, j'avais, au fond de moi, décidé de la tuer moi-même, pour lui éviter le poteau de Vincennes.* »

Fermez le ban! Il met le paquet, Zozo Davrichewy. Bien sûr, pour apprécier ce genre de littérature, il faut se replacer, essayer de se remettre dans l'ambiance, l'air de ces temps à des années-lumière de notre France laxiste et multiraciale.

On ne sait pas, en définitive, pour qui il travaille mais il donne bien le change. Ce qui ressort tout de même de ce texte, c'est qu'il en pince sévère pour Marthe et qu'ils échangent leurs sécrétions intimes. Au moment de ces retrouvailles sur les Boulevards, Marthe n'est pas encore veuve, mais elle nous fait comprendre, entre les lignes, qu'elle mène l'existence qui lui convient et que le bon M. Richer est tout à fait complaisant. Il l'a montré lors du retour d'Italie de sa bien-aimée. Plutôt que de la perdre, il accepte tout.

Le texte de Zozo Davrichewy est sans ambiguïté quant aux soupçons des services secrets au sujet de Mme Richer. Qu'elle puisse travailler pour les Allemands paraissait au capitaine Ladoux tout à fait plausible. Zozo ne trouve rien qui puisse l'envoyer devant un peloton d'exécution. C'est ce qu'il dit, mais puisqu'on est dans les magouilles d'espionnage, on peut tout supposer... que Marthe, au service des Fritz, ait été retournée par Zozo dans le double but de la sauver tout en l'utilisant désormais au Cinquième Bureau. Maintenant, si ce Davrichewy est un agent des Bolcheviques, il peut faire jouer à sa maîtresse une partie encore plus subtile.

Dernière supposition... Marthe nous dit la vérité, elle cherchait simplement à s'engager dans une action quelconque et elle est victime de l'espionnite qui sévissait en France au cours de ces années de guerre. On jugeait promptement les suspects et on les envoyait facilement au poteau sans crise de conscience. Combien d'innocents sont morts de la sorte? Cinquante pour cent des fusillés n'avaient sans doute pas grand-chose à se reprocher. Ça amusait la galerie... je veux dire le bon peuple qui payait le prix fort pendant les offensives de Joffre ou de Nivelle... on lui lançait les cadavres des traîtres ou prétendus tels pour le consoler.

Ce qui semblait tout de même louche aux gens du contre-espionnage, c'est que Marthe Betenfeld fréquentait Almereyda et l'équipe du *Bonnet Rouge.* Des anars pacifistes, c'est-à-dire, pour l'époque, des gens qui font le jeu de l'Allemagne. Almereyda, le père du cinéaste Jean Vigo, finira pendu dans une cellule de Fresnes en 1917.

Marthe Richard ne dit pas pourquoi elle fréquentait les journalistes du *Bonnet Rouge...* où les avait-elle connus? Ça nous intéresserait pourtant et, bizarrement, Zozo Davrichewy n'insiste pas sur cette question. D'une certaine façon, ces pacifistes font, plus encore que le jeu de l'Allemagne, celui des marxistes qui vont bientôt faire la révolution en Russie. Ça expliquerait alors pourquoi Zozo élude le problème et refile Marthe au capitaine Ladoux. Celui-ci la convoque et la cuisine plusieurs fois. Elle lui fait grande impression. Ça, c'est ce qu'il écrit en 1932 dans son livre publié aux éditions du Masque. Entre-temps, il a eu quelques déboires. Compromis avec l'escroc international Bolo Pacha, on l'a accusé de trahison. Or, Bolo Pacha est dans la même mouvance qu'Almereyda et le *Bonnet Rouge.* Simple coïncidence... mais ça vaut le coup de le signaler. On l'a mis au trou et puis il a été acquitté au bénéfice du doute. Il a besoin de redorer son blason et, pour ce, il va écrire *Marthe Richard au service de la France...* une fiction d'amour et d'espionnage qu'il donnera pour authentique avec sa caution de chef des services de renseignements pendant la guerre de 14. Et ce sera le succès... une sorte de best-seller avant qu'on emploie ce vocable. Marthe, bien sûr, va donner le change et deviendra, *grâce à ce livre,* l'héroïne nationale que l'on sait.

On y reviendra le moment voulu, mais comment lire cet ouvrage sans marcher sur des œufs... Ladoux a tout intérêt à donner de son héroïne un portrait plus que flatteur. Il y va bonne mesure. On l'a surnommée *l'Alouette* dans le service... « *pseudonyme si familier aux oreilles gauloises* » (dixit Ladoux). Dans le genre littérature patriotique, on peut difficilement faire mieux.

« *Impassible et passionnée, sûre de soi, l'Alouette s'envolait sans regarder en arrière vers cette ligne indécise du front de la guerre secrète où grouille, sourde et acharnée, l'effarante mêlée des sentiments humains exaspérés par la lutte, les plus bas comme aussi les plus nobles, depuis l'atroce trahison jusqu'au sublime sacrifice de la vie pour son pays, avec la mort sans gloire.* »

Ça date de 1932, ce genre de style... il nous aide peut-être à comprendre ce que Louis-Ferdinand Céline nous a apporté de neuf la même année avec son *Voyage au bout de la nuit.*

Sans trop se prendre les panards dans tous ces récits... ceux de Marthe, ceux de Zozo Davrichewy, ceux du capitaine devenu commandant Ladoux, on arrive à glaner par-ci par-là des petits éléments significatifs... qui, bout à bout, arrivent à donner un portrait sans doute assez juste de notre héroïne. Par exemple, Ladoux écrit qu'elle est difficile à saisir... c'est le moins qu'on puisse dire, même en 1985. « *Elle provoque dans son entourage des réactions aussi nettes et aussi contraires.* » En résumé, certains la prennent pour une femme admirable à l'âme enveloppée de noblesse et d'autres la tiennent pour une fieffée salope, capable de toutes les infamies.

Une petite question en passant... pourquoi cette madame veuve Richer née Betenfeld va-t-elle devenir Richard... Marthe Richard devant l'Histoire ? Elle, elle va affirmer que ce sont les

Allemands qui l'ont nommée ainsi... Agent S 32 Marthe Richard. C'est tout de même bien près de son vrai nom pour un sobriquet d'espionne. L'explication est beaucoup plus simple. En 1932, dans la plupart des grandes villes, existait encore la fameuse pompe à merde dont on ne parle plus que dans les chansons de corps de garde. Et le patron, celui qui avait le monopole de ces pompes, s'appelait Richer lui aussi, un homonyme du mari de Marthe.

Ici, on touche aux questions de rentabilité dans l'édition. Le directeur du *Masque* s'est dit, avec juste raison, que le nom de Richer ne ferait pas sérieux, que ça allait inspirer aux loustics, aux chansonniers, aux étudiants, des vilaines plaisanteries. Alors, tout simple, on a modifié un peu le blase... Richer est devenu Richard... ça sonnait mieux et on peut se demander si Marthe eût fait une aussi belle carrière en gardant le nom de son premier époux. Un peu comme si Hitler s'était appelé Schickelgruber, du nom de son papa Aloïs le douanier, ou si Staline avait conservé pour sa vie publique son patronyme Vissarionovitch Djougatchvili. Ça tient un peu de la magie... Landru a moins tué de monde que Petiot mais son nom reste mieux gravé dans les mémoires.

Le commandant Ladoux, tout en nous débitant des fadaises patriotardes, note cependant que son *Alouette* est froide, un peu cinglante dans le dialogue, qu'elle a l'air de maîtriser ses réflexes au point qu'on la croirait privée d'appareil circulatoire et de système nerveux. Phénoménal sang-froid, conclut-il.

Sur son physique, il ne s'étend pas – en tout cas pas sur le papier – il fait juste une comparaison avec Mata-Hari et ce n'est pas en faveur de cette dernière dont il regrette l'exécution. « *Sa vie nous eût été plus utile que sa fin tragique.* » Raisonnant de la sorte, on peut se demander s'il n'a pas repêché la belle Marthe, la jugeant plus utile vivante que morte.

L'impression qu'on retire de ces différents textes sur les services de renseignements français pendant la Grande Guerre, c'est qu'ils étaient réduits à la portion congrue... tout à fait minables. Des crédits inexistants, des locaux poussiéreux, pas de chauffage l'hiver... de la paperasserie... des officiers ronds-de-cuir... des méthodes de boy-scout... la pagaille... enfin des choses bien de chez nous!... De l'autre côté du Rhin, au contraire... l'hygiène, la discipline germanique... l'organisation, etc. Nos frontières, dit Ladoux, étaient trouées comme des écumoires. Les espions allemands, bien rémunérés, s'infiltraient de partout tandis que les nôtres se glandaient sans objectif précis dans les pays neutres... sans avoir de quoi régler leur note d'hôtel. C'est dire s'ils étaient à la merci du plus offrant, si l'on pouvait les retourner comme des crêpes! Marthe, pour s'en sortir, ira flamber au casino de Saint-Sébastien. Fort heureusement, elle dit avoir gagné. On se demande ce qu'elle aurait fait si elle avait perdu.

L'Alouette dans *Ma Vie d'espionne* consacre tout un chapitre à une première mission en Suède. Il n'est pas fait mention de ce voyage dans le livre du commandant Ladoux et en 1974 Marthe Richard n'en parle plus dans *Mon Destin de femme.*

Faisons l'impasse sur la mission en Suède où elle racontait pourtant une histoire d'amitié assez particulière avec une blonde Teutonne nommée Gerda. De toute façon, l'affaire se soldait par un échec retentissant. Expédiée à Stockholm afin de se faire embaucher comme espionne par les Allemands, ceux-ci bien rencardés sur ses intentions la faisaient expulser par les autorités suédoises. L'épisode est sans doute vrai puisque la police française a noté ce voyage sur ses tablettes.

Pour le commandant Ladoux se posaient certainement des problèmes de composition, de structure de son livre... de faiseur de best-seller. Il a purement et simplement sucré le chapitre suédois qui devait faire longueur et, lui, il nous l'envoie directement en Espagne son *Alouette*. Pour devenir d'abord une espionne allemande. Les choses sérieuses, en matière d'espionnage de 14-18, se passent au pays des castagnettes. Marthe hésite un peu, l'expérience suédoise l'a échaudée, mais elle finit par dire oui. Elle veut venger M. Richer... ses parents... qui n'ont pas été fusillés, mais n'empêche... Et il y a la France, la revanche... le sort de nos soldats qui souffrent et meurent sur les champs de bataille de Verdun... de la Somme... du Chemin des Dames.

Ce qui nous donne encore un aperçu de la mistouille dans laquelle barbotent nos services secrets... Marthe ne reçoit que huit cents francs pour partir en Espagne. « Une fois sur place, lui dit le capitaine Ladoux, débrouillez-vous avec l'argent que vous donneront les Boches. » Et il agrémente ses propos avec des menaces... qu'une fois en piste, notre mignonne ne pourra plus reculer... sinon...

– La Caponnière, ajoute Marthe en riant.

C'est-à-dire les fossés de Vincennes où chaque jour on attache au poteau les traîtres.

On a peine à croire tout ça... et pourtant dans ce domaine les différents textes sont d'accord. C'est la misère au Cinquième Bureau... On a recours aux vieilles méthodes artisanales pour communiquer. A l'encre sympathique, par exemple, qui s'obtient avec un cachet d'aspirine fondu dans un verre d'eau et, pour la révéler, un coup de fer à repasser bien chaud sur le message. Imaginer que les Fritz ne puissent pas se gourer d'une pareille combine de Bibi Fricotin relève de la débilité mentale.

Je m'installe peut-être un peu longuement sur ce chapitre qui, bien sûr, n'a plus grand-chose à voir avec nos bordels – ils fonctionnaient à tour de bite pendant ce conflit, époque on ne peut plus florissante pour les tauliers, merci pour eux! – mais Marthe Richard va jouer un tel rôle au moment de l'abolition que tout ce qui la concerne me paraît utile à la bonne compréhension de cette affaire.

Nous la retrouvons donc devenue *Alouette* en 1916 à Saint-Sébastien où elle commence par gagner cinq cents pesetas dans la version d'un livre, quinze mille dans une autre... n'importe, elle peut dîner dans de bons restaurants et régler sa note d'hôtel. D'emblée, elle amorce un gros médecin boche adipeux qui se met à lui faire un gringue pesant, qu'elle nous rapporte avec l'accent germanique, comme fait Balzac avec le baron Nuncigen. *Che m'appelle Walter*. Et elle prend la peine en deux lignes de se décrire : *« Jeune, brune aux yeux bleus, vêtue de noir, je fis, je l'avoue, une entrée qui me flatta. »*

Le gros Walter la débecte, c'est sûr... mais il peut lui être utile pour entrer en relation avec un autre Fritz plus séduisant nommé Stéphane, un officier de marine... Et coup de bol, c'est un recruteur d'espions, cézig. Le bon numéro dès le premier soir. Elle est vraiment dans un jour de chance. Bref, elle y va de la prunelle et de la miche tortillée adéquate. Stéphane est séduit tambour battant. Marthe ne tombe tout de même pas dans ses bras bien qu'il soit beau môme mais, si je puis dire, elle tient tout de même le bon bout.

S'il y a quelque chose de vrai dans tout ça, connaissant le passé péripatéticien de Marthe, je ne vois pas pourquoi elle n'accrocherait pas les Allemands avec son minou qui fut si accueillant à la soldatesque française en rut naguère à Nancy? Tout à coup elle serait devenue prude, alors que le capitaine Ladoux compte bien sur les charmes de sa belle agente pour glaner les renseignements qu'il ne risque pas de collecter avec le pognon d'une République française harpagonesque!

L'ouvrage du capitaine ne raconte pas tout à fait la même histoire que Marthe. Son Walter s'appelle Krant et le séduisant Stéphane Halphan. Le personnage suivant, le plus important, celui que *l'Alouette* va ensorceler pour mieux servir sa patrie, Ladoux nous le portraiture de petite taille, un visage caché derrière de grosses lunettes noires et une barbe en pointe... il se nomme Von Kolberg... Chez Marthe, c'est Von Krohn, son blase, et il est grand, mince... tout à fait Prussien avec un dentier et un œil de verre. Il a tantôt cinquante-cinq ans, tantôt soixante-dix... personne n'est d'accord. En tout cas, c'est un type important... le chef des services de renseignements navals en Espagne... le neveu du maréchal Ludendorff. C'est Stéphane (ou Halphan) qui le met en contact avec notre Alouette. Tout de suite il tombe amoureux, ce Prussien idéal (interprété dans le film par Erich von Stroheim). Version Ladoux, c'est l'affreux, le barbare. Il tend un guet-apens à Marthe sur la terrasse d'un petit hôtel à Urrumea et il lui révèle immédiatement qu'il sait qu'elle travaille pour le capitaine Ladoux. Marthe joue habilement la comédie, elle affirme, elle jure qu'elle est prête, moyennant finances, a devenir un agent double. Accord du barbu à lunettes noires, mais il veut en plus se payer sur cette si belle bête. Il se précipite lubriquement sur elle. Je cite :

« – Vous ne sortirez pas d'ici, moi vivant! hurle-t-il.

« – Alors, j'en sortirai morte, dit Marthe, qui a tiré de son sac un poignard effilé dont elle a mis la pointe sous son sein gauche. »

Le sale Boche hésite. Marthe gamberge... une tempête formidable s'engage dans sa jolie tronche... une crise de conscience. Après tout, n'est-elle pas là en service commandé! L'inconnu (elle ne sait pas encore que c'est Von Kolberg) a repris l'offensive et cette fois elle cède. Je vous récite le commandant Ladoux, ça vaut son pesant de belle littérature.

« – Lâche! a-t-elle encore le temps de lui jeter à la face, avant de murer ses lèvres, son léger et dernier refuge, que menace la bouche du conquérant, ployé sur elle, et qui n'a pas pu voir, parce que les paupières de l'Alouette se sont closes avec ses lèvres, jaillir un regard éperdu de douleur et de mépris qui s'est envolé par-delà les cimes dorées des Pyrénées, vers le calvaire de Menancourt, la tragique cote 180, où le mort, déchiqueté par la mitraille allemande, peut maintenant dormir en paix. »

Ah! mets-lui ta bite au cul et qu'on en finisse! comme dit le refrain d'une chanson de corps de garde.

Le mort déchiqueté par la mitraille allemande, c'est ce bon M. Richer. Sa femme le venge d'une bien curieuse façon. Peut-être en joignant l'utile à l'agréable... savoir!

Marthe Richard, aussi bien dans son livre de 1935 que dans celui de 1974 et dans ses interviews, est un peu moins lyrique. C'est un Von Krohn qu'elle se farcit. Et il ne lui tend pas de piège. Après avoir demandé le feu vert à son chef par lettre à encre sympathique au cachet d'aspirine, elle accepte un rendez-vous galant. Elle le fait juste lanterner un peu. Devant son impatience de collégien, elle a cette réplique : « Ne soyez pas gourmand, baron. » A remarquer que cette ordure de Ladoux lui laisse entendre que si elle ne se fait pas tringler par Von Krohn, il a de quoi l'envoyer à la Caponnière, toujours cette menace qui nous laisse un sacré doute sur notre héroïne. Quoi qu'il en soit, elle a toutes les circonstances atténuantes pour se livrer au péché de la chair. Le Révérend Père Bruckberger sollicité lui aurait donné, j'en suis sûr, l'absolution à l'avance.

La nuit de Valladolid s'intitule le chapitre qui pourrait être croustillant mais n'est que lamentable. Elle se donna vraiment du bout de la chatte, si je puis dire, la jolie Marthe. *« Fermons nos oreilles aux cris de plaisir de l'homme arrivé à ses fins... »* Elle s'est éclusé auparavant quelques bouteilles de champagne pour aller au sacrifice. Par la suite, elle se fera une raison puisqu'elle avouera avoir fait tout ce qu'il fallait pour que l'abominable Von Krohn n'ait plus envie de se séparer d'elle. Dommage qu'elle ne nous donne pas plus de précisions!

Elle note, toutefois, dans le dernier paragraphe du chapitre :

« Cette expérience " en service commandé " avec un Allemand deux fois plus âgé que moi, ayant un œil de verre et de fausses dents, m'a appris qu'on peut faire l'amour avec un homme en restant extérieure, lointaine, absente, pour tout dire : étrangère. Cela m'aidera beaucoup, plus tard, à comprendre les prostituées. »

Voyez... l'air de rien, nous en revenons toujours à l'abolitionnisme... notre Fermeture du 13 avril.

Pierre Déméron, vicelard, lui demande pour l'édification des lectrices de *Marie-Claire,* si par la suite elle a continué à boire du champagne à chaque fois qu'elle se sacrifiait, comme ça, dans le lit de l'affreux Von Krohn. Elle répond que ça ne se passait pas tous les jours et puis qu'il n'était pas si mal pour ses cinquante-quatre ans... qu'il était très agréable, très cultivé. Quelqu'un de bonne compagnie qui ne pensait pas qu'à ça.

« – *Il ne m'a jamais embrassée.* »

Ça, c'est typiquement une réflexion de pute. Il est de règle dans le Milieu qu'une femme ne se laisse jamais embrasser sur la bouche par un client. C'est la seule chose réservée uniquement à son maque.

En l'occurrence, ça serait plutôt le capitaine Ladoux le Jules de Marthe. Lorsqu'elle remonte à Paris le rencarder sur les mouvements de la flotte sous-marine allemande, elle lui refile le pognon que lui a donné le baron Von Krohn. Ça lui brûle les doigts, ces pesetas de la trahison, et elle sait que le Service français est dans la mouscaille. Grande âme!

Revient en piste, à ce moment-là, l'agent Davrichewy dit Zozo. Il est chargé de fournir à Marthe les renseignements bidon destinés à Von Krohn... des choses vraies mais inutilisables, des ordres de marche d'armée déjà en place... de quoi intoxiquer les services secrets boches, déstabiliser, comme on dit aujourd'hui, l'effort de guerre de Guillaume II.

Probable que notre gentille *Alouette* se console de ses nuits avec Von Krohn en se refarcissant Zozo. Celui-là, je n'arrive pas à le trouver blanc-bleu... il est là, il repart... Tantôt, il dira du bien de Marthe... tantôt il dira que c'est une imposteuse... *« ni une héroïne nationale ni une espionne de grande classe ».* Ce qu'il écrira après la parution du livre de Ladoux à la réalisation duquel il a participé.

Était-il encore vivant en 1945 ? En tout cas, il a disparu avant la Seconde Guerre mondiale...

Plus on avance dans cette odyssée espagnole, plus ça devient coton de s'y retrouver. Une fois devenue la maîtresse du baron, Marthe poursuit ses allées et venues entre l'Espagne et la France. Ce qu'elle fournit comme renseignements aux Français ? On ne sait trop... L'information que les sous-marins allemands projettent de bombarder la côte basque! Elle fait agrafer deux espions qu'elle a vus en lousdoc comploter avec Von Krohn. Elle apprend au capitaine Ladoux à se servir du Collargodium pour écrire ses messages... un produit autrement efficace que son encre sympathique à l'aspirine. Elle fait connaissance avec Mme Von Krohn (car il était marié, le sagouin, et papa d'un petit garçon)... une jeune femme d'origine juive, ce qui prouve que le baron n'était pas un nazi avant la lettre... Elles ont l'air de bien s'entendre toutes les deux. De Paris, Marthe lui ramène des parfums, des toilettes, des chapeaux, tout ce qu'on ne trouve pas en Espagne. *L'Intelligence Service* lui fait des offres d'emploi qu'elle refuse surtout parce qu'elle se demande si le prétendu Anglais qui essaie de la racoler n'est pas au service de l'Allemagne. Elle croise même dans un hôtel son homologue Mata-Hari qui se fait passer pour une danseuse de cabaret. Elle ne saura que plus tard de qui il s'agissait... ça lui inspire des réflexions empreintes de scepticisme et d'indulgence... *« Fit-elle autre chose que ce que je faisais moi-même : donner des renseignements périmés aux Allemands pour en obtenir de réels pour les Alliés ? Que reçut-elle d'eux à ce jeu difficile ? Des sommes infimes ? Tombée dans les filets du contre-espionnage français, elle sera fusillée... »*

Bien sûr, on a l'impression à propos de ces entreprises d'espionnage franco-allemand, qu'un tas de gugusses jouaient à des jeux délirants où de temps en temps quelques imprudents laissaient leur peau. L'horreur qui vous prend à imaginer cette fameuse Caponnière... le cérémonial de ces fusillades... la fausse danseuse hindoue, aussi mythomane que Marthe Richard, exécutée devant le Procureur Mornet qui dira à un journaliste alors qu'elle saigne encore : *« Entre nous, mon cher, il n'y avait pas de quoi fouetter un chat. »*

Comment *l'Alouette* arrive-t-elle à s'en tirer avec les honneurs de la guerre ? La chance est de son côté, sans doute, mais d'autres éléments vont nous la montrer tout à fait impitoyable, capable des plus bas calculs... ce qui explique peut-être sa longévité.

On a droit ensuite à une petite virée à Algésiras, à Tanger où notre héroïne glane des renseignements sur le ravitaillement en munitions des rebelles marocains par les sous-marins allemands. Je rappelle à ceux qui l'auraient oublié... ceux qui prennent Mussolini pour un coureur cycliste italien, coéquipier de Fausto Coppi, que le Maroc en 1917 était sous le protectorat français, que les Fritz avaient grand intérêt à mettre quelques pétards sous les pattes de notre cavalerie.

Elle avertit les Anglais du plan Tirpitz... c'est-à-dire une offensive de grand style contre leur flotte dans l'Atlantique avec deux cents U.B. 52, des submersibles d'un modèle tout à fait nouveau.

Point de détail, mais important... Marthe affirme qu'elle a fait croire au lourdaud Von Krohn qu'elle ne comprend pas l'allemand. Elle dira plus tard dans diverses interviews qu'étant frontalière elle savait cette langue. Or, elle a affirmé dans *Mon Destin de femme* qu'elle avait pris des leçons d'allemand en 1910 à Paris. Comment s'y retrouver ? Toujours est-il qu'elle peut enregistrer ce qui se dit autour d'elle sans que les Boches s'en rendent compte.

Ces idiots d'Anglais ne prennent pas au sérieux le plan de l'amiral Tirpitz, les Français non plus. Et l'offensive a lieu en 1917 avec de nombreux bateaux envoyés par le fond avec leurs malheureux équipages. Tout ça ne serait pas arrivé si on avait pris en considération les renseignements de notre chère *Alouette*.

Simple remarque... Marthe nous bonit cette salade un

demi-siècle plus tard. Il ne reste aucune preuve qu'elle ait donné de pareilles informations aux Alliés. Aurions-nous une raison de la croire parce qu'elle est devenue entre-temps madame antibordels ?

De retour du Maroc, pour qu'elle ait un alibi, Von Krohn lui ouvre un institut de beauté à Madrid. Par malice, ironie, Marthe va l'appeler *Le Miroir aux Alouettes*... L'enseigne sur la lourde comme pour mieux narguer les vilains Boches. Dans le roman de Ladoux, il est dans l'arrière-salle d'un bistrot cet institut... n'importe, il permet à notre espionne d'espionner en presque toute quiétude. Elle a quelques difficultés supplémentaires du fait que les services allemands se tirent la bourre entre eux... que tous ces Von se haïssent à qui mieux mieux... En particulier, un Von Kalle ou Von Kalley, on ne sait au juste, est abominablement jalmince du baron... de sa liaison amoureuse avec *L'Alouette*. Pas si nave, ce Von Kalle ou Kalley estime que celle-ci est un agent douteux. Berlin en vient même, instruit par ses bons offices, à la signaler comme suspecte à Von Krohn lui-même. *L'Alouette* contre-attaque... elle fait des scènes dignes de Feydeau à son amant et elle lui amène, pour bien le convaincre, ces fameux renseignements usagés, inexploitables, que lui a expédiés Zozo à l'encre sympathique.

Comme elle se rend compte que tout ça est un peu gros, elle prend soin, quelque part dans ses deux livres, de nous avertir que ce Hans Von Krohn n'était pas très malin, très intelligent... qu'il n'était à ce poste important que grâce à son oncle le maréchal Ludendorff. Sage précaution, sans cela on aurait vraiment du mal à croire qu'il puisse donner dans tous ces panneaux, ces pièges grossiers. Il est vrai que l'amour est aveugle et que cézig en pinçait sévère pour son *Alouette* de plus en plus séduisante, froufroutante, envoûtante, qui devait lui faire au lit cent mignardises... bien dommage qu'elle soit restée aussi discrète sur ce sujet, son livre n'en eût été que plus passionnant. De nos jours, une Catherine Rihoit, une Élisabeth Huppert, bondiraient sur le zob du hobereau prussien... s'y vautreraient tout un chapitre !

Bien entendu, Marthe déployait un zèle sans égal pour le Cinquième Bureau. Elle fait cravater les Manzanares Sister's, deux danseuses espagnoles qui sont envoyées en mission en

France pour le compte des Allemands. Les deux espionnes étant entrées chez nous par un passage secret dans les Pyrénées, Marthe invente un stratagème assez original pour utiliser elle aussi ce passage... Elle annonce à Von Krohn qu'elle est enceinte et, bien sûr, qu'il n'est pas question de garder cet enfant de la collaboration franco-allemande. Von Krohn est marié, je vous ai dit... sa légitime ferme les yeux ou presque sur sa liaison avec Marthe, mais il y a des limites. A Madrid, ça ferait des ragots, des gorges chaudes si l'*Alouette* déambulait dans la ville avec le gros ventre. Marthe fait carrément chanter son Teuton. *« Puisque vous avez déjà un enfant, le nôtre ira jouer avec. »* On imagine les réactions de Hans... Il accepte la seule solution possible... qu'elle retourne en France où elle connaît un médecin qui... que... etc. (N'oubliez pas qu'à cette époque l'avortement était passible de plusieurs années de prison.) Trop connue, trop grillée partout, prétend-elle, pas question qu'elle prenne le bateau ou le train comme une simple voyageuse. Alors, cette bonne pomme de Von Krohn lui propose de la faire passer par où se glissent les espions du service du Reich. Aussitôt énoncé, presque aussitôt exécuté... Marthe passe les Pyrénées et elle court vite rapporter au capitaine Ladoux tout ce qu'elle a patiemment collecté... les derniers mouvements des U.B. 52... des indications précieuses, ces sous-marins dernier modèle de la Kriegsmarine puisque Von Krohn a eu l'imprudence de l'emmener les visiter. Et surtout elle lui donne *le chiffre* des Allemands. Elle ne s'en vante pas dans ses mémoires... c'est Ladoux qui en parle. Ça fait un peu farces et attrapes, ces histoires de *chiffre*... Pour plus de sûreté, les services secrets en varient le plus souvent possible. Les uns les autres... Alliés ou Allemands se décryptent sans arrêt.

Nous sommes au printemps 1917... sans doute que le gouvernement français s'est rendu compte de la misère dans laquelle se débattaient les services du Cinquième Bureau... il leur permet tout de même de s'installer un peu plus confortablement avenue Marceau. Marthe, après le délai convenable de son faux avortement, devrait regagner l'Espagne, ses promenades amoureuses avec Hans le borgne dans les ruelles plus ou moins ensoleillées de Madrid. Mais comme chacun ne le sait plus, 1917 c'est aussi l'année de la grippe espagnole... On n'a jamais su au juste ce qu'était exactement cette épidémie... certains disent une espèce de choléra... En tout cas, Guillaume Apollinaire en est mort... Marthe Richard est contaminée mais elle va en réchapper. Combien de temps reste-t-elle alitée ? Elle ne le précise pas, mais il semble qu'elle s'en tire très bien pour retourner en Espagne assez rapidement.

En ce qui concerne le fameux passage pyrénéen... le capitaine devenu commandant Ladoux ne raconte pas encore une fois la même histoire que l'*Alouette.* Dans sa version, elle ne dit pas au baron qu'elle est enceinte de ses œuvres. Tout simplement, elle est chargée de passer en France des engins secrets... *quelques joujoux de Nuremberg explosifs* (?)... un réveil-matin détonateur et une canne creuse remplie d'un produit incendiaire colossal... De quoi faire flamber tout un pâté de maisons... tout un terrain d'aviation.

Marthe – et là c'est comme dans sa version – passe les Pyrénées en compagnie d'un contrebandier à l'allure farouche, comme dans une opérette. Pénible voyage dans le vent, la neige... des heures à marcher avec des bottines talons Louis XV... en jupe longue et le chapeau à aigrette sur la tronche. En ce temps-là, une femme de bonne vie ne sortait pas sans son galure. Après quelques péripéties secondaires mais éprouvantes physiquement, elle parvient à Perpignan et aussitôt elle avertit Ladoux. On organise un attentat bidon à l'intention de Von Krohn... qui s'appelle toujours Kolberg chez Ladoux avec sa barbe et ses lunettes noires, mais j'ai unifié pour faciliter la lecture. Un camp d'aviation qui ne servait plus fut incendié. D'où une coupure de Presse à l'intention du baron à Madrid qui laisse entendre qu'il s'agit vraisemblablement d'*un acte de sabotage.*

Pas plus difficile que ça ! Ladoux nous gratifie, en terminant son chapitre, d'une tirade dont il a le secret et où il pose cette question : *« Quel homme peut se vanter d'y voir clair, même en plein jour et les yeux grands ouverts, quand gambade follement au-devant de ses prunelles extasiées le traître scintillement du miroir aux alouettes ? »*

On se le demande et on se demande une fois de plus qui ment, qui dit vrai... qui déconne à pleines pages ? De pareilles affabulations ont fait de Marthe Richard une sorte de Jeanne d'Arc... c'est dire si nous étions sevrés d'héroïne nationale.

Il y a une vingtaine d'années, je fus durant une saison le spécialiste des *Pieds Nickelés,* à l'occasion d'une réédition d'un album de Louis Forton. En 1914, lorsque Ribouldingue, Filochard et Croquignol s'engageaient au service de la France, ils vivaient quelques aventures du même tonneau que le capitaine Ladoux et Marthe Richard. Le rapprochement s'impose, on en arrive à croire que nos deux auteurs se sont carrément inspirés de certains épisodes parus dans *L'Épatant.*

Zozo, lui, a un nom de guerre adéquat pour bandes dessinées... Seulement, il m'inspire tout de même une certaine considération, ne serait-ce que par son passé bolchevique, ses origines russes. Il apparaît de temps en temps sans qu'on sache au juste pourquoi. On a l'impression qu'il tire les ficelles de ces marionnettes.

Quand après sa grippe espagnole, et malgré tous les services qu'elle a rendus à la France, Marthe veut reprendre sa liberté, le sordide capitaine Ladoux renouvelle son chantage... l'affreux dilemme... qu'elle retourne fissa dans le lit de Von Krohn ou il l'envoie au ballon en attendant les joies de la Caponnière qui continuait à boire le sang des traîtres.

Marthe obéit comme toujours... et comme toujours on se demande quels moyens avait le chef du contre-espionnage français pour la faire céder à pareille pression...

A Madrid, c'est Von Krohn qui est en difficulté, le malheureux... des jalminces cherchent à l'atteindre à travers Marthe... Son Excellence le Prince Ratibor, l'Ambassadeur, et toujours le perfide baron Von Kalley. Ce dernier tout de même au milieu de cette collection d'abrutis fait preuve d'un minimum d'intelligence... il dit carrément que Marthe Richard trahit tout le monde... qu'elle est bonne à jeter aux flingues ou aux champignons vénéneux. Et justement une scène suit... où on essaie de lui en faire becter... tout spécial préparés à la crème. Pensez si notre *Alouette* est en méfiance... elle bâfre en souriant les amanites printanières mais elle a pris la précaution d'emmener un flacon de vomitif qu'elle ingurgite en lousdoc dans les gogues. Von Kalley en est pour ses frais et, par la même occase, au cours de cette petite soirée mondaine, elle détecte un certain Carmillo Fuentès, un autochtone qui travaille pour le Kaiser... Grâce aux rapports précis que Marthe ne manque pas d'envoyer à ses chefs, Carmillo Fuentès se fera alpaguer en entrant en Angleterre et sera proprement, ou salement au choix, fusillé. Un de plus.

La mission suivante, on revient à Tintin... Zig et Puce. C'est du cinoche de série même pas B... de l'infantilisme. Von Krohn confie à son espionne chérie une bouteille thermos pleine de larves de charançons destinées à se répandre au rythme de trois cents œufs à l'heure dans les blés argentins pour les dévorer et ainsi ruiner le ravitaillement prévu pour les Alliés.

Notre *Alouette* prend le bateau, le *Reina-Christina* pour Buenos Aires où je me dis qu'elle pourrait rencontrer le bel Antonio, le Jules qui l'a envoyée aux asperges à Nancy. Ça nous ferait une anecdote charmante, érotique et tout, mais Marthe a décidé de taire ces vilaines choses dans ses mémoires... on se contentera, sur le bateau, d'un officier français devenu phtisique à la suite d'une attaque de gaz asphyxiant dont elle est un peu amoureuse... Platoniquement, n'allez pas vous figurer qu'elle lui agrémente sa fin inéluctable en lui léchouillant le zizi!

Bien sûr, le *Reina-Christina* est farci de Boches de la cale aux écoutilles... tous plus ou moins suspicieux, plus ou moins torves... entre autres, l'attaché naval Muller qui doit se charger de répartir les charançons dans les greniers et les bateaux de blé à destination de l'Angleterre et de la France.

Ça la met dans une drôle de situasse, notre chère Marthe, ce thermos plein de bestioles infâmes mais, une fois de plus, elle va déjouer le plan machiavélique des Teutons. Elle noie les charançons dans son lavabo, les fait sécher et les replace dans le thermos... les Allemands croiront les utiliser alors qu'ils sont morts, donc devenus inefficaces.

Tout cela est imprimé noir sur blanc avec un peu de variante cette fois dans les trois bouquins. En revanche, les flics et les dégonfleurs de légende comme Galtier ne prennent même pas la peine d'en faire mention tant tout cela relève de la pure fantaisie.

Retour à Madrid, on en revient au théâtre de Boulevard. En lisant une coupure de Presse, l'*Alouette* apprend que Mata-Hari, qu'elle avait croisée, on s'en souvient, dans les couloirs d'un palace, vient d'être arrêtée et l'on dit qu'elle a été la maîtresse de l'attaché naval allemand en Espagne. Du coup, Marthe se mue mégère... elle bondit toutes griffes dehors sur son Von Krohn. Beau nier, jurer sur tous les saints germaniques qu'il s'agit d'un ragot, ça barde pour son œil de verre, son râtelier! Pourquoi Marthe est-elle si furax... puisqu'elle s'en fout de ce noble Teuton?... Ou alors elle mime la fureur pour le flatter?... ou bien encore elle nous bluffe, elle y tient tout de même... On ne sait plus puisqu'elle dit parfois qu'il était tout à fait charmant, agréable, plein de prévenances, etc... En définitive, s'il y a une part de vrai dans tout ça... le vieil Hans, travaillé par le démon de midi et même un peu plus, était devenu dingue de sa belle *Alouette* et ça lui obscurcissait sans doute l'intelligence. Hébété qu'il était... le mot exact. Bien possible qu'au passage il se soit offert Mata-Hari, ça fait partie des avantages de la profession. Marthe Richard dira beaucoup plus tard, en 1979 dans *Libération*... que la passion de Von Krohn était de faire l'amour.

Tout ça m'amène à cette réflexion que, moralement, le métier que faisait Marthe auprès de Von Krohn était cent fois plus odieux que celui de la brave pute qui se fourgue pour un moment au premier venu. Ça ne va pas plus loin avec celle-ci que quelques secousses... une scène qu'on mime... barka!... tout le monde est content. C'est du net avec juste une bavure de sperme sans conséquence. L'*Alouette,* toute frémissante qu'elle était de patriotisme, il lui fallait mimer de drôles de séances amoureuses avec le baron... d'autant qu'elle nous a raconté qu'elle était devenue frigide à la suite de son accident d'avion. Par la suite, elle a tiré gloire de ce rôle assez sordide et elle s'est cachée soigneusement d'avoir racolé les grivetons autour des casernes à Nancy. Ç'aurait dû être le contraire.

Chez l'espionne qui vit avec un type en l'observant sans arrêt, lui fait les fouilles... se glisse en lousdoc pour rencontrer ses correspondants, leur remettre son courrier chiffré... ça ressemble un peu à l'empoisonneuse qui chaque jour distille quelques grammes de mort-aux-rats dans la soucoupe de son époux... qui guette les effets de sa petite potion... le mal qui progresse, tout en lui prodiguant des gentillesses, des mots câlins, les larmes aux yeux...

On flingue Mata-Hari à Vincennes. Ça calme l'*Alouette*, elle est vengée... Maintenant elle se rend compte qu'elle en fait trop et que les compatriotes de Von Krohn en poste à Madrid, eux, ont compris qu'elle les bernait en long, en large et en travers. Ils sont décidés, probable, à lui servir encore des fausses oronges à la crème... lui faire prendre un bain de minuit dans le Manzanares... je ne sais quel Guadalquivir... qu'elle y macère jusqu'à ce qu'elle ne puisse plus nuire, l'ordure! On n'en est pas encore aux procédés K.G.B. ou C.I.A. mais enfin... depuis la nuit des Cromagnons, les hommes ont toujours trouvé toutes sortes de moyens pour se débarrasser des gêneurs...

Elle a accompli, estime-t-elle, au-delà de son devoir. Il est temps qu'elle prenne la tangente. L'ambiance devient irrespirable dans les palaces madrilènes... les Franchouillards qui se traînent par là, eux aussi, sont malveillants à son égard. Ils la tiennent pour une salope qui se vautre dans le lit des Boches et leur fourgue, en plus de son cul, les secrets de notre Défense nationale. Sur son passage, on n'entend pas que des doux murmures... des compliments sur son physique.

Seulement, avant de se tirer, elle mijote un coup fumant. Elle a réussi à savoir la combinaison du coffre de Von Krohn. Sans trop faire d'acrobaties policières d'ailleurs... elle avait une note de couturier à régler et le baron lui a tendu les clés en lui indiquant le chiffre.

Ça lui serait facile à présent de piquer le contenu du coffio... le fric et les papiers ultra-secrets de la marine allemande. Là-dessus arrive, débarque encore on ne sait comment, Zozo Davrichewy. D'après le commandant Ladoux, c'est Marthe qui s'est chargée de l'introduire auprès de Von Krohn. C'est qu'il a encore une idée de derrière son crâne rasé de Boche, Krokrohn! Il s'agit de financer des mouvements anarcho-pacifistes afin qu'ils aient de quoi imprimer des petits journaux, des tracts à distribuer aux Poilus dans les tranchées pour mieux les démoraliser, les amener à lever le poing... les crosses en l'air... fraterniser avec les feldgraus.

Nous sommes à peu près à l'époque des foireuses et sanglantes offensives du général Nivelle qui ont provoqué les premières mutineries du Chemin des Dames. Mais avec Marthe et son Ladoux, c'est assez difficile de s'y retrouver question dates... ils s'emmêlent la chronologie dans leurs mémoires, leurs romans. Entre février et mai 1917, l'*Alouette* aurait passé la frontière espagnole à pinces en escaladant les Pyrénées... attrapé en France la grippe espagnole... s'en serait guérie... serait retournée à Madrid... pour filer ensuite porter son thermos plein de charançons morts à Buenos Aires... Ouf!... revenir dare-dare en Espagne sans reprendre son souffle.

Le commandant Ladoux paraît un peu plus soucieux de vraisemblance mais, lui, comme il ne raconte pas tout à fait les mêmes événements que sa propre héroïne, on y perd un peu le fil des choses. On apprend, sous sa plume, l'origine de Zozo... c'est un diminutif de Zoiseau... voilà, parce qu'il était aviateur. Son passé de révolutionnaire bolcheviste ne gêne absolument pas le baron Von Krohn... il est le type idéal pour accomplir cette mission pacifiste auprès des Français. Coïncidence, Zozo Davrichewy rejoint Marthe en Espagne au moment où se prépare le traité de Brest-Litovsk qui va mettre fin à la guerre entre la Russie et l'Allemagne. Ladoux avait longtemps, affirme-t-il, hésité à utiliser cet agent d'origine géorgienne. Davrichewy, maintenant que Lénine va regagner Moscou, travaille peut-être pour l'U.R.S.S. naissante puisqu'il est un révolutionnaire de 1905. Ça ne paraît pas traverser l'esprit du capitaine Ladoux. Mais on va le voir prochainement se faire mettre au trou, compromis avec le sénateur Humbert pour commerce avec l'ennemi, le brave capitaine. Le tout plus ou moins rattaché à l'affaire Bolo Pacha, escroc international et espion qui sera bientôt fusillé. Je n'en tire aucune conclusion, mais il faut avouer que rien n'est simple dans cette galère.

Bref, Zozo arrive devant Von Krohn qui lui explique son plan. Zozo demande des pesetas, bien sûr, et il est son homme. Auparavant, il semble qu'il se soit aussi entendu pour aider Marthe à vider le coffre-fort du baron. Mais tous ces jolis projets vont tourner court. Le mauvais sort s'en mêle. Pour discuter plus à l'aise de leurs plans, Von Krohn a emmené Zozo Davrichewy et Marthe faire une petite promenade dans sa superbe auto. De nuit, ce qui est bizarre, mais on n'est plus à une bizarrerie près dans ce feuilleton. Von Krohn est au volant et on imagine qu'il est gêné pour conduire avec son seul œil monoclé. Une voiture en sens inverse l'éblouit avec ses phares... il dévie de la route et rencontre un poteau télégraphique. Lui, il s'en sort avec quelques égratignures mais Zozo et Marthe sont plus mal en point... fractures, contusions multiples! D'où l'hosto, mais aussi la nouvelle annoncée avec fracas dans le *Heraldo* de Madrid et reprise par la Presse française. Le scandale! Léon Daudet dans l'*Action Française* se paye une joyeuse tranche d'article : *« L'espionnage en automobile... un accident intéressant... Von Krohn et Mme Richer. »* Un maximum de détails sur Marthe. Elle est dépeinte brune aux yeux gris, le visage dur. Dans ses malles des habits d'homme... des fourrures splendides. Et qu'elle se pavane avec Von Krohn au *Grand hôtel de Puerta del Sol.* Tout y est, y compris l'arrivée de *Davrichewy se donnant comme aviateur français. Ces trois personnages restaient enfermés pendant des heures ensemble...* etc. Daudet, bien rencardé, ajoutait même qu'en mars Mme Richer venant d'Espagne en France avait traversé la frontière en fraude et de nuit.

Après ça, on ne voit pas bien comment notre *Alouette* pouvait poursuivre ses activités.

Ses parents ressuscités souffrent mille martyres, d'avoir une fille dénoncée comme espionne dans la Presse. Surtout, nous raconte Ladoux, sa pauvre mère qui préférerait qu'elle fût morte plutôt que traîtresse à sa patrie.

Encore une fois, Marthe accuse le coup, sort très vite de l'hôpital et repart au baroud pour la bonne Cause. Toujours ce coffre qu'elle voudrait bien vider. Elle demande le feu vert au capitaine Ladoux qui, pour une fois, prend ça pour une plaisanterie et ne donne pas suite.

Après ou avant l'accident, on ne sait pas exactement, à Saint-Sébastien, Marthe a fait la connaissance de trois jeunes Français qui la reconnaissent et la tiennent en si haute estime qu'ils essaient de la noyer au cours d'une partie en bateau. Il est vrai qu'elle avoue avoir fait les poches à l'un d'eux, le prenant lui aussi pour un espion. Dieu veille sur son destin de femme, elle réchappe miraculeusement de cette noyade qui signifie tout de même qu'elle ne devrait plus faire de vieux os dans la péninsule ibérique. Néanmoins, elle expédie encore quelques messages à l'encre sympathique à son capitaine. Elle fouille chaque jour soigneusement la corbeille à papiers de Von Krohn... glane encore des petits renseignements à droite à gauche. Et toujours ces regards haineux de Français... les vexations venant même des Espagnols! L'idée aussi que sa pauvre maman – qu'elle adore à présent – se meurt de honte à l'idée de la trahison de sa fille étalée dans toute la Presse.

Le capitaine Ladoux ne répond plus à ses lettres, ses demandes de directives. Elle ne sait pas encore qu'à son tour il va aller goûter la galtouse de Fresnes ou de La Santé pour cette affaire consécutive à celle de Bolo Pacha avec le sénateur Humbert. Certes, il sera acquitté Ladoux, réintégré dans l'armée, promu commandant... n'empêche qu'il ne ressort pas de tout ça blanc-bleu. Le jeu qu'il a joué exact ? Le même que Von Krohn avec la même Marthe. Mais alors où est la bonne carte ?

Il semble que ce soit celle de la France, si on en croit l'*Alouette*. Cette fois, elle va rompre les ponts... tout briser... brusquement puisqu'elle ne sait plus trop ce qu'elle fait en Espagne... qu'elle a l'impression que le Cinquième Bureau l'abandonne.

Elle casse le morceau au baron. Une scène de théâtre... l'Ambigu dans toute sa splendeur, juste avant les Années Folles. Elle commence par lui réclamer trois cent mille pesetas pour ouvrir un commerce au Portugal. Le baron ne les a pas, il refuse donc, et alors elle lui annonce sans ménagement qu'elle l'a berné d'un bout à l'autre. *« Je suis Française... Depuis que je suis en Espagne, je ne travaille que pour mon pays... je vous surveille, je vous épie! »* Pensez si le Von Krohn est livide... un mauvais sourire qui n'arrive même plus à cacher sa prothèse dentaire! Il ne parvient pas à y croire. *« Jamais une femme ne peut mentir à ce point! »* Mais si, mon Fritz, elle ment mieux qu'elle ne respire, la belle Marthe!... et, dans ce domaine, elle n'a pas fini d'étonner les populations... elle a encore quelques numéros de duplicité, de tartufferie, de charlatanisme dans son sac!

Elle n'arrête plus de lui en sortir... tout ce qu'elle a fait... les renseignements bidon qu'elle lui a fournis... sa fausse grossesse... le sabotage de l'opération charançons! Elle n'arrive pas à se retenir de lui gerber toute sa rage, sa haine. Il finit tout de même pas lui retourner une mandale sèche qui lui casse une dent. Elle a dépassé la mesure... on sent qu'il a tellement été amoureux d'elle qu'à présent il l'étranglerait volontiers, n'était le scandale en perspective dans le palace madrilène où se déroule la scène.

A noter que dans ses livres Marthe ne parle jamais de cette demande de trois cent mille pesetas qui déclenche tout. Ça, elle ne l'avoue qu'à Pierre Démeron. Sans doute, pour le livre, ses conseillers lui ont-ils dit que ça ne la rendait pas sympathique, cet aspect vénal de la chose.

Pour l'enfoncer davantage, elle va porter à l'Ambassadeur d'Allemagne, le prince Ratibor, les lettres d'amour de Von Krohn... toutes les preuves que ce nave l'entretenait somptueusement avec le fric destiné à payer les espions. Comme il déteste Von Krohn, ce prince Ratibor, dans un sens il est plutôt jouasse. Marthe déconsidère le neveu de Ludendorff aux yeux de ses compatriotes. A présent, il porte un drôle de bada... de casque à pointe, je ne sais comment dire. Il peut préparer ses valoches, sa place d'attaché naval, de chef des services de renseignements du Reich en Espagne, est d'ores et déjà vacante. Huit jours plus tard, par ordre du Kaiser, il regagne l'Allemagne en wagon plombé. Il n'arrivera jamais à Berlin, d'après le dernier livre de Marthe en 1974... pendant le voyage, il s'en colle une dans la tronche. Comme Antonio... et de deux!

Cependant, dans son interview à *Marie-Claire* l'année précédente, elle disait ne pas savoir ce qu'il était devenu. Probable qu'à la réflexion, elle a pensé que ça ferait mieux dans le tableau, un suicide...

Avant de se tirer définitivement, elle révèle à l'Ambassadeur qu'elle connaît le chiffre du coffre de Von Krohn... pour mieux foutre la barabille dans les services ennemis... les faire s'entretuer, changer tous leurs plans.

Juste, elle a le temps ensuite d'attraper un train en voltige...

elle sent qu'on lui en veut de partout... que cette fois on pourrait bien la noyer pour de bon. Bien sûr... et on reste confondu devant la passivité de ces Fritz... qu'ils ne soient pas mieux organisés pour faire disparaître une malfaisante pareille! A moins... je me demande, sans plus... qu'ils aient quelque intérêt à ce qu'elle retourne dans sa patrie?...

Ça ne sonne pas si faux tout ce passage sous la plume de la bonne Marthe... et bien que ce Von Krohn soit un bel exemplaire de nos ennemis ancestraux, de ceux qui vont encore nous faire pas mal de misères vingt-cinq ans plus tard... je n'arrive pas à la trouver sublime, notre *Alouette*. Certes, elle a l'alibi patriotique pour se conduire comme la reine des garces... la pire des salopes, mais elle se peint tout de même un autoportrait à la fiente.

Et si tout cela n'est que le fruit de sa fertile imagination, ça n'en est pas moins significatif.

Veuve joyeuse d'un richissime Anglais,
Mme Marthe Richard
résiste à l'Occupant et détruit
les temples de l'Amour vénal.

> *« Il n'y a, pour les nobles, qu'un moyen de faire fortune, et de même pour tous ceux qui ne veulent rien faire : ce moyen, c'est la prostitution. La Cour l'appelle galanterie. »*
>
> P. L. COURIER

J'en ai fini avec ma gentille *Alouette,* il faut que je la plume en entier... et les ailes!... et les yeux!... et le bec!... que je vous finisse le travail!

Un homme en chasse un autre... Von Krohn ne s'est peut-être pas encore suicidé que Marthe rencontre son successeur. Elle se choisit toujours ses mecs avec soin sans qu'il y paraisse... à part le Rital maquereau du début... et encore, ce fut sans doute un excellent professeur d'éducation sexuelle sinon sentimentale. Richer était fortuné, il lui a payé des bijoux, des fourrures... un avion, tout ce qu'elle désirait et il lui a laissé un héritage dont elle ne révèle pas grand-chose. Juste, assez, nous dit-elle, pour se passer des émoluments du Cinquième Bureau. (En oubliant l'épisode des pesetas gagnées au casino de Saint-Sébastien.)

Le baron Von Krohn la gâte lui aussi en fourrures, bijoux... palaces, etc. Elle le remercie, vous venez de voir comme, et en refilant la responsabilité de son comportement dégueulasse sur le compte de la France! Jeanne d'Arc, que je sache, n'avait pas couché avec l'évêque de Beauvais, aussi Cauchon soit-il!

Nous allons maintenant faire la connaissance de Thomas Crompton. Un officier anglais engagé dans l'armée américaine que Marthe rencontre à Bordeaux sur le chemin du retour après avoir remis à l'Ambassadeur Ratibor les bafouilles de son amant baron Von Krohn. Après ces *délicatesses*, elle a besoin de pureté, notre jolie Marthe... d'air pur. Pour une Française, on ne le respire, en ces années atroces, uniquement que du côté Allié. On est les bons, nos adversaires sont les méchants... c'est plus facile pour raconter de belles histoires.

Ça se passe dans un escalier d'hôtel, la rencontre... schéma classique... une bousculade, des excuses... Thomas ne sait pas le français ni Marthe l'anglais. Ils vont se comprendre à mi-mot dans la langue de Goethe avant d'en venir à la langue fourrée.

Marthe ne nous en dit pas lerche sur le physique de Thomas... qu'il est jeune, charmant et puis riche, ce qui ne gâte rien pour une jeune veuve en quête d'un mari possible. De nos jours, souvent en plus il est pédé... j'ai lu ça dans les romans, les témoignages de mes jeunes et talentueuses consœurs de plume. Elles font avec... s'il parvient à marcher à voile et à vapeur, elles y trouvent quand même leur content d'orgasmes. En tout cas ce Crompton, je ne sais pas s'il se glisse, le soir même de leur première rencontre dans les draps de notre héroïne, mais il est pris, cézig, dans les mailles du filet... tout comme le gros Richer et le Teuton borgne. Une constante dans la biographie de Marthe Richard, elle affole les hommes... ils se traînent à ses pieds, sur la carpette, le plancher... dans la poussière ou la boue... avec des diamants, des rubis... des écus d'or... des dollars... des pesetas!

En 1946, ses ennemis bien rencardés vont la traiter de pute. Certes, mais de classe alors... le haut de gamme. Elle a compris que les turlutes aux petits soldats de l'armée française ne menaient à rien... que de sauver les apparences de la respectabilité bourgeoise est à terme plus rentable.

A nouveau, nous nous heurtons à une falsification de la vérité. Marthe prétend avoir connu Thomas Crompton fin 1917 et l'avoir épousé en 1922. D'autres témoignages rapportent qu'elle n'aurait connu le beau Crompton que bien plus tard, après la guerre, et qu'ils se seraient mariés en 1926 quelques semaines après leur rencontre.

Ces rapports plutôt policiers sont carrément malveillants. Ils disent que Marthe, après la guerre, se paye du Charleston endiablé dans toutes les boîtes de nuit à la mode... une vie de patachon, etc., agitée par les secousses amoureuses de ses aventures multiples et que c'est sur un terrain d'aviation qu'elle a fait la connaissance de Thomas Crompton. Nos services de renseignements la soupçonnent alors de travailler pour l'Intelligence Service. On parle de fuites à son propos dans les bureaux d'études... de plans secrets... de nos procédés de fabrication aéronautique qui tombent, comme par enchantement, dans les pattes de nos Alliés mais néanmoins rivaux britanniques.

Version Marthe Richard dans son ouvrage. A son retour d'Espagne, à Paris, elle apprend l'arrestation du capitaine Ladoux. Son successeur, le colonel Goubé, la reçoit fraîchement. Carrément, il la bordure de ses services. Tout juste s'il ne l'envoie pas elle aussi à la ratière!

Imaginez son chagrin, son amertume... après tout ce qu'elle a fait pour son pays, être traitée de la sorte! Elle a pourtant averti cet ingrat colonel Goubé que les Allemands préparaient une offensive *Kolossale* pour le printemps 1918. Goubé lui a ricané au menton. On sait la suite... la seconde bataille de la Marne, les Boches encore à trente bornes de la capitale.

Marthe, désabusée, va alors se retirer à Lunéville pour s'occuper d'une affaire de broderies. Non seulement en 1918 on ne songe pas à la remercier, mais encore elle craint pour sa vie. Elle subodore des tueurs à tous les carrefours... des agents allemands ou français. Elle ne sait pas... sait-elle seulement qui elle a servi en définitive?

Fort heureusement, il y a Thomas qui lui écrit des lettres enflammées... qui vient lui rendre visite à Lunéville... Ils randonnent ensemble, en tout bien tout honneur, dans la forêt vosgienne... si belle au printemps, en été et même en automne! C'est l'éternel refrain des amoureux... « J'ai ta main, belle espionne, dans ma main de financier... » Car il est dans la finance, Thomas l'amoureux transi. Pas n'importe laquelle, il n'est pas caissier dans la succursale d'une banque au fin fond de l'Écosse. Directeur à la *Standard Oil* de Bucarest, il était avant-guerre, et au moment où il va gambader dans les bois avec Marthe, il est directeur pour la France de la *Fondation Rockefeller*.

En l'épousant, il va la sortir de la mouscaille pour le restant de ses jours. Elle refourgue sa petite entreprise de broderies à Lunéville et les jeunes mariés s'installent dans une somptueuse villa à Marly-le-Roi... C'est le grand amour avec Thomas, Marthe en oublie tous ses mauvais souvenirs... l'affreux Von Krohn... l'ingratitude du gouvernement français... les crachats des uns et des autres.

Et boum! L'horreur... l'implacable destin qui se remet en branle! Après six ans de ce bonheur sans ombre, Thomas va tourner les coins... avaler son bulletin de naissance. Assez brutalement d'une crise d'urémie. On l'a hospitalisé à Genève et il meurt le 15 août 1928.

Ne pleurons pas trop vite. En épluchant le dossier à la loupe, on va s'apercevoir de quelques anomalies qui vont nous poser des questions bien embarrassantes.

Thomas Crompton, en 1927, a pris de bonnes dispositions posthumes à l'égard de sa femme. Au cas où il viendrait à mourir, la *Fondation Rockefeller* lui verserait une rente jusqu'à la fin de ses jours. Et justement (ou injustement), il calanche Thomas Crompton quelques mois après avoir pris ces dispositions testamentaires.

Les vilains rapports de police affirment que les relations de Marthe Richard avec son second époux n'étaient pas aussi idylliques qu'elle nous les bonit. Thomas Crompton recevait beaucoup... des gens de la banque, de la politique, de l'industrie. Marthe nouait le maximum de relations qui lui seront utiles par la suite. Quel genre de relations? On murmure, ragote... toujours ces gens bien informés... qu'elle fut un temps la maîtresse de Paul Painlevé, homme politique important de la IIIe République, deux fois Président du Conseil. Et justement, à ce sujet, il paraît que Thomas en manifesta quelque humeur... ce qui se conçoit sans mal.

En 1979, Marthe Richard répondant aux journalistes de *Libération* va dire que Thomas Crompton était alcoolique, qu'il démarrait au cognac pour son petit déjeuner. Ça ne cadre plus du tout avec l'amoureux de la forêt vosgienne.

Là où ça se corse, c'est lorsque les informateurs de la P.J. insinuent que Crompton est décédé bizarrement... dans des conditions suspectes... en tout cas mal connues. En considérant la rente Rockefeller de deux mille francs 1928 mensuels qu'elle va toucher, on gamberge illico dans la soupe à l'arsenic... la poudre à succession, comme on disait au XVIIe siècle. On se la rappelle, notre belle héroïne, avec Von Krohn... son comportement de salope! Je relis aussi ce qu'elle répond dans *Marie-Claire*, lorsque Démeron lui fait remarquer qu'elle est toujours tombée, comme par hasard, sur des hommes riches... elle affirme qu'elle n'a jamais été amoureuse, que les hommes ne l'intéressaient pas du tout... qu'elle s'efforçait de les contenter sur le plan physique... qu'elle se donnait du mal dans ce domaine.

Rien d'autre que le fric. On s'en doutait depuis Nancy... mais maintenant, ça prend une drôle de tournure... après bien des métamorphoses, elle deviendrait une sorte de Brinvilliers... une Marquise des ombres! Ça me paraît difficile à avaler. Je me la donne un peu de la police, elle est capable, tant elle en veut à Marthe Richard, de distiller à son propos des allusions si perfides qu'on a du mal à leur accorder quelque crédit.

Reste cette affaire de dates qui me tracasse la plume. Marthe prétend avoir rencontré Thomas fin 1917 ou début 18 et l'avoir épousé en mai 1922. Ça ferait cinq ans entre son mariage et sa mort. Je m'aperçois que les flics, eux, situent ce mariage en 1926... le 15 avril... à la mairie du IXe. Dans ce cas, leur vilaine version de la mort de Crompton serait un peu plus vraisemblable. Marthe l'aurait connu dans les Années folles en 25... 26 et conduit devant le maire sans lanterner dans des fiançailles qui ne sont déjà plus de son âge. En lui supposant des desseins plus ou moins criminels, il est évident qu'elle veut se débarrasser de Crompton le plus vite possible.

Le plus simple, c'était d'aller consulter les registres de mariages rue Drouot, à la mairie du IXe. Cinq minutes de recherches. Rien en 1922... et noir sur blanc en 1926... le 15 avril... Crompton Thomas épouse Betenfeld Marthe, veuve Richer.

Pourquoi ce mensonge flagrant ? Marthe, en 1974, ne pouvait pas être sénile au point de se tromper de quatre ans sur sa date de mariage... sur les circonstances de sa rencontre avec le directeur financier de chez *Rockefeller*. Tout laisse penser qu'elle ment pour se donner le rôle d'une fille admirable, fidèle épouse pendant six ans après des fiançailles irréprochables de quatre années. Voilà, le mari casse sa pipe, elle devient une nouvelle fois veuve inconsolable en faisant l'impasse sur le pactole qu'il lui laisse. Comment a-t-elle obtenu ces dispositions testamentaires ? Dans quel climat ? Ça respire l'arnaque la plus sombre lorsqu'on considère le mensonge initial de notre personnage. On peut admettre ses tartarinades à propos de ses missions secrètes... admettre qu'elle nous cache ses allées et venues sur les trottoirs de Nancy par je ne sais quel souci de respectabilité. Mais, là, ça sent vraiment mauvais... ça m'autorise à croire tout ce qu'on va me rapporter... Bel Armand, les poulagas, les taulières... sur sa réelle attitude au moment de la fermeture des maisons... la partie immergée de l'iceberg.

Elle m'amusait plutôt jusqu'ici... J'avais en plume une mythomane comme je les aime... un personnage à la Blaise Cendrars. Après ce mari mort dans *des circonstances troublantes non élucidées*... ça devient quelqu'un d'une dimension nouvelle... peut-être l'auteur d'un crime parfait. Je dis bien *peut-être*... c'est difficile d'aller au-delà !

« Le monde me parut dépeuplé ! » Ce qu'elle nous livre comme réflexion après la mort de Thomas. Elle fourgue sa maison de Marly (qu'elle situe à Bougival dans une interview) et elle va se ronger le chagrin dans un appartement qu'elle a acheté à Paris dans le XVIe, avenue du Général-Clavery. Elle précise qu'elle n'est nullement dans le besoin mais qu'elle cherche une occupation pour se changer les idées. C'est ainsi qu'elle va devenir antiquaire avenue de l'Opéra... marchande d'objets d'art, quelque chose de ce genre et qu'elle retrouvera, grâce à un client, la piste du capitaine devenu commandant Ladoux.

Le départ d'une nouvelle carrière. Avant d'y arriver, voyons un peu ce que j'apprends d'un autre côté... l'autre son de cloche qui nous parvient de la rue des Saussaies ou du Quai des Orfèvres... Tout le contraire, bien sûr. Pas plus de magasin d'art que de rigolade dans un film de Robert Bresson! Marthe, veuve des plus joyeuses, retourne dans les boîtes de nuit... et, en outre, il semble (les flics ne sont pas tout à fait affirmatifs) qu'elle se soit livrée à la galanterie. Elle a atteint la quarantaine, mais elle est encore très pimpante... elle fait beaucoup moins que son âge. Les hommes, et aussi les poulets de la Brigade Mondaine, s'intéressent à elle. On parle carrément de drogue... de la cocaïne, ni plus ni moins... qu'elle en aurait sinon sniffé du moins revendu. Rien de certain, mais une enquête a été ouverte à ce sujet. Pas de fumée sans feu et, à cette époque, on ne peut pas dire que les flics lui en voulaient pour son rôle dans la fermeture des claques.

Duraille de savoir au juste si c'est le hasard qui a permis à Marthe de retrouver le commandant Ladoux ou si c'est celui-ci qui s'est mis en quête pour retrouver sa belle espionne. En tout cas, elle tombe à pic. Ladoux va être édité dans la collection *Le Masque* où publient, entre autres, Agatha Christie et tous les cracks du roman policier de l'entre-deux-guerres... Il a écrit un roman inspiré par ses souvenirs du Cinquième Bureau mais l'éditeur lui demande d'agrémenter un peu la sauce, la pimenter avec une histoire de femme... je ne dis pas de fesses, mais c'est presque ça. Il s'agit tout de même d'une affaire commerciale et on n'attrape que peu de lecteurs avec la vérité.

Et le voilà! Hop! Réapparaît Davrichewy, alias Jean Violan, alias Zozo. Il est toujours en relations avec Ladoux... Ce qu'il fait exact? Qui le sustente? Où trouve-t-il de quoi se propulser auprès des mignonnes? On est dans la collection *Le Masque*, n'est-ce pas... ça nous permet de tout supposer.

C'est lui qui a eu cette idée géniale d'introduire (je m'excuse, mais c'est le mot qu'il faut) Marthe, devenue veuve joyeuse Crompton, dans le récit du commandant. On a vite fait de la convaincre et Ladoux va reprendre sa plume, repartir presque de zéro pour confectionner à Marthe sa robe d'Héroïne de toutes les aventures d'espionnage vraies ou *imaginaires* de son roman.

Je vous ai dit plus haut l'origine du pseudo-Richard, plus seyant que Richer synonyme de pompe à merde! *Marthe Richard au service de la France...* Le tour est joué, le livre sort en 1932 et c'est un énorme succès... Marthe, en quelques semaines, est aussi célèbre que le maréchal Pétain. Elle endosse allegretto toutes les fictions du commandant Ladoux.

Je vous ai détaillé longuement la mission de Marthe Richard en Espagne, d'après ce livre. Tout est sujet à caution, tout est truqué, biseauté... travesti. Et pourtant ça va marcher au point de supplanter la réalité. On voit là la montagne d'une mythologie de toute pièce. Marthe Richard va devenir ce qu'elle n'a peut-être jamais été. Plus tard, elle sera élue Conseillère municipale uniquement parce que le M.R.P. a besoin d'une personnalité au patriotisme éclatant sur ses listes.

Au moment de sa mort, aucun article nécrologique ne mettra vraiment en doute l'authenticité de ses exploits. Elle va écrire *Ma vie d'espionne* en 1935 où bien des passages seront en contradiction avec le récit du commandant Ladoux... n'importe! Ça passe. Tout passe. On oubliera, on gommera tout ce qu'il y a de trouble, d'incertain dans la carrière de Marthe en Espagne. A un poil près, un hasard, elle pouvait finir comme Mata-Hari. Elle le dira elle-même : « *Mata-Hari a eu la croix de bois et moi la Légion d'honneur. Cela aurait pu être le contraire. Ce sont les risques du métier.* » Personne ne relèvera l'énormité d'une telle déclaration.

En 1933, elle va être décorée de la Légion d'honneur (*Journal Officiel* 21 janvier 1933). Jusqu'à la fin de sa vie, elle exhibera son ruban rouge et s'en fera une protection contre les vilains qui viennent contester ses exploits. Or, si Marthe Richard fut bel et bien décorée, c'est au titre des *Affaires Étrangères...* en tant que veuve de Thomas Crompton. Celui-ci devait être promu en 1928 en reconnaissance de l'aide apportée par la *Fondation Rockefeller* à la France pendant la guerre. Mort trop tôt, on refile sa Légion d'honneur à sa veuve. Il paraît que ça se fait... il se peut aussi que le livre du commandant Ladoux ait contribué à la décision du ministère.

Marthe va d'ailleurs jouer admirablement sur les mots. Elle se dira décorée pour *services rendus à la France à l'étranger pendant la guerre*. Et, bien sûr, il n'y a aucune citation à l'appui.

Toujours est-il que la voilà *lancée*! Elle ne s'arrêtera plus. Elle publie en feuilleton la première mouture de sa biographie dans *Paris-Soir*.

On tourne le film avec Edwige Feuillère et Erich von Stroheim. Les scénaristes arrangent toujours un peu les choses pour des raisons de construction dramatique... les producteurs réclament du sensationnel à tout prix. Donc, on en rajoute à qui mieux mieux pour rendre l'héroïne tout à fait sublime. Comme nous sommes à la veille d'un nouveau conflit avec l'Allemagne, on noircit horriblement les sales Boches. Au début du film, je vous ai dit, je crois, on fusille le papa, la maman de l'*Alouette*-Edwige Feuillère, ce qui est parfaitement faux, mais Mme Richard ne démentira ça que beaucoup plus tard. Sur le moment, elle accrédite tout.

En 1974 eut lieu un *Dossier de l'écran* à la télévision sur Marthe Richard intitulé « *Une femme et sa Légende* ». Le commissaire Chennevier, présent au débat qui suivit le film de Raymond Bernard, mit à mal précisément la légende de l'espionne au service de la France et la vertueuse Conseillère qui fit fermer les bordels. Il arriva alors ceci... les téléspectateurs téléphonèrent indignés d'entendre ce flic mettre en cause l'honorabilité de cette vieille dame respectable... si sympathique, etc. Aucune preuve, aucun argument ne prévalait la légende. Marthe Richard avec ses allures de douairière gagnait encore.

Dès les années 33-34, elle accédait au podium des héroïnes historiques. Elle était reçue partout... dans le monde des affaires, des arts, des lettres et de la politique... Ce qui n'empêchait pas les condés de la retenir dans le collimateur. Ils signalent qu'elle voyage beaucoup à partir de 1935. Elle va en Afrique du Nord. On ne sait trop pourquoi. On apprend toujours à son sujet les choses par fragments... par morceaux qui émergent de l'ombre.

Elle se lie à Casablanca avec un Belge nommé Tricot... Les flics le connaissent celui-là, il a déjà goûté du placard pour escroqueries, abus de confiance... il se livre à toutes sortes de trafics. Qu'est-il exactement pour Marthe ? Un amant ? Un associé ? Les deux peut-être. Il disparaît et puis on le reverra un peu plus tard... il me semble.

A Paris, où elle revient entre deux voyages au Maghreb, les flics gardent toujours un œil sur ses activités. On signale qu'elle reçoit chez elle d'inquiétants amis allemands... tant et si bien que lorsqu'elle demande de réintégrer la nationalité française, qu'elle avait perdue en se mariant avec Thomas Crompton sujet britannique, le Préfet de Police refuse après enquête de ses services.

Petite parenthèse amusante et révélatrice. A la même époque, Marthe, qui tient bon la barre sur le plan physique autant que moral, prend dans ses filets un attaché d'ambassade beaucoup plus jeune qu'elle. Et c'est encore le grand amour... les serments, etc. On parle mariage. On se fiance. Mais les services secrets de son pays l'avertissent sur le passé réel de sa future et surtout sur les mystères qui entourent la mort de Thomas Crompton. Du coup, le sigisbée prend peur, se récuse, se fait nommer à l'autre bout du monde. L'Histoire ne retient pas son nom à celui-là, il a fait en sorte de se faire effacer de la biographie de Marthe Richard qui a dû lui apparaître comme une sorte de Brinvilliers.

Marthe ne parlera jamais de ce fiancé. Il n'apparaît que dans le livre de Chennevier « *La Grande Maison* »...

Vaille que vaille, nous arrivons entre les voyages apparemment touristiques, les mauvaises fréquentations, les soupçons de galanterie et de trafic de drogue, à la déclaration de guerre de 39 qui va surprendre notre héroïne en Algérie.

Sur la période qui va s'ouvrir, naturellement on patauge. Surtout entre deux versions de Marthe Richard elle-même. Celle de *Mon Destin de femme* où elle est assez évasive, plutôt discrète quant à ses activités de résistante et celle d'un livre qu'elle semble avoir totalement oublié en 1974, *Faire face* (éditions S.L.I.M.), et qu'elle a publié après la guerre en 1947.

Elle ne mentionnera plus ce titre dans ses œuvres complètes.

Elle n'en parlera jamais dans ses interviews à la Presse. Elle y raconte des aventures tellement rocambolesques qu'elle n'osera peut-être plus, une fois la période de délire patriotique passée, les reprendre... et pourtant la couverture de l'ouvrage est une reproduction d'une lettre de remerciements du Général Eisenhower pour services rendus aux forces alliées en France.

On se perd en conjectures. Après tout, il est bien possible que Marthe, qui avait probablement des liens avec l'Intelligence Service depuis l'époque où elle connut Thomas Crompton, ait rencardé les Anglo-Saxons pendant la dernière guerre.

Je passe sur quelques anecdotes où elle se targue d'avoir fait faire aux pattes quelques agents de la Cinquième Colonne pendant la période précédant l'offensive de mai 40 et que Roland Dorgelès avait baptisée *La Drôle de guerre*.

Au moment de l'armistice, elle est comme par hasard à Vichy. Ce qu'elle y magouille ? Elle se fait, dit-elle, d'utiles relations dans l'entourage de Pierre Laval. Pour la bonne cause... n'allez pas croire que... non, parmi les premières, elle a entendu la voix venant de Londres qui nous a dit : « *Nous avons perdu une bataille mais nous n'avons pas perdu la guerre.* » Elle prétend alors s'être activement occupée d'un réseau d'évasion de prisonniers français. Je vous passe les détails, en remarquant qu'ils ne sont pas les mêmes d'un livre à l'autre et que personne n'a jamais reçu le témoignage d'un de ces évadés.

On ne sait trop pourquoi elle se fait expulser en octobre 1942 de la zone Sud. N'oublions pas que jusqu'en novembre de la même année, cette zone dite libre était entièrement sous l'autorité du Maréchal Pétain. Une liberté tout à fait précaire, à la merci de la première division blindée allemande qui passerait la ligne de démarcation, mais n'empêche qu'on y a poursuivi et condamné des espions nazis. Ça paraît aujourd'hui presque incroyable, ce fut pourtant...

C'est à la demande d'un certain capitaine Halleur du Deuxième Bureau replié à Vichy que cette mesure d'expulsion est prise à l'encontre de Marthe Richard. Plus tard, bien sûr, elle pourra toujours affirmer qu'on l'a chassée en raison de ses activités de résistante, mais les gens des réseaux qui travaillaient pour Londres à l'époque, ou les communistes, étaient arrêtés, condamnés, mis en prison par la police vichyssoise.

Marthe est simplement indésirable et elle se réfugie où ça?... Je vous le donne en mille! Tout simplement en zone occupée, *c'est-à-dire chez les Allemands* qui ne font aucune difficulté pour lui laisser franchir la ligne de démarcation. Ils auraient pourtant de multiples raisons de la refouler. Elle est toujours sujet britannique puisqu'on lui a refusé de redevenir française et puis surtout, depuis 1918, elle est pour tous l'espionne au service de la France, celle qui a ridiculisé Von Krohn et qui ne rate jamais une occasion, à travers livres, conférences ou film, de dire tout le mal qu'elle pense de la barbarie germanique. Elle se glorifie d'être une responsable de la défaite des sous-marins du Kaiser, d'en avoir fait expédier des centaines dans le fond de l'océan Atlantique.

Eh bien, malgré cela, Marthe, sans problème, regagne son appartement avenue du Général-Clavery et quelques officiers de la Wehrmacht viennent lui rendre une visite de courtoisie. Simplement de nobles adversaires qui reconnaissent la valeur de leurs ennemis après le combat. Ce qui ne cadre pas, mais pas du tout, avec la mentalité des nazis... En arrivant à Paris, ils ont arrêté le commissaire Priolet, le responsable de l'enquête, puis de l'arrestation de Mata-Hari, et ils l'ont décapité à la hache. Ils ont donc la rancune tenace et non seulement Marthe échappe à toutes représailles mais elle est on ne peut mieux accueillie par eux.

Bien entendu, elle raconte tout autre chose... qu'après Vichy, elle a été à Nancy, puis à Lyon, toujours pour le compte de la Résistance. Qu'elle marchait sous la fausse identité de Lucienne Harmand. Qui lui avait fourni ses faux faffes?... M. Joseph Barthélemy, le Garde des Sceaux du gouvernement de Vichy! A se taper le cul par terre! C'est encore plus gratiné, plus invraisemblable que le chapitre d'espionnage en Espagne.

Là où ça se recoupe avec les rapports de police, c'est lorsqu'elle parle de sa rencontre sur les Boulevards en 1943 avec un ami qu'elle ne désigne que sous les initiales P.A. et qui semble bien être ce Gilbert Tricot avec lequel elle était dans les meilleures relations quelque temps auparavant à Casablanca. Comme toujours, ces retrouvailles ont lieu sur les Boulevards. Les rues, les cafés ou les stations de métro jouent un rôle important dans les aventures de Marthe. Le hasard... un concours de circonstances... quelqu'un qui vous aborde... Ça fait penser un peu à ces réponses de truands pendant les interrogatoires à l'Instruction... ils ont toujours fait connaissance avec leurs complices en cavale dans la rue, dans un troquet et ils ne les connaissent que par leur prénom.

Le P.A., alias Tricot (ou inversement), magouille avec les Allemands qu'on appelle maintenant les Chleuhs... sans doute par une curieuse analogie venant des Bat' d'Af' pour lesquels l'ennemi, le rebelle marocain était le Chleuh. Tricot introduit Marthe dans une singulière maffia... On y côtoie la fine fleur des Français de la Carlingue... Yves Léger qui travaille directement avec l'avenue Foch et un certain Louis Eggenberger, play-boy chez les Gestapistes rue des Saussaies.

Sans crise de conscience, Marthe Richard reçoit ces aimables garnements avec leurs dames dans son appartement de la Porte Saint-Cloud. Avec eux, elle va faire du marché noir... toutes sortes de trafics de denrées alimentaires. On lui impute d'avoir conduit à Nancy une traction avant volée par des miliciens pour la fourguer... etc. C'est à ce moment que se situerait le vol des bijoux par de faux policiers à cette dame Cardot qui remontera à la surface onze ans plus tard. On suppose que c'est Marthe qui a donné le tuyau aux faux poulets et qu'elle aurait ensuite négocié elle-même l'écoulement de la marchandise.

Cette fois, elle devient un personnage de James Hadley Chase... d'une noirceur épouvantable, si l'on ajoute à la mort étrange de Thomas Crompton les trafics, les parties fines avec les Gestapistes, une sombre affaire de jeune fille mineure hébergée chez elle et qui serait morte à la suite d'un avortement à l'aiguille à tricoter... Il semble qu'il y ait, à ce sujet, un commencement de preuve puisque Marthe a versé une assez grosse somme d'argent au père de cette petite pour payer son silence. On sait même qu'il était contremaître chez Renault, ce père!

Tout ça n'empêche pas Marthe Richard de nous broder dans *Faire face* de belles histoires de Résistance dans le réseau Darius et de noter au passage qu'elle entrevoit des souteneurs, des tauliers qui se conduisent très mal. Patriotiquement s'entend... bien entendu, sur le plan de la simple morale chrétienne, il va sans dire qu'elle les condamne à toutes les marmites de Satan.

Pour le compte de son réseau, elle accueille, nourrit, héberge gratis des aviateurs alliés abattus par la D.C.A. allemande. Elle n'en finit plus de *servir*... sans aucune compensation, juste pour la satisfaction du devoir accompli.

Ça s'imbrique mal avec ce que vous avez lu plus haut... ses accointances avec les sbires gestapistes de l'avenue Foch. Ce qui ne plaide pas en faveur de ce qu'elle nous raconte dans *Faire face*, c'est qu'on ne trouve ensuite sa trace nulle part... Personne ne l'a rencontrée, pas plus au réseau Darius que dans une unité de la France Combattante ou chez les O.S.S. amerloques. Plus d'*Alouette* dès qu'il s'agit de choses officielles, vérifiables. Ses activités dans la Résistance font penser à celles du docteur Petiot avec le réseau *Fly-Tox* dont il était le seul membre.

Même dans son livre *Destin de femme*, elle reconnaît avoir frayé, peu avant la Libération, avec le nommé Eggenberger... un Français de la Gestapo de l'avenue Foch. Elle a dîné plusieurs fois avec lui dans un restaurant de marché noir, le *Petit Chatham*, rue Milton. C'est en toutes lettres... les lieux, les noms. Elle justifie cette liaison, on ne peut plus compromettante, en expliquant qu'Eggenberger jouait une sorte de double jeu, qu'il faisait sortir des gens de prison tant il entretenait de bonnes relations avec les nazis.

On a l'impression en lisant entre les lignes que ce zèbre cherche à se dédouaner... l'Allemagne a perdu la partie, c'est évident, alors il rend service... il est comme un rat pris au piège. Au *Petit Chatham*, Marthe fait connaissance avec Stella, une jeune fille très belle qui vient, elle aussi, demander à Eggenberger qu'il fasse relâcher son fiancé enfermé à Fresnes. Stella sympathise avec Marthe et lui fait rencontrer Henry Baron, un homme qui fait de la résistance active.

L'aubaine... Marthe prend le train en marche avec Baron... On se demande d'ailleurs pourquoi elle avait besoin de lui puisqu'elle travaillait soi-disant pour le réseau Darius. En tout cas, elle lui file les basques. Les Fritz maintenant sont en déroute... chacun son tour... elle les traque, les pourchasse. Ils ont bien du mal à quitter la capitale couverte de barricades. Le groupement de Baron s'appelle *Point du Jour*. Il va libérer, arme au poing, le garage des autobus de la Porte Saint-Cloud, comme je vous l'ai dit au début de cet ouvrage. Ce haut fait de gloire est authentifié par une photographie du groupe au complet. Ils sont tous là, brassardés F.F.I... ils brandissent des petits pistolets... les costards sont fatigués, mais ils ont presque tous une cravate. Marthe Richard arbore un tailleur blanc avec une sorte de petit bonnet assorti sur une chevelure très brune. A ce moment-là, elle a cinquante-cinq ans, si je compte bien... elle en parait dix de moins.

Paris enfin débarrassé des Chleuhs, Henry Baron fonde une sorte de parti politique, l'*Union des Mouvements de Résistance*... voisin de la Démocratie chrétienne qui fait son apparition dans la vie politique française avec Georges Bidault, Francisque Gay... Maurice Schumann. Sollicités pour figurer sur la liste de Baron lors des premières élections qui auront lieu après la Libération, Marthe se récuse... ce qu'elle affirme, et que son chef lui force la pogne en l'inscrivant d'autor sur sa liste. Sans doute avait-elle quelques raisons de se défiler... nous allons les examiner... Durant cette période qui suit août 44, elle ne reste pas inactive. C'est elle-même qui révélera plus tard dans *Marie-Claire* qu'elle fournissait de faux certificats de résistance moyennant finances à des collabos. Ce qui correspond assez bien avec les indications données par le commissaire Chennevier.

Marthe n'a pas oublié Eggenberger... quelque chose de difficile à saisir les lie... En tout cas, elle va l'aider sérieusement, les on-dit policiers prétendent qu'un certain temps elle le planque chez elle avenue du Général-Clavery. Certes, il a fait sortir du gnouf quelques patriotes, mais il est inscrit sur la liste des criminels de guerre. Il doit faire partie de ceux à qui Marthe fournit des certificats de résistance. Tout à fait un curieux personnage cet Eggenberger. Il va être arrêté, relargué plusieurs fois... et il est pourtant inculpé d'intelligence avec l'ennemi, vol et faux en écriture publique, recel... complicité d'homicide volontaire, coups et blessures, etc. Malgré ce brillant palmarès, on finira par classer son affaire. Qui *on ?* Personne ne le dit, mais il s'agit là d'une mesure judiciaire, ce qui implique que ce monsieur était protégé en haut lieu. Citoyen suisse, on ne peut tout de même pas faire moins que de l'expulser. Mais ceci beaucoup plus tard, en 1950, et on verra encore notre bonne Marthe faire l'impossible pour tenter d'annuler son arrêté d'expulsion. Pourquoi déployer tant de zèle, d'énergie pour aider ce Gestapiste déjà fiché comme indicateur de police avant guerre?... Quel secret les unissait?

Dès l'automne 1944, il circule, se remontre au grand jour et il présente à Marthe un ami, Paul Neyme. Tous les trois, ils se remettent à l'ouvrage... le marché noir surtout et accessoirement la fabrication de faux faffes.

Arrive sur leur terrain de chasse une dame David, maîtresse d'un autre Suisse allemand qui vient d'être écroué à Fresnes pour collaboration. Comment Eggenberger et Neyme ont-ils connaissance de cette affaire? N'importe... ils proposent à Mme David de l'aider à faire sortir son amant de taule. Par l'entremise d'une authentique résistante haut placée... l'ex-espionne Marthe Richard. Elle acceptera certainement de rendre service à Mme David, c'est une femme d'une bonté infinie, d'une grandeur d'âme hors du commun! Il lui faudra, c'est la moindre des choses, couvrir les frais que les interventions qu'elle va entreprendre occasionneront. Un rien... vingt mille francs... pour l'époque, une somme rondelette... cinq ou six mois de salaire d'un ouvrier.

L'escroquerie se met en route. On présente Marthe à Mme David. Marthe lève les bras au ciel... pour faire sortir cette personne de taule, ça va lui coûter bien plus de vingt mille balles! Elle ne peut entreprendre quoi que ce soit si elle ne dispose pas de trois cent mille francs! Mme David ne possède pas une somme pareille... On accepte finalement une provision de cent mille balles que nos trois compères se partagent le soir même dans un bistrot. Cette action d'éclat se situe en janvier 1945. Quelques semaines s'écoulent et on repasse à l'attaque. Marthe et Neyme, en mars, retournent chez la dame David lui expliquer que les démarches ont commencé... que tout baigne dans l'huile la plus pure et qu'il leur faudrait tout de même une petite rallonge d'encore cent sacs pour que les choses aboutissent tout à fait. C'est un peu trop... Mme David flaire le coup fourré. Le sort de son Suisse allemand ne s'est pas tellement amélioré depuis le mois de janvier. Elle demande à Marthe et

Neyme de revenir la semaine suivante pour toucher le reste du pognon dont elle ne dispose pas, dit-elle, comme ça, sur-le-champ.

Et elle prévient les flics. Ils tendent un piège... Marthe Richard est prise en flagrant délit, avec les cent mille francs donnés par Mme David, dans sa serviette.

A la P.J., Neyme balance, comme il se doit dans les affaires de cet acabit, son pote Eggenberger. Interrogatoires d'usage... On finit par confondre les uns et les autres et la mécanique de l'escroquerie est démontée facilement.

Ceci se passe en mars 45. Marthe Richard est inculpée. Sur l'intervention de Henry Baron, elle est laissée en liberté provisoire. Ses complices aussi... même Eggenberger, criminel de guerre! Voilà... un mois plus tard, le 19 avril précisément, Marthe Richard va être élue au Conseil municipal, représentante du 5e secteur de Paris. Magnifique! En outre, on s'apercevra plus tard que cette élection est illégale puisque Marthe Richard est toujours anglaise depuis 1926.

Il ne lui reste plus qu'à entreprendre la grande campagne d'assainissement de nos mœurs en demandant la fermeture des maisons de tolérance! Il me semble que ça valait tout de même la peine d'éplucher longuement sa biographie... d'étudier un peu l'envers du décor... soulever les dessous de la mariée qui vraiment était trop belle.

Ne m'en veuillez pas de m'être étendu si longuement à son sujet... lorsqu'on traite de la Résistance, fatalement, on consacre beaucoup de pages au général de Gaulle... idem pour le nazisme avec Hitler... le communisme avec Lénine. Impossible de s'occuper de la fermeture des maisons de tolérance sans que Marthe Richard soit la star tout en haut de l'affiche... en caractères plus gros que ceux réservés à l'auteur, comme il se doit dans ce genre d'opérations.

« Elle était fortiche,
cette salope! »

« *Le moment est venu de s'engager dans la voie de la propreté et du progrès moral.* »

Marthe RICHARD

(Déclaration au Conseil municipal le 13 décembre 1945)

Ce que m'a raconté Bel Armand me revient par bribes... peu à peu, je reconstruis une sorte de puzzle. D'après lui, il y aurait eu une trahison dans le clan des tauliers... un type qui aurait conseillé Marthe Richard, non pour la bonne cause... la vertu, mais au contraire pour soutirer un maximum de pognon à l'*Amicale des maîtres d'hôtels meublés de France et des colonies*.

– Un enfoiré qui ne faisait que des embrouilles... C'est lui qui était derrière Marthe... je suppose qu'il se la faisait...

En 1945, elle a cinquante-six piges Mme veuve Crompton... elle n'a pas dételé. Pour une femme qui prétend que la chose ne l'intéresse pas... que depuis son accident d'avion, avant la guerre 14, elle est quasiment infirme de la chagatte, ça peut sembler contradictoire. Surtout qu'en 1949, c'est-à-dire sexagénaire, elle entretenait un jeune Libanais. Les précédents, on peut encore se dire que c'était par intérêt ou au service de la France, mais ce dernier, bien fiché par la police comme gigolpince, tout lieu de penser qu'elle se le tapait pour le plaisir. Preuve, une fois de plus, que cette femme a passé la plus grande partie de sa vie à mentir... mentir à tout propos, par nécessité et par manie... par vantardise, par perfidie, par habitude. C'en est tout à fait fascinant.

Au moment de son élection sur la liste de l'*Union des Mouvements de la Résistance,* elle est donc compromise jusqu'aux trous de nez dans cette affaire d'escroquerie de Mme David. On apprend, en épluchant ce dossier, qu'Eggenberger a une maîtresse, Georgette Giraudet... ses liens avec Marthe Richard ne sont donc que professionnels, si l'on peut dire... Reste Paul Neyme... celui-là, il a la quarantaine, c'est un repris de justice, et ça paraît donc tout à fait possible qu'il soit l'amant de Marthe à ce moment-là.

Curieusement, il va jouer, un peu plus tard, un rôle ambigu à propos de la Fermeture. Un hebdomadaire parisien recevra un coup de fil d'un homme qui se dit représentant de *l'Amicale des maîtres d'hôtels meublés de France et des Colonies,* et qui voudrait rencontrer un journaliste de cet hebdomadaire [1]. Un rendez-vous sera fixé. Le journaliste se trouvera en présence d'un lascar qui lui proposera, au nom de ses mandants, les tauliers, une somme d'argent importante si l'hebdomadaire, à ce moment-là en difficultés financières, accepte de passer une série d'articles propres à infléchir l'opinion à propos de la fermeture des maisons de tolérance. Le journaliste communiquera la proposition à son patron qui fera faire une petite enquête et ensuite refusera la combinaison. Pour se renseigner, bien entendu, il fait appel à des amis qui travaillent à la P.J. Le soi-disant représentant des tauliers se nomme Paul Neyme... il a été tenancier d'un bordel à Paris rue Laferrière... un certain temps sans apparaître sous la couverture d'une taulière, mais il a mal géré son affaire, il a eu un tas d'histoires plus louches les unes que les autres et il s'est retiré juste à temps pour ne pas

1. Quel était cet hebdomadaire? Les documents policiers ne le disent pas. Ni le nom du journaliste. A cette époque, des périodiques éphémères proliféraient. Faute de preuves, je donne cette information sous toutes réserves.

avoir de gros ennuis. C'est un personnage complètement dévalorisé dans le monde du proxénétisme.

Pas à pas, on avance. On ne sait au juste vers quoi, mais certainement pas vers la justice, le bon droit, la vertu... les sentiments les meilleurs. Incontestable, ce Paul Neyme est pour le moins lié à Marthe dans l'affaire d'escroquerie qui passera devant la XIIIe Chambre Correctionnelle en 1948. Que vient-il foutre dans cette histoire de la Fermeture où précisément la même Marthe joue le rôle que l'on sait ? Ne serait-il pas ce mauvais génie qui est derrière elle ? Mais alors pourquoi ? Quelle escroquerie magouillait-il en allant proposer du fric à cet hebdomadaire ?

Dès les débuts de mon enquête sur la Fermeture des maisons, je vous ai dit, j'ai eu la conviction que Marthe Richard avait déclenché la campagne dans l'espoir que *l'Amicale* irait au refile pour la faire taire... que tout ça pouvait se régler en catimini et que le Conseil municipal n'aurait jamais mis la Fermeture des maisons à l'ordre du jour.

Marthe, pensais-je, avait dû être dépassée par sa machination. Sans doute n'avait-elle pas mesuré la puissance du M.R.P., sa dynamique et aussi le fait que le Parti communiste allait bondir à la rescousse au nom de la France outragée par la soldatesque nazie dans les bordels. Ça me paraissait assez limpide comme déduction, mais ce Paul Neyme, que venait-il faire là-dedans ? Et puis ce que m'avait dit Bel Armand... Il avait, lui, rencontré Marthe en tant que délégué de *l'Amicale.* Deux fois, m'avait-il affirmé, et c'est à ce propos qu'il me l'avait décrite comme une gonzesse encore consommable, avec des yeux bleus superbes, et qui lui paraissait un vrai sac à vices. Il mentionnait aussi un autre acteur dans ces deux scènes... un type qu'il ne portait pas dans son cœur... une ordure, ni plus ni moins. Était-ce Paul Neyme ? Les présomptions deviennent très fortes que ce soit lui l'homme qui manœuvrait derrière Marthe Richard.

Celle-ci, d'ailleurs, ne nie pas avoir rencontré des représentants du Syndicat des tauliers. Le passage concernant cette entrevue est identique dans ses deux ouvrages. Elle la situe après la décision du Conseil municipal de fermer les maisons. Une opposition se dessine dans les milieux parlementaires.

C'est là qu'on retrouve le cher André Le Troquer, ministre de l'Intérieur, à la tête de cette opposition. Il a enjoint le Préfet de Police Luizet de suspendre l'arrêté promulguant la fermeture des claques pour la région parisienne et de remettre en vigueur les dispositions de la loi précédente, celle du 8 septembre 1938. C'est-à-dire *le statu quo.*

On a l'impression à ce moment que les tauliers, les anti-abolitionnistes espèrent qu'en gagnant du temps, le décret municipal finira par devenir lettre morte... que l'Assemblée nationale, avec l'appui de Le Troquer, ne mettra pas la question à l'ordre du jour.

Marthe raconte que le gérant d'un restaurant qu'elle fréquentait assidûment (et pour cause, c'était un restaurant du marché noir) l'invite à prendre l'apéritif... comme ça, l'air de rien... avec deux amis. Bien entendu, les deux amis en question sentent la marée... Marthe, en connaisseuse, n'a pas besoin de les renifler longtemps pour savoir qu'ils sont délégués par le fameux Syndicat des tauliers. Tout à fait aimables, les mecs... « *Ils avaient,* écrit Marthe Richard, *l'habitude de traiter sans détour avec des personnages plus ou moins influents.* » Ça me laisse supposer que l'un de ces deux lascars était Bel Armand. Ce qu'ils proposent à Marthe... non pas de revenir sur son action, il est bien évident qu'elle ne le peut plus, mais de jouer de son prestige pour retarder la mise en application du texte de loi. Une année ou deux, période pendant laquelle on pourrait étudier le problème plus calmement... faire des voyages pour voir un peu comment fonctionnent les choses à l'étranger. Bref, ils demandaient juste un sursis et Marthe Richard s'apercevra dès le lendemain que certains membres de la commission sur la prostitution au Conseil municipal semblent acquis à cette manœuvre.

Voilà ce qu'elle affirme et que, bien sûr, elle a refusé de toute sa hauteur! Elle ne dit pas ce que lui proposaient exactement ces messieurs du Syndicat en échange de ce petit coup de pouce. Ils ne sont pas venus comme des pommes, les mains vides, la gueule enfarinée, espérant convaincre Marthe juste avec de belles paroles. Son récit pèche par omission... il est bancal et tout de même on ne peut s'empêcher de penser que si les tenanciers tentent cette démarche, c'est qu'ils ont quelques raisons de croire que cette Conseillère municipale n'est pas d'une pureté blanc-bleu.

Après tout ce que l'on vient d'apprendre sur elle, on est convaincu que les tauliers n'étaient pas sans être au courant de son pedigree, son palmarès de pute, d'espionne et d'escroc. (N'oublions pas qu'elle est, début 46, sous le coup d'une inculpation qui va la conduire bientôt en Correctionnelle.) Tout laisse à penser qu'on lui propose donc du fric. Elle en a besoin... la pension *Rockefeller* n'étant pas indexée sur le coût de la vie est devenue assez dérisoire. Elle a toujours besoin d'argent puisqu'elle magouille dans le marché noir, le trafic d'influence... toutes sortes de combines plutôt inavouables. Alors... on se pose la question... pourquoi n'accepte-t-elle pas l'offre des bordeliers? Craint-elle que ça se sache et que sa carrière politique ait à en souffrir? Peu probable... Marthe Richard ne poursuivra pas sur le banc des assemblées parlementaires sa nouvelle métamorphose. Beaucoup trop de choses vont l'arrêter... entre autres, sa nationalité britannique que l'on va dénoncer et un nouveau refus de la Préfecture de Police de la réintégrer dans la citoyenneté française en 1948.

Bel Armand parlait de deux rencontres assez espacées dans le temps. La première avait dû se situer avant les débats du Conseil municipal... pendant la période où Marthe commençait sa campagne anti-bordel. A peu près en mai ou juin 1945... quelques journaux, à l'époque, avaient évoqué par-ci par-là, en quelques lignes, les déclarations de Mme Marthe Richard, l'espionne bien connue, etc. Toujours se replacer dans le contexte. Le papier est encore durement contingenté... dans tous les domaines, les restrictions sont les mêmes en 1945-46 que pendant l'Occupation. Les journaux ont une ou deux pages et, contrairement à ce qu'on pourrait croire, le projet de Marthe Richard, sa croisade pour la rénovation de nos mœurs, n'intéresse pas tellement la Presse. Juste quelques lignes, suffisantes pour alerter messieurs les Jules, les tauliers et leurs compagnes. Ils entravent, eux, tout à fait ce que ça signifie... l'appel à leur bon cœur. Je vous ai expliqué... ce n'est pas très nouveau, les petits pépères de la IIIe, députés, maires, conseillers, sénateurs ont utilisé maintes fois ce genre de méthode pour renflouer leurs caisses. Ça se passait, n'est-ce pas... gentlemen agreement... l'enveloppe... le petit cadeau!

Juste retour des choses, d'habitude c'était plutôt eux qui laissaient le petit cadeau à la dame sur la table de nuit avant de passer aux gaudrioles érotiques.

Je butais, là, contre quelque chose d'incompréhensible... Comment se faisait-il que Marthe ne se soit pas entendue avec le Syndicat? Elle ne pouvait pas, contre tout bon sens, s'être prise au jeu d'une vengeance contre la gent maquereautine plus de trente ans après ses expériences de tapineuse pour le compte de cet Antonio qui semble lui avoir laissé un agréable souvenir puisqu'elle éprouve le besoin de le travestir en Grand Meaulnes dans ses mémoires.

Je ne pouvais pas laisser ça là... l'explication, qu'au moment de cette première entrevue, les choses étaient déjà allées trop loin pour que Marthe puisse reculer, ne collait pas... Même en comptant avec ce M.R.P. à l'affût du vice à anéantir... Il est évident que si notre héroïne, en juillet 45, n'avait pas amorcé la campagne pour la Fermeture, le Conseil municipal avait en cette période tant de problèmes de toutes sortes à résoudre, personne n'aurait soulevé ce lièvre.

Plus tard peut-être... sans aucun doute, l'abolition de la tolérance devenait une nécessité idéologique de tous les gouvernements démocrates-chrétiens teintés de socialisme qui allaient se succéder sous la IVe République. Ceci est une autre histoire... avec des suppositions...

La clé de l'énigme, j'ai fini par la trouver... en interrogeant l'air de rien les uns et les autres. Les uns étant les vieux malfrats, les vieilles maquerelles, les rescapés cacochymes de la belle époque des maisons... les autres étant les condés de ma connaissance, ceux qui ne me tiennent plus pour un client de leurs menottes gourmandes, mais pour un aimable chroniqueur, un mauvais sujet repenti qui a heureusement troqué sa plume argotique pour une plume d'écrivain distingué par les membres du Renaudot...

C'est Jeannot, un vieux voyou qui avait bien connu Bel Armand et qui l'appréciait à sa juste valeur, qui m'a donné une version plus satisfaisante de l'affaire... que Mme Marthe et son conseiller (celui dont il était toujours question) avaient eu de trop grosses prétentions quant à l'enveloppe... et que les tauliers l'avaient envoyée se faire voir par ses amis démocrates-chrétiens! Ça paraissait assez plausible. Jeannot, malheureusement, était incapable de me donner un chiffre même approximatif... la somme qu'exigeait notre gentille *Alouette* pour mettre sa campagne en veilleuse. Le Syndicat représentait néanmoins de gros intérêts, en faisant appel aux bas de laine de ses adhérents, il pouvait réunir un joli pactole... ça m'étonnait qu'il n'ait tout de même pas choisi de casquer plutôt que de se faire hara-kiri!

Ce qui m'a mis sur la voie... enfin celle que j'estime être la bonne, celle qui découle d'une certaine logique... c'est le souvenir de ce que disait Bel Armand à propos des maisons... qu'elles représentaient, en définitive, plus d'inconvénients que d'avantages. En tout cas, en ce qui concernait la majorité des taules... celles de moyenne importance et les bobinards à matelots, les hauts lieux de l'abattage. Ils étaient soumis à des réglementations multiples, sévères, tracassières... les flics des Mœurs toujours sur l'alpague des mères maquerelles. En plus, le fisc qui leur piquait 52 % des bénéfices déclarés... et les enveloppes à distribuer à droite à gauche pour rester dans les bonnes grâces du maire, du député... des partis politiques en place... sans compter le Noël des enfants des gardiens de la paix, les équipes de sport, le patronage laïque ou catholique...

– On n'en finissait pas de casquer et on ne pouvait pas faire un geste sans avoir les condés sur le dos.

Ce qu'ajoutait Paquita... que toutes ces compromissions étaient accablantes... déshonorantes, renchérissait Armand.

– Finalement, on s'en est pas plus mal porté après la Fermeture.

La clé du mystère... ces messieurs du Syndicat, devant les prétentions exorbitantes de la vertueuse Marthe, ont décidé de se replier, de préparer sans plus tarder leur reconversion avec les hôtels de passes. Une fois sur cette piste, ça devenait limpide. J'ai eu des échos... que ça ne s'était pas passé sans difficultés entre les tauliers. Ceux qui avaient des maisons de grand prestige comme le *One two two, le Sphinx... la rue des*

Moulins, le Chabanais... les patrons de bordel à passions... les endroits où tout était organisé pour les clients aux goûts particuliers... ceux-là ne pouvaient pas essaimer vers les hôtels de Pigalle, de la rue Saint-Denis. La Fermeture restait pour eux la catastrophe. Les propriétaires aussi de petits boxons provinciaux, style Maison Tellier ou Philibert. En général, les murs leur appartenaient, leurs bobinards faisaient partie du paysage dans les petites villes. Aucune possibilité pour eux de renaître sous leurs cendres. Ils appartenaient à une espèce assez à part de proxénètes petits-bourgeois, absolument bien-pensants... sorte de commerçants un peu spéciaux, mais en général fort bien admis par leurs concitoyens... reconnus officieusement d'utilité publique.

Bel Armand était un pragmatique, un réaliste. Il avait tout de suite compris que l'affaire de toute façon était cuite... que le temps de la tolérance était fini, comme naguère celui de la Remonte... D'après mon vieux pote malfrat à la retraite, il était le premier à penser que ça ne valait vraiment pas la peine de gaver cette salope de Marthe Richard et son mec qui jouaient le double jeu.

Avant même la fin des débats au Conseil municipal... les pourparlers, les tractations étaient en cours pour fourguer ce qui était fourgable et pour s'installer... placer ses boules dans une hôtellerie tout aussi rentable avec moins d'emmerdements.

Les anti-abolitionnistes, vieux de la vieille, radicaux ou réacs qui raisonnaient autour de la notion du moindre mal... en l'occurrence, c'étaient les proxénètes les premiers qui portaient de l'eau à leur moulin. La secousse de la Fermeture en fin de compte serait peu dommageable... quelques mois de flottement et la prostitution reprendrait de plus belle. Les filles, au lieu d'être dans les claques, seraient en chandelle au coin des rues devant la porte des hôtels. Aucune amélioration de leur sort, au contraire... Dans *La Dérobade,* Jeanne Cordelier explique très bien le système. Elle est placée dans tel ou tel hôtel où une Madame est ni plus ni moins la maquerelle, la sous-maque qui surveille son cheptel avec autant d'acuité que dans les bordels de jadis. Les lieux d'abattage à La Chapelle étaient peut-être encore plus sordides que *Le Panier Fleuri* ou *le Fourcy.*

Une campagne s'est déclenchée ces dernières années contre le proxénétisme hôtelier... trente ans après la loi Marthe Richard, on a voulu en finir encore une fois avec l'esclavage des femmes!... Peine perdue, les harengs new-look... les proxos, comme on dit à présent que la langue verte s'est appauvrie, une fois de plus se sont adaptés très rapidement. Leurs protégées travaillent aujourd'hui en studio. Studio dont elles sont *en principe* les propriétaires. Pour remonter les filières, savoir qui drive ces circuits de studios, les flics se lèvent un peu plus tôt qu'autrefois. Et il y a autant de maques, autant de putes, autant de clients.

Dès qu'on a mis à jour la mécanique de ce qui s'est passé entre Marthe Richard et le Syndicat, on comprend mieux... Devant le refus des tenanciers d'envoyer un énorme paquet de talbins, elle ne pouvait pas baisser son prix... bille en tête, elle est donc repartie au combat et elle y a mis l'acharnement... la hargne que l'on sait.

Je vous ai dit, je crois... que le Parti communiste avait probablement été tendre sa sébile auprès de *l'Amicale*. Après la Libération, si on avait collaboré dans l'ombre, comme c'était le cas de la plupart des tauliers, il suffisait d'envoyer un peu... beaucoup même... la soudure à la caisse du Parti ou d'une de ses nombreuses filiales, pour qu'on vous oublie... que vous vous refassiez une virginité patriotique.

Dès que Marthe, suivie des M.R.P., de tous les crabes de bénitier, ouvrit sa campagne d'épuration des mœurs, les élus du P.C. sont venus à la rescousse. Ils en ont même rajouté, en tout cas en ce qui concerne les accointances des tauliers avec les Allemands. On a entendu les Conseillers, puis plus tard les députés du Parti, affirmer des choses tout à fait extravagantes... entre autres que les caves du *One two two* servaient de chambres de torture pour les Gestapistes de la rue Lauriston et que le couple Jamet attirait des aviateurs alliés, des résistants pour les faire prendre par les Allemands! Pure calomnie, mais tout est bon à partir du moment où l'on a décidé d'abattre un adversaire. La justice n'a rien pu retenir de sérieux contre M. Marcel, en dehors du fait que les Occupants venaient tringler ses pensionnaires. Pourtant les communistes et Marthe Richard iront jusqu'à affirmer, sans le commencement d'une preuve, que les Allemands ont déporté un grand nombre de putes achetées aux tauliers pour leurs bordels de campagne à l'arrière du front russe. Certes, les nazis étaient parfaitement capables d'exécuter ce genre de transfert mais, s'ils en avaient eu l'envie, le besoin, je pense qu'ils se seraient passés de l'autorisation monnayée des tenanciers français.

A vouloir trop prouver, trop noircir l'adversaire, on l'aide à se justifier. Moralement, le simple fait d'être négociant, intermédiaire, fourgue de filles, était suffisant pour obtenir l'interdiction de leur négoce.

C'est surtout avec la police des Mœurs que Marthe Richard avait un compte à régler. A seize ou dix-huit ans, elle avait été traquée par les flics de Nancy, arrêtée, mise en carte. A chaque carrefour de son existence mouvementée, ils étaient là... même s'ils ne se montraient pas, elle savait bien qu'ils l'observaient, qu'ils notaient ses faits et gestes.

Ce qui explique pourquoi, au Conseil municipal en décembre 45, Marthe fait mieux que de demander la fermeture des maisons, elle y ajoute la dissolution de la police des Mœurs et accessoirement la destruction du fichier sanitaire et des archives de la prostitution. Elle obtiendra gain de cause pour cette dernière mesure et on comprend que ça l'arrange, elle, au premier chef.

Apparemment tout s'explique, à la lumière de ce qui se dit au Conseil municipal et de ce que l'on sait par la bande sur notre héroïne. Je souligne apparemment parce qu'il reste tout de même des zones d'ombre dans cette affaire. Que la motivation première de Marthe Richard soit la vénalité est dans la ligne générale du personnage... qu'elle ait achoppé à la résistance des tauliers avec sa tentative de chantage... ça se comprend et qu'elle veuille abattre la police des Mœurs se conçoit. Je reste frappé par le peu de réactions contre son entreprise. Mis à part quelques articles où elle est brocardée... *tout va se passer le plus tranquillement du monde.*

On est tout de même confondu par l'aplomb, le culot phénoménal du personnage. Elle est extrêmement vulnérable à cause de son passé de pute et de ses récents démêlés avec la Justice. Elle fonce pourtant, sans peur des révélations que pourraient faire les uns ou les autres... Elle passe tous les obstacles. L'affaire David, qui continue à s'instruire, ne nuit nullement à son action. Pourtant, à l'inculpation d'escroquerie, une réquisition supplémentaire ajoute le délit de trafic d'influence. En juin 49, elle va comparaître devant la XIe Chambre de la Cour d'Appel avec ses complices Eggenberger et Neyme. Verdict assez surprenant... Eggenberger s'en tire avec huit mois de prison avec sursis (alors qu'il est sous le coup de plusieurs chefs d'inculpation), Neyme, lui, prend un an ferme et Marthe n'est condamnée qu'à quinze mille francs d'amende. Seuls, Eggenberger et Neyme paieront les dépens.

Le plus extraordinaire, c'est que la Cour amnistie sur-le-champ Marthe Crompton, dite Marthe Richard, en application de la loi du 15 août 1947. Ceci en raison du *patriotisme ardent dont elle a fait preuve.* C'est en toutes lettres dans les attendus du verdict.

Interrogée à l'issue du procès, Marthe Richard déclare : *« Eggenberger m'avait sauvé la vie pendant l'Occupation alors que j'étais arrêtée par les Allemands, puis relâchée, mais étroitement surveillée. Eggenberger était en rapport avec les services allemands mais aussi avec la Sûreté du territoire. »*

Voilà. On n'en saura pas davantage. Aucune trace de cette arrestation de Marthe Richard pendant l'Occupation. Pourquoi ensuite est-elle relâchée ? Avec quels services allemands Eggenberger était-il en relation ? Mystère... Quelle Sûreté du territoire fonctionnait en pleine Occupation à Paris ? Marthe reste vague. Et je remarque que personne ne lui demande de précisions. *Ce qu'elle dit est parole d'Évangile.*

– Ça, elle était fortiche, cette salope!

Je me rappelle les termes exacts... ce que disait Bel Armand et il laissait entendre que pour réussir à blouser tout le monde... les politiques, les flics, les voyous... elle avait certainement des contreparties imparables. Sans doute avec le commandant Ladoux avait-elle appris tout de même à se constituer des dossiers... des possibilités de chantage. Elle tenait des gens bien placés un peu partout... comment ? Je ne suis malheureusement pas en mesure de l'élucider! Ça participe sans doute d'un composé de sexe, de fric et de collaboration dont le dosage reste à définir en ce qui concerne la période de la Seconde Guerre.

Le puissant Syndicat des tauliers avait de quoi la faire supprimer sans faire de vague... style maffia... On pouvait sans difficulté l'enlever... l'emmener en belle... c'est-à-dire lui faire terminer son parcours dans le béton de la reconstruction ou au fond d'un fleuve, ancrée à la vase dans un sac avec de lourdes caillasses! Les Julots, on le sait, ne se privent pas de faire disparaître de la sorte les filles indociles qui parlent trop.

Dans son *Destin de Femme,* Marthe prétend justement que la maffia des tenanciers a essayé de lui faire la peau dans les années qui suivirent 1946... qu'elle reçut beaucoup de lettres de menace... qu'elle s'est même fait poignarder dans un wagon de métro. La surprise... dans le dos, sans qu'elle ait le temps de crier, d'alerter les autres voyageurs pour faire prendre son agresseur.

Un tel fait divers méritait la une des quotidiens. Or, on n'en trouve trace nulle part. Marthe Richard ne porte pas plainte et il faut croire que le poignard était un minuscule canif qui n'a même pas pu traverser son manteau puisqu'elle rentre ensuite chez elle tranquillement.

Elle raconte aussi une histoire assez tirée par les cheveux de drogue introduite dans sa valise au retour d'une tournée de conférences sur la prostitution à Tunis. L'anecdote pue le racontar sans grande imagination. Bien sûr, elle ne transporte pas d'héroïne dans sa valoche mais tout simplement de la magnésie bismurée pour soulager ses maux d'estomac. Elle subodore une machination de la police des Mœurs qui la soupçonne de faire le trafic de drogue et qui a averti la Douane à Orly. Comme auparavant elle a été l'objet de diverses provocations, on ne voit pas pourquoi les flics (ou ses ennemis les tauliers) n'auraient pas eux-mêmes remplacé la magnésie bismurée par de la came.

Tout le passage de son livre, le chapitre qu'elle intitule « *Les tauliers me traquent* » est de la même eau. Des attentats qui tournent court, sans aucune preuve... des pétards mouillés qui nous feraient prendre les tenanciers pour des enfants de chœur.

On est toujours surpris par la différence entre la vie, les actions menées par Marthe Richard et la pauvreté de ce qu'elle écrit ou fait écrire. Ça explique peut-être l'appréciation, en ce qui la concerne, des services de renseignements... *« du culot mais peu intelligente »*. Un culot auquel s'ajoute un instinct machiavélique peu ordinaire, mêlé à des naïvetés... une tendance à prendre ses lecteurs pour des mongoliens.

Et si c'était ça la raison de sa réussite... toute cette façade de roman-photo... de clichetons à l'eau de rose... de discours moralisateurs, de récits patriotiques... et, derrière, *« un long détail d'actions toutes noires. Dont on pourrait former des volumes d'histoires »*.

Exactement le comportement du Tartuffe de Molière. Une vie entière de tartufferies.

Dernier épisode marquant de cette vie tumultueuse... Le recel du bracelet de Mme Cardot qui va la conduire au trou. Elle s'en sort encore une fois, presque avec les honneurs de la Justice... un non-lieu en bonne et due forme! N'empêche qu'une telle héroïne de la guerre franco-allemande et de la lutte contre le proxénétisme, un juge d'instruction n'a pas hésité à l'envoyer à *La Petite Roquette.*

Elle invoquera, dans une interview au journal *Libération* en 1979, je ne sais quelle machination des tauliers et une tentative de revanche du commissaire Delarue. Lorsqu'on sait que ce dernier fut chargé après la guerre du dossier de la Gestapo française, on peut se demander pourquoi il s'intéressait tellement à Marthe Richard. Un non-lieu veut souvent dire que le magistrat instructeur n'a pas suffisamment de preuves formelles pour inculper, mais qu'il n'en pense pas moins. C'est le cas dans bien des affaires de truands, qu'on sait être derrière de multiples crimes ou délits, et qui narguent la Justice en devenant les rois du non-lieu.

L'évidence, une fois de plus, que notre Marthe nationale pendant l'Occupation fréquentait assidûment les pires arsouilles... même pas de très haut niveau... Avec le vol des bijoux de Mme Cardot, on est dans la fripouillerie la plus sordide. Elle ne peut même pas, en l'occurrence, prétexter je ne sais quelle mission de renseignements pour le compte du réseau Darius.

Concernant cette affaire Cardot, j'ai trouvé aussi un article de Marthe Richard elle-même... dans la revue *Pan!* deuxième trimestre 1971... Là, elle donne une tout autre version des faits. Elle prétend que c'est le commissaire Delarue lui-même qui aurait monté toute cette histoire sur l'instigation de Le Troquer. Ce dernier serait venu la voir en 1945 pour la dissuader de son intervention pour faire boucler les maisons. Devant son refus hautain, il aurait décidé de se venger. En lui faisant expédier un paquet de marijuana et le commissaire Delarue qui arrive, un moment après la réception dudit paquet, avec ses inspecteurs pour perquisitionner et qui lui donne un coup sur la nuque : *«... je suis tombée sans connaissance. On m'a emmenée, on a tout retourné chez moi. On a saisi mes bijoux en m'accusant de les avoir volés, etc. J'ai eu beau produire la photographie des chèques avec lesquels j'avais payé les bijoux en 1939, on m'a gardée à vue ».*

« Par la suite, M. Le Troquer a encore cherché à me faire des ennuis. »

La vengeance est un plat qui se déguste froid mais, en l'occurrence, M. Le Troquer a mis du temps, de la réflexion pour ce coup de Jarnac avec la complicité du commissaire Delarue.

Jusque-là, elle n'avait jamais fait mention d'une rencontre avec Le Troquer. Comment sait-elle qu'il est l'instigateur de cette opération ? Elle n'en reparlera plus dans ses mémoires... Elle invente au petit bonheur et désinvente et réinvente... ça n'en finit plus! De toute façon, elle se tire de ce mauvais pas et, après cela, il ne lui reste plus qu'à vieillir en entretenant sa légende dorée jusqu'à ses quatre-vingt-douze ans.

Rien, en définitive, ne va jamais bouger, la remettre en question. Elle finira par soutenir une vague campagne de retour en arrière au sujet des maisons closes. On la verra octogénaire dans la Presse recevoir quelques représentantes d'un mouvement post-soixante-huitard de putes révoltées. Elle préconisera alors dans ses interviews une solution genre éros-center allemand. *« Qu'on fasse des grandes maisons avec, comme des bureaux si vous voulez où elles* (les prostituées) *ne coucheraient pas, avec un grand salon où les hommes pourraient choisir. »*

Ça s'appelait ni plus ni moins le salon du choix dans les bordels de jadis. On revient en arrière... non, dit-elle, parce que les travailleuses sexuelles de ces bordels new-look n'auraient pas de souteneurs... Tout simplement, il suffit de le dire... et qu'en outre, elles pourraient refuser les clients qui ne leur plairaient pas. Les travailleurs immigrés, ajoute-t-elle... Comme ces derniers sont les habituels clients des filles à l'abattage, on peut se rendre compte du sérieux de ses propositions. A se demander si elle n'est pas devenue gâteuse lorsqu'elle renverse ainsi la vape ? Encore à voir... elle a semblé à tous ceux qui l'ont vue dans ses dernières années tout à fait lucide, guillerette, heureuse d'une vie de devoir bien remplie. Qu'elle puisse faire semblant de croire que les filles des éros-centers ne sont pas maquées relève d'une duplicité qui n'appartient sans doute qu'à elle.

A sa mort, le 10 février 1982, la Presse dans son ensemble rend hommage à l'héroïne nationale, l'espionne au service de la France et la Jeanne d'Arc de la lutte contre les maisons closes.

Seul Pierre Gallerey dans *Le Figaro* se pose quelques questions : *Sincère ou rouée? Naïve ou mystificatrice?* Les réponses me paraissent évidentes. Mystificatrice et rouée, elle l'est tout au long de sa vie, mais il reste des interrogations à son sujet qui demeurent sans réponse. Son rôle exact dans l'espionnage pendant la guerre 14-18 ? Que faisait-elle au moment où le capitaine Ladoux l'a enrôlée ? On peut penser... pourquoi pas... qu'elle travaillait pour le compte de l'Allemagne et que Ladoux l'a retournée. Certaines de ses déclarations, notamment lorsqu'elle fait un parallèle entre son destin et celui de Mata-Hari, sont très ambiguës à ce sujet.

Le personnage de Joseph Davrichewy dit Zozo apparaît toujours des plus curieux. On le retrouve constamment sur le parcours de Marthe Richard... sur les terrains d'aviation... en Espagne et en 1932 au moment de la parution du livre du commandant Ladoux. Il est son amant, mais il reste toujours un peu en retrait. Il la jauge, la juge... il la manœuvre très certainement. On peut se demander s'il n'est pas lié d'une certaine façon aux Soviétiques lorsque Lénine aura pris le pouvoir... s'il n'agit pas depuis longtemps en agent double. Ça expliquerait peut-être quelques agissements de Marthe Richard qui serait plus ou moins manipulée par Davrichewy (d'autant plus s'il l'a découverte agent de l'Allemagne en 1915). Après la parution de son premier livre, elle voyage beaucoup en

Afrique du Nord. Pourquoi particulièrement en Afrique du Nord ? On a très peu de renseignements sur ce qu'elle y fait.

Ses récits rocambolesques d'espionnage sont assez conformes à la mythomanie habituelle de toutes ces femmes qui se glissent dans le lit de personnages importants. Elles se vantent presque toutes ensuite de leur avoir soutiré de gros secrets. Ce fut le cas de Mata-Hari avec le Kronprinz, de Magda Fontanges avec Mussolini. Marthe Richard n'a pas fait exception à la règle... qu'a-t-elle extorqué de positif, de sérieux à Von Krohn ? On n'en sait rien, ça ne semble pas très conséquent, mais elle a su par la suite utiliser cet épisode au mieux de sa légende. A remarquer cependant que Marthe Richard est une création de Ladoux et Davrichewy en 1932. C'est-à-dire une quinzaine d'années plus tard. Entre-temps, elle s'est effacée, personne n'a parlé de ses exploits d'espionne à une époque où fleurissaient les récits patriotiques en tout genre.

Pendant la Seconde Guerre mondiale, on a vu que ses activités sont vagues en ce qui concerne la Résistance, et plus que douteuses de par ses relations avec les gens de la Carlingue, en particulier avec Eggenberger, employé de la Gestapo de la rue des Saussaies... section IV F III A.

Il semble qu'elle ait pris un train en marche sur la fin de son trajet avec Henry Baron pour se dédouaner. Ensuite Baron va l'utiliser pour rehausser le prestige de sa liste d'*Union des Mouvements de Résistance aux élections municipales*. Elle dit avoir refusé tout d'abord de se lancer dans cette aventure politique. On peut comprendre qu'elle hésite à aller se montrer sur les tréteaux électoraux.

Au moment où elle se lance dans la campagne anti-bordel, elle est sous inculpation d'escroquerie en compagnie de deux repris de justice, anciens gestapistes. Il est énorme, ahurissant, époustouflant que personne ne songe à lui demander au moins de se taire.

Seul le commissaire Delarue essaiera de la coincer quelques années plus tard avec l'affaire des bijoux volés à Mme Cardot. Le commissaire Chennevier attendra trente ans pour réagir et publier ce qu'il sait sur Marthe Richard dans ses mémoires qui vont être caviardés par décision de justice.

Et pourtant la police *savait.* La fermeture des maisons nuisait à son bon fonctionnement. Pourquoi n'a-t-elle rien tenté ?

Les hommes politiques anti-abolitionnistes, eux aussi, se sont écrasés, ils sont restés sur le terrain des idées. Jamais ils n'ont mis en cause l'honorabilité de la femme qui proposait la fermeture des maisons au nom de la morale publique. Pourquoi ?

Avait-elle de quoi les faire taire ? On peut se le demander.

Autre surprise et de taille, l'attitude du Parti communiste dans cette affaire. A la Libération, il est puissant et se réclame de la Résistance avec, prétend-il, ses soixante-quinze mille fusillés. Il mène l'épuration avec acharnement. On pourrait penser qu'il est au courant du passé de Marthe Richard, de ses mauvaises fréquentations gestapistes. Il n'en est rien ou bien *il a décidé de n'en rien savoir.* Une hypothèse pas si invraisemblable que ça. Dans de nombreux cas, *il tient* les gens en ayant en main des documents, des dossiers qui vont les rendre absolument dociles... de quoi les métamorphoser en compagnons de route à toute épreuve.

Ce qui porte un peu d'eau à ce moulin... les déclarations de Marthe Richard toujours favorables à l'U.R.S.S.... Dès les premiers débats au Conseil municipal, elle présentera la Russie soviétique comme modèle d'un pays où l'abolitionnisme a réussi. Et elle attaquera les bordeliers sur le plan de la Collaboration, soutenue très fort, on l'a vu, par Raymond Bossus, représentant du P.C.F.

Dans *L'Appel des sexes,* livre qu'elle publie aux éditions du Scorpion en 1949... un ramassis de platitudes pseudo-philosophiques sur le couple, elle revient plusieurs fois sur son hommage à l'Union soviétique dans des termes que ne renierait pas le plus dur apparatchik. Texto, elle écrit : *« Si en U.R.S.S., les prostituées tendent à disparaître, c'est que les femmes trouvent plus profitable de travailler afin de jouir des avantages et des agréments de la société soviétique. »*

On se demande bien pourquoi elle éprouve le besoin de faire une pareille déclaration à l'époque où David Rousset dénonce les goulags et où Kravchenko publie *J'ai choisi la Liberté...* Ce très curieux ralliement sans réserve aux mots d'ordre du P.C. donne à réfléchir.

Est-ce un hasard si André Marty, une des gloires du Comité Central jusqu'à sa destitution en 1952, rend hommage à Marthe Richard, la citant en exemple dans un discours à la jeunesse du XIe Congrès du Parti à Strasbourg en 1947 ?

Conséquences morales,
policières et prophylactiques
de la fermeture
des maisons de tolérance.

Nous avons vu que la fermeture était applicable sitôt la loi du 13 avril 1946 votée. Selon l'importance des agglomérations, on accordait un à six mois aux tenanciers pour ouvrir les volets de leurs maisons. Bien sûr, les bordels importants des grandes villes eurent à peu près de quoi se retourner. Pour les taules dont les bordeliers étaient propriétaires des murs se posait le problème de la reconversion en un commerce *honnête*, ce qui n'était pas évident. La solution la plus simple était de vendre l'immeuble, la villa qui servait de bordel. Les vendeurs étaient coincés... les acheteurs profitaient de la situation. Ça explique sans doute le pourquoi de cette démarche des délégués du Syndicat pour que Marthe les aide à faire retarder l'échéance.

Dans certaines régions, certaines villes de garnison, certains ports... il y eut des arrangements avec le ciel, c'est-à-dire la police et les municipalités. A Fréjus, les autorités militaires ont lutté pour obtenir une dérogation en raison du nombre important de soldats coloniaux – nègres et arabes – concentrés dans les camps d'entraînement de la région. Nous commencions la guerre d'Indochine et nos troupes d'intervention étaient en attente du départ. Cinq maisons sont donc restées ouvertes jusqu'en juin 1947... deux en ville, deux à proximité des camps et un B.M.C. dans le quartier Gallieni.

Mesure exceptionnelle et qui ne va pas sans provoquer des remous au sein du gouvernement. Le ministre de la Guerre est pour et celui de la Santé publique contre. Quelqu'un suggère qu'on importe des femmes de couleur à l'usage des troupes coloniales. Bien entendu, cette idée de traite des Blanches à l'envers est repoussée avec horreur!

En fin 47, seul le bordel militaire de campagne reste en fonction. Un lieu assez épouvantable qui s'apparente aux pires taules d'abattage. Mais comment résoudre les problèmes sexuels d'une énorme concentration de jeunes soldats complètement dépaysés en territoire français? Nous en restons au même point actuellement avec les travailleurs immigrés. La police prend donc sur elle la tolérance clandestine et ainsi l'honneur est sauf pour la République.

Le B.M.C. de Fréjus était entouré carrément de chevaux de frise. Ouvert de cinq à neuf heures du soir pour les hommes de troupe et de neuf heures du matin à midi pour les sous-officiers. Quatorze femmes sont au *travail* pour trois mille amateurs... Marocains, Tunisiens, Sénégalais, Malgaches. Les grivetons européens n'y ont pas droit et autour du camp quelques clandestines œuvrent dans les bois, dans des cabanes de fortune en bambou.

Dans le baraquement qui sert de B.M.C., le service sanitaire veille à écarter les microbes. Un infirmier inspecte les biroutes dans une cabine prophylactique. Ceci pour les clients, les putes, elles, sont astreintes à la visite médicale trois fois par semaine.

Au franc de l'époque, on sait que la passe ultra-rapide (on ne peut même plus parler de passade dont le mot passe est l'apocope) coûte soixante-dix balles au griveton.

Marcel Montarron, qui a mené une enquête tout à fait sérieuse dans *Détective* après la fermeture des claques en 1947, nous apporte les renseignements les plus précis sur les problèmes de la prostitution tels qu'ils se posaient à ce moment-là. Il écrit, et nous le croyons sans peine, que sur les soixante-dix francs la passe, trente vont à la patronne, dix à la sous-maque et le reste à la fille qui a reçu les hommages, si l'on peut dire, du beau militaire. Elle en reçoit en moyenne une cinquantaine durant ses sept heures de présence. Bien entendu, il est inconcevable, dans un endroit pareil, qu'elle n'ait pas de Jules.

Que lui laissait-il après sa ponction ? Presque rien sans doute. Là, bien sûr, tous les arguments des abolitionnistes sont fondés.

A Toulon, un taulier déclare à Montarron : « *J'étais bien informé et j'ai renoncé à la tolérance avant la loi de fermeture. Grâce à quoi, j'ai eu l'autorisation d'ouvrir un hôtel.* »

On retrouve ici le schéma de Bel Armand et on s'aperçoit, dès 1947, que rien, absolument rien n'a changé. Lorsque les B.M.C. fermeront, les hôtels de passes leur succéderont. On les a vus fonctionner jusqu'en 1981 dans le quartier de la Goutte-d'Or à Paris où les Maghrébins étaient agglutinés devant les bouges où les filles officiaient en faisant leurs ablutions intimes dans des seaux à champagne.

Montarron signale en septembre 47 une maison qui fonctionne encore dans le Var, à Brignoles, grâce au maire, un médecin qui refuse d'appliquer la loi. Sa commune de cinq mille habitants compte à ce moment-là mille cinq cents travailleurs étrangers en supplément, employés comme terrassiers ou forestiers, pour la plupart célibataires et les hommes mariés n'ayant pas le droit de faire venir leur femme.

Le bordel rue Saint-Sumian reste donc ouvert avec cinq pensionnaires dont le maire s'occupe lui-même sur le plan prophylactique... deux visites par semaine et un examen sérologique mensuel.

Ce médecin maire proteste ouvertement contre la loi d'avril 46 que les députés ont votée sans consulter le corps médical.

En fin 1947, on constate qu'un millier de prostituées environ sont devenues carrément clandestines. Il avait été question au Conseil municipal, puis à l'Assemblée nationale, de centres sociaux où les pensionnaires des maisons trouveraient un hébergement, des services qui s'occuperaient de les réinsérer dans le monde du travail. Bonnes intentions un peu utopiques non suivies d'effet. L'idée qu'une fille habituée à vivre dans les bordels puisse du jour au lendemain aller travailler à l'usine relevait d'un optimisme désarmant. Une fois la loi votée, il n'a plus été question, bien sûr, de s'occuper des malheureuses virées des lupanars pour se retrouver tout simplement sur le trottoir.

Dès avril 1947, M. Joublot, Conseiller municipal de la

S.F.I.O. se met à faire son mea culpa. « Je pense, dit-il, que nous aurons à réexaminer la question. Nous sommes tombés de Charybde en Scylla. Je ne suis pas le seul à le constater et Mme Marthe Richard elle-même... »

Ce qu'il ne sait pas, ce cher M. Joublot, c'est que Marthe s'en fout... que le problème ne l'intéresse que dans la mesure où il lui donne l'occasion de publier des livres, des articles, de faire des conférences qui l'aident à étayer sa légende. Avec cette loi qu'on lui attribue, elle est devenue un symbole. C'est Mme la Pudeur. On la croit membre du M.R.P. Bien entendu, les chansonniers la brocardent... elle fait les choux gras des journaux humoristiques... des blagues paillardes.

M. Joublot a raison, la fermeture des maisons s'avère catastrophique sur tous les plans. Sur douze mille filles que la police a arrêtées en 1946, neuf mille sont issues des bordels. On estime à ce moment-là que trente mille à quarante mille femmes se prostituent en France. Chiffre global qui comprend les filles en carte, les demi-pro et les occasionnelles.

Bien entendu, 95 % de ces dames sont pourvues de souteneurs en cheville avec les patrons d'hôtels meublés. Hors du circuit bien établi, le tapin n'est guère concevable. Ce qu'on oublie toujours à propos de la retape... J'ai entendu des personnes assez naïves pour dire que n'importe quelle femme baisable peut se livrer à la prostitution. C'est oublier que les amateurs venant de l'étranger ou de province vont dans des endroits précis pour trouver leur petit bonheur... dans les quartiers chauds, comme on dit. Et là, dans ces secteurs, pas question pour une femme facile en quête de quoi boucler ses fins de mois de venir marcher sur les plates-bandes des pro. Qu'elle s'y risque et elle est balancée aux flics des Mœurs dès sa deuxième passe ou aux Jules qui vont essayer de la prendre en main... Au mieux, elle s'en tirera avec une sévère raclée.

C'était ainsi en 1947, c'est toujours à peu près du kif. Les indépendantes ne peuvent se risquer à la galanterie que dans les quartiers périphériques, les banlieues... tous lieux où le micheton ne prospecte pas. Ça devient des petites passes au hasard, du mégotage de fesses.

Une nana qui veut, par exemple, racoler discrètement dans

un café quelconque d'un quartier *honnête* ne fera pas long feu. Dès que les loufiats s'apercevront de son manège, ils avertiront le patron et celui-ci lui intimera fermement le conseil d'aller en moudre ailleurs. Il ne tient pas, ce brave homme, à avoir des emmerdes avec la police ou, encore pis, de se faire racketter par le milieu.

Ça explique ces écriteaux dans certains bars : « Nous ne servons pas les femmes seules » qui avaient indigné naguère Monique Pelletier, ministre de la Condition féminine. Il ne s'agissait pas de sexisme, de phallocratie, de la part du bistrot, mais de simple prudence.

Marthe Richard prétendait, je vous le rappelle, à la tribune du Conseil municipal avoir eu *la révélation* du problème des maisons closes et de la condition inhumaine des prostituées en allant visiter le dépôt de Saint-Lazare... Les délinquantes cravatées par les poulets des Mœurs étaient envoyées à Saint-Lazare en général pour y soigner leur chaude-pisse ou leur vérole. C'était ni plus ni moins la taule... la vie en dortoir avec les infanticides, les voleuses à la tire, etc., sous la houlette des sœurs de Saint-Joseph qui faisaient régner une discipline stricte.

Deux ans après la Fermeture, rien de neuf. *On entasse toujours les putes à Saint-Lazare* et les choses ne changeront que lorsqu'on démolira les bâtiments.

Et dans le domaine de l'hygiène, on régresse dès l'application de la loi d'abolition. En 1945, les services prophylactiques de la Préfecture de Police avaient effectué 122 325 visites. En 1946, ce chiffre tombe à 75 505. De moins en moins de filles se présentent régulièrement à la visite. Constatation du docteur Blum, médecin-chef de Saint-Lazare.

La clandestinité, qui découle automatiquement de la fermeture des maisons, a favorisé la recrudescence des maladies vénériennes, déjà en forte progression pendant l'Occupation allemande puis après l'arrivée des Alliés.

Fin 46... on a fermé plus de 1 400 bordels en France, mais il en reste des centaines clandestins. Ceci, bien sûr, avec *le condé* de la Police des Mœurs. A Marseille, vingt-quatre taules ont été bouclées, mais avec l'assentiment plus ou moins tacite de la municipalité quelques-unes sont encore ouvertes.

A Paris, en 1947, on compte à peu près 200 clandés. Les flics, visiblement, renâclent à faire appliquer la loi. Le commissaire Galy finit par en faire boucler six sous la pression des élus du M.R.P. Les autres subsistent en se camouflant assez grossièrement en maisons de couture... établissements de bains, etc. Environ cinq cents filles travaillent à peu près comme au temps de la tolérance officielle.

En suivant Marcel Montarron, qui entreprend un tour de France des bordels en 1947, on constate que pour l'essentiel le problème est loin d'être résolu. D'ailleurs, si la situation actuelle est différente sur bien des plans, le débat reste ouvert entre l'empirisme qui tolère et qui réglemente... la politique du moindre mal et celle qui préfère essayer de vaincre ce qu'elle considère comme le mal.

Rouen, premier port fluvial de France, avait toujours été une ville où la prostitution était florissante. La rue des Charettes, célèbre pour ses bordels et ses tapineuses, avait été rasée pendant les bombardements anglo-saxons de 1944. Mac Orlan disait *qu'elle était plus modeste et plus intellectuelle que la ue de la Bouterie...* autre artère où les dames taquinaient le trottoir.

Après la Libération, la ville qui comptait sept maisons de tolérance avant les bombardements était devenue la capitale de la prostitution. Sous l'Occupation, les Allemands s'en étaient réservé quatre... Les affaires marchèrent si bien pour les tauliers que l'un d'eux pourra investir huit cent mille francs de l'époque, pour faire reconstruire sa taule écrasée par le parket bombing américain.

Les Alliés, prenant la place des Fritz, interdirent l'entrée des bordels à leurs soldats, « Off limits » affiché sur toutes les portes, sous la lanterne rouge. Comme le G.I. est d'un bon rapport, les maques retirèrent leurs gagneuses des maisons qui restaient encore debout pour les envoyer s'expliquer dans la rue, dans les ruines. Et les occasionnelles poussées par la misère, la pénurie alimentaire, se mirent de la partie.

Toutes les tapineuses jaspinaient l'anglais sans même l'avoir appris dans la *Méthode Assimil*. On racolait partout...

dans les bistrots de la rue Saint-Éloi et de la rue de la République, sur les quais, dans les ruines de la ville. Les putes de plus haut niveau se regroupaient dans les bars sur la rive droite du port. Ça forniquait partout, dans les moindres chambres d'hôtel, dans les caves, sur des paillasses, dans les décombres. La police française et les M.P. ont beau multiplier les contrôles, les rafles, les nanas trouvent même refuge pour leurs amours tarifées sur les bateaux à quai. Il va sans dire que toutes ces copulations sans hygiène provoquent un déferlement de chaude-lance et de vérole sur Rouen qui devient la troisième ville de France en ce qui concerne les maladies vénériennes.

C'est Marseille qui porte le maillot jaune... le record absolu de syphilis. Les chiffres parlent et plaident pour les bobinards... *L'Étoile d'or*, *la Maison Poupoule*, *la Lune*, *Chez Théo*, *le Flamboyant* ou *Cythéria*, c'était tout de même une espèce de garantie. Les filles étaient au moins surveillées sur le plan prophylactique. En 45, les services de Santé avaient dépisté 17 malades au cours des 21 000 visites médicales dans les 24 maisons de la ville. Ça faisait du 1,5 pour 1 000.

Il faut savoir qu'au moment de la destruction du Vieux Port par les Allemands, six bordels d'abattage du quartier réservé avaient été démolis. Les pensionnaires de ces taules avaient donc rejoint les tapineuses de la rue. Elles se pliaient plus ou moins aux visites obligatoires pour celles qui étaient en carte... 4 754 arrestations... on détecte parmi elles 1 091 malades soit du 230 pour 1 000.

Après le 13 avril 1946, la vérole va augmenter de 66 %. Sur 300 filles contrôlées chaque semaine, 65 % sont malades.

C'est l'époque où les Guérini règnent sur le Milieu. Les putes font la retape dans le quartier de l'Opéra... délimité par les rues de Paradis, Saint-Saëns, Molière et Davos. Là, pas question de clandestines, ni d'occasionnelles... les harengs font la loi et on casque la dîme au clan Guérini. Tous les bars subissent plus ou moins la loi du racket.

En quoi l'abolition de la tolérance a-t-elle amélioré le sort des filles à Marseille ? Le proxénétisme est plus fort, plus draconien que jamais et la courbe ascendante des maladies vénériennes grimpe à une vitesse vertigineuse.

C'est l'apparition des antibiotiques qui va la faire descendre, réduire le danger presque à zéro. *La loi Marthe Richard sans la pénicilline se serait avérée catastrophique.*

Dans chaque région, dans chaque ville, la situation diffère un peu en raison des ravages plus ou moins importants provoqués par la guerre. Et il faut mettre à part les villes comme Strasbourg, Grenoble ou Colmar qui avaient supprimé la tolérance bien avant la guerre.

Toulon, par exemple, est un cas un peu à part. En 1939, le quartier réservé du Chapeau-Rouge, près du cours Lafayette, comptait 23 maisons closes où les 10 000 hommes de l'escadre venaient tirer leurs bordées au retour des manœuvres et il y avait en outre les matafs en escale de toutes les flottes du monde.

En novembre 1942, la flotte française se saborda, comme on le sait ou ne le sait plus... Les Allemands élevèrent un mur à chaque bout de la rue des Remparts. Ils réquisitionnèrent aussi les meilleurs claques pour la Kriegsmarine... *Le Palace*, *les Trois Étoiles*, *le Sphinx*, *l'Impéria*, *le Montmartre* et *la Maison Blanche*. Là, l'ordre germanique se mit à régner. Le poste de garde devant chaque bordel et à l'intérieur toutes les formalités... les fiches à remplir... chaque fille répertoriée. Avec ce système, bien sûr, on minimise les dégâts. Il s'agit en somme d'envoyer les matelots se faire couler en mer sans vérole et sans chaude-pisse.

La discipline s'assouplit avec l'arrivée des troupes du général de Lattre de Tassigny en août 44. Plus de factionnaire devant les claques rue Traverse-Lirette et place Pavé-d'Amour (quels noms évocateurs!), plus de piquet d'infirmiers avec leur permanganate, plus de fiche à remplir, etc., la liberté retrouvée avec pour corollaire un peu plus de chtouilles et de syphilis.

Il semble qu'à Toulon plus qu'ailleurs les tauliers aient eu conscience de l'inéluctable de la loi Marthe Richard. Avant la date effective de la Fermeture pour la ville – octobre 46 – ils avaient déjà chanstiqué leur façade... *L'Arc-en-Ciel*, le *Martinique* étaient transformés en dancing où les filles venaient s'expliquer au tango et à la rumba avant d'embarquer le micheton dans les hôtels du voisinage.

Tout reprend donc presque sans heurt... Les cent trente pensionnaires des boxons se retrouvent en talons aiguilles, jupe fendue, cigarette aux lèvres à en moudre sur le trottoir. Les flics jouent leur rôle dans la partition... ils alpaguent, embarquent, et envoient ces jolies personnes à la barbote (la visite médicale). On relargue ensuite celles qui sont saines au-dessous de la ceinture.

Les harengs sont là, bien sûr, plus ou moins dans l'ombre, et ils prélèvent ce qu'ils estiment leur être dû pour rémunérer *leur protection* (souvent bien aléatoire). Les tauliers, devenus patrons de bar ou propriétaires d'hôtel, empochent au passage les prix prohibitifs de leurs alcools frelatés, leur champagne de sous-marque et de leurs piaules.

Tout est pour le mieux dans la meilleure des villes possible. La police donne les condés et les maques donnent des tuyaux à la police.

Situation exemplaire après quinze ans d'abolitionnisme à Grenoble. C'est en effet en 1930 que la municipalité a décidé la fermeture des maisons et a même interdit aux filles en carte de faire la retape dans les rues.

Autrefois, les taules étaient du genre somptueux à Grenoble... *Le Chat Noir... le Palais de Cristal* rue des Beaux-Tailleurs... *L'Étoile Rouge* de la rue Kléber. Huit maisons dites de société, plus quelques bouges d'abattage rue Saint-François.

Dès 1931, la ville va tenter une expérience dans l'esprit de ce que voulaient certains législateurs M.R.P. en avril 46... (Des vœux pieux restés lettre morte.) A Saint-Ismier, au pied de la Grande Chartreuse, on a ouvert un centre d'hébergement pour prostituées repenties... *L'Abri Dauphinois*. On pense sans doute que le site montagneux, la beauté du paysage vont inspirer de hautes et pures pensées aux anciennes péripatéticiennes. Noble initiative, mais *L'Abri* ne vit que de charité et des maigres subventions de la mairie. Comme toujours, les filles qui vont se réfugier là sont des malheureuses... les pires victimes du proxénétisme... celles qui ne rapportent rien tant elles sont disgraciées... des demeurées... les débris du trottoir. Environ dix à douze pensionnaires qu'on fait vivre comme des nonnes. Levées dès les aurores, elles s'occupent de travaux ménagers, de jardinage, de l'élevage des poules et des lapins. On devine un peu le genre de personnel charitable qui monte une pareille entreprise. Toutefois, la directrice, Mme Lacroix, affirme qu'elle obtient de bons résultats... que 25 % environ de ses stagiaires ne rechutent pas. Soit trois ou quatre par an!... Magnifique, n'est-ce pas?... Ça vaut que les réformateurs se penchent sur une expérience aussi intéressante.

On crée un abri du même gabarit à Montpellier en 1947 dans la propriété de Montmaur-Cottage. Il dure ce que durent les roses... mêmes brillants résultats qu'à Grenoble. On se demande comment fonctionne le cerveau de gens qui se dévouent pour des causes aussi désespérées.

A Lille, le bilan est encore plus déplorable qu'ailleurs. Toutes les maisons étaient déjà fermées en novembre 1945. Le député-maire, abolitionniste convaincu, étant en plus le rapporteur devant le Parlement de la loi dite Marthe Richard. On a bouclé *manu militari* les neuf bordels de la rue de l'A.B.C... ainsi que les bars où travaillaient les putes pendant l'Occupation allemande.

Forcément, plus de deux cents points de prostitution demeurent... bistrots, bars, hôtels louches. On a décrété les visites obligatoires au dispensaire pour toutes les filles en carte. La mesure ne semble pas très efficace en considérant les chiffres officiels suivants : en 1939, femmes en maison, 6 750 visites... 50 malades... 0,70 %... Filles en carte, 3 120 visites, 20 malades, 0,60 %... Clandestines, 10 visites, 2 malades.

Mai 1947 : 29 malades sur 50... 58 %.

Avant-guerre : 20 outrages aux mœurs ou attentats à la pudeur par an. En 1947 : 123.

Ces chiffres pour une population de plus de 200 000 habitants.

A l'évidence, dans les deux ou trois années qui suivent la Fermeture, sur tout le territoire, on ne peut pas dire que les résultats soient très probants. Mis à part quelques journalistes, certains médecins et la plupart des policiers, la question n'intéresse déjà plus personne. Les parlementaires qui ont voté l'abolition se foutent absolument de ses conséquences. Ils ont abattu un principe, ça leur suffit.

On arrête et on condamne tout autant, si ce n'est plus, de souteneurs et de filles que par le passé. A part les quelques centres d'hébergement, des *Abris* dans le genre de ceux de Grenoble et de Montpellier, œuvres charitables de curés, on ne se soucie plus du tout du sort des anciennes pensionnaires, aussi bien des taules d'abattage que de celles du *One two two* ou du *Chabanais*. Ces dernières ne risquent pas d'aller demander des secours aux religieuses ou à l'Armée du Salut. Elles sont dans des petits clandés, les problèmes de la réinsertion ne les effleurent pas. Toutes les autres ont été carrément mutées dans les rues de Barbès, de Pigalle ou des alentours du boulevard Sébastopol qu'elles arpentent avec pour point fixe un hôtel de passes.

Les tenanciers ont pleurniché, plutôt pour la forme... ils avaient tout de même tous pas mal de monnaie à gauche... De bonnes âmes les ont plaints... n'est-ce pas... les services du Relogement avaient réquisitionné leurs bordels sans indemnité pour y héberger les étudiants nécessiteux... ou je ne sais quoi... des mal logés, si nombreux après les bombardements.

La ruine des tauliers me paraît grosse à digérer... à part quelques-uns trop vieux ou trop mouillés avec les Chleuhs, les autres se sont remis sur patte avec les hôtels de passe.

L'essentiel, dans ce système, qu'ils n'apparaissent pas du tout. Ils se payaient un gérant prête-nom. Le boxeur gitan, ancien champion d'Europe, Théo Médina a rempli cet office jusqu'aux années 70... C'est lui qui faisait tourner l'affaire, moyennant une généreuse rétribution. En cas de dèche, bien sûr, il morflait. Prévu au contrat... le proxénète hôtelier devant la loi, c'était cézig. Il se farcissait quelques mois de placard où il était assisté comme un petit pacha et à la décarrade, on le dédommageait, il touchait ses mensualités de retard. Si les poulagas, par trop répressifs, faisaient boucler la turne définitivement, il allait offrir ses services ailleurs.

Parfois l'affaire était en société... une façon comme une autre pour les voyous de placer l'argent des casses et des braquages. Ils empochaient les bénefs, uniquement sur le prix des chambres. Ça leur suffisait pour se la faire grasse et crapuleuse. Une existence de pêche à la ligne, parties de poker... champs de courses, etc. Pour le reste, les ponettes se démerdaient avec leurs Jules. Tout comme au bon vieux temps des boxons, elles étaient attachées à un hôtel... à un espace de bitume... un coin de couloir. Et le plus souvent, le gérant avait sa dame qui veillait à la bonne marche des passes depuis son bureau au rez-de-chaussée, à l'entresol... Tout ça bien huilé, bien en cheville les uns les autres... Le décret du 13 avril n'avait eu que peu de conséquences. On avait juste déplacé les lieux... on les avait rendus plus difficiles à cerner.

Ce système mi-clandestin tiendra à peu près jusqu'aux années fin 70. On s'est refilé un coup de vertu, de moralité publique sous Giscard et son successeur en faisant boucler les hôtels de passes et les clandés genre celui de Mme Billy, rue Paul-Valéry.

Ainsi tout s'était reconstitué... Manquait juste l'apparat, les délicatesses du *Chabanais* et du *One two two*... Je vous parle de la période entre 46 et 75... trente ans environ. Après, ça va prendre une autre tournure mais sans que l'essentiel soit touché, je vous en dirai deux mots tout à l'heure.

Plus ça change et plus c'est pareil, comme disait je ne sais qui... la sagesse populaire sans doute.

Petite promenade
sentimentalo-putassière
sur les lieux où
s'élevaient les lupanars.

« Les volets étaient ouverts, c'était d'un triste! »
Yves MIRANDE

Pèlerinage... non pas! J'étais trop jeune pour fréquenter tous les bobinards d'avant Marthe Richard. Juste, j'ai jeté un œil à l'intérieur de quelques-uns, lorsque je sauvais moi aussi l'honneur de la France avec le Général à la fin de la dernière guerre. J'ai d'ailleurs raconté ça dans certains de mes livres consacrés à mes exploits truando-militaires. A Coulommiers, rue de l'Aré... à Montmédy, le *Chat Noir* où se pressaient les F.T.P., les volontaires du Régiment de Marche de Paris du Colonel Fabien. Reims... une incartade avec des copains au *Palais Oriental*, la taule la plus luxueuse de la ville d'où nous fûmes presque éjectés tant nous étions héros guenilleux... avec des manières pas possibles!

A Paris, je vous ai décrit de mon mieux les maisons d'abattage de la rue Frémicourt, du boulevard Auguste-Blanqui où officiaient des gravosses en oripeaux roses... Huguette, Mimi, Yvonne, Janine. Un flash m'arrive... l'une d'elles en socquettes blanches avec des souliers vernis... une sorte de tutu et d'énormes nichons à l'étroit dans un soutien-gorge balconnet... débouchant de l'escalier, suivie de son micheton, un homme dans la force de l'âge, cheveux en brosse et qui finit de se refermer soigneux la braguette. Voilà... Clac! la photo-souvenir.

J'aurais dû faire mon enquête quand il était temps, en 1946, lorsque je revenais de guerre... Quarante piges, ça vous écrase, on a du mal à se retrouver, se suivre dans ce Paris aux immeubles noirâtres... aux boutiques peu attrayantes... aux rues qu'on traverse sans s'occuper de la rare circulation automobile. On est loin en arrière... beaucoup plus loin que le calendrier voudrait vous le faire accroire. Comment retrouver mes bordels, leur façade... leur mystère? Ça relève presque de l'archéologie.

Consciencieux, rien que pour Paris je me suis lancé à la recherche des claques perdus. Le *Sphinx,* lui, c'était bien fini... longtemps la façade a subsisté... style pseudo-égyptien... art déco... années fofolles. Vlan! On a foutu tout ça en l'air et on a reconstruit... le *Sphinx* ne reste plus qu'à l'état de photographie et dans la mémoire ramollie de quelques vieux souteneurs, quelques antiques pouffiasses et leurs survivants clients, asthmatiques... angineux de poitrine... les cannes tristes... tous les errants en mal de funérailles.

Du *Sphinx,* Martoune, la taulière, raconte dans ses mémoires qu'on allait les petits matins blêmes (comme il se doit) assister aux exécutions capitales qui avaient lieu sur le boulevard Arago tout proche. Après le spectacle de la guillotine, les fêtards se retrouvaient devant une gratinée aux Halles...

Comme Fabienne du *One two two,* Martoune n'en finit plus de donner la liste de toutes les célébrités qui fréquentaient sa maison de luxe... les Montparnos, bien entendu, en voisins... Kisling, Youki Desnos, Kiki, Foujita... les écrivains et journalistes Joseph Kessel, Georges Simenon, Francis Carco, Blaise Cendrars et mon vieux pote Alexandre Breffort dit La Gelée. J'ai oublié de lui poser des questions sur le *Sphinx* et sur les claques parisiens. Il avait fait le taxi longtemps, Breffort, ainsi qu'Albert Simonin. Je n'avais pas en tête, de leur vivant, d'écrire un jour la saga des bobinards, je n'ai pas su profiter de leurs souvenirs qui ne risquaient pas de donner dans les clichetons qu'on a pu lire partout.

Martoune prétend aussi avoir reçu les vedettes hollywoodiennes... Gary Cooper, Errol Flynn, Wallace Berry et même la grande Marlene, la Dietrich, lors de leur passage à Paris.

Des hommes politiques, elle en avait comme clients en veux-tu en voilà... Elle affirme qu'Albert Sarraut n'avait pas de billes dans son affaire. Normal qu'elle ne dévoile pas le pot aux feuilles de rose, même trente ans plus tard lorsqu'elle publie son livre [1]. Elle dépeint simplement l'ancien président du Conseil sous les couleurs d'une amitié chaude et sans défaillance. Tout à son honneur.

Que Romano, un fils de Mussolini, soit venu tringler une nana du *Sphinx,* quoi de plus banal. La visite d'Eva Braun, future madame Hitler, en 1932, en compagnie de joyeux lurons teutons me paraît plus sujette à caution. Quant aux velléités du Führer de se pointer au *Sphinx* pendant sa visite à Paris le 23 juin 1940, ça relève un peu de la rêverie. Ça serait Arno Breker et Speer qui l'en auraient dissuadé. Si c'est exact, c'est grand dommage, ça nous aurait valu un beau document historique... Et aussi de quoi envoyer Martoune et son homme en galère à la Libération. Mais il est vrai qu'ils avaient pris du recul en se retirant dans leur villa sur la Côte d'Azur où ils résistaient après avoir entendu le Général à Radio-Londres.

En août 44, c'est la sous-maque en fonction pendant les quatre années noires, la pauvre Freeda, qui va se faire tondre et échappera de peu au peloton des vengeurs de la Patrie.

Les voyous, bien sûr, ont défilé dans son établissement comme au *One*. Avant la guerre, Stavisky escorté de Jo les Cheveux Blancs que j'ai mis en piste sous le nom de Milo des Lafs dans mon roman *Cinoche...* Spirito et Carbone... et sous l'Occupe tous les enfants de chœur de la Carlingue... parmi eux, Pierrot le Fou accompagné de Ginette Leclerc.

Après la tourmente, elle est revenue, Martoune, avec Georges le taulier. Mais, lui, détail significatif, disait à qui voulait l'entendre que les maisons allaient fermer. Il était un des caïds de l'*Amicale des Maîtres d'hôtels meublés de France et des Colonies* (siège social, 73, rue Notre-Dame-de-Nazareth). Ça

1. *Madame Sphinx vous parle* – Éditions Eurodis 1974.

cadre bien, une fois de plus, avec tout ce que je vous ai dit plus haut.

J'ai voulu tout voir, quartier par quartier et j'ai dû renoncer en route. La plupart du temps, on ne retrouve rien... une porte... des boutiques, des restos chinois, des pizzerias... tout s'efface, s'effrite... se gomme. Une palissade décorée de gros dessins d'une laideur hurlante... œuvres, paraît-il, d'artistes d'une naïveté douteuse!... Ce que j'ai aperçu de ma voiture, un matin d'automne... un dimanche... sur le boulevard de La Villette!... Le long du métro aérien... dans le bousbir... la médina... un hammam... C'était déjà avant la guerre un secteur fortement teinté d'Islam... maintenant aucun doute, on est en territoire musulman... dans une sorte de ghetto... avec des souks... des lascars en gandoura, burnous et la musique lancinante, berbère, qui sort des bistrots.

Naguère, à La Charbo... (rue de la Charbonnière) existaient carrément des taules d'abattage. Ça se pressait, faisait la queue sur les trottoirs. Les maques européens avaient des arrangements avec leurs confrères algériens pour envoyer dans leurs hôtels de passes les nanas en punition. Des jeunes personnes qui avaient commis un impair... une désobéissance quelconque à leur seigneur et maître. Condamnées à un mois ou deux d'abattage à La Charbo pour leur apprendre les bonnes manières... Ça a été raconté par les filles elles-mêmes... Jeanne Cordelier, Xavière... une petite virée en enfer!

On a bouclé, je vous ai dit plus haut, entre 75 et 80, les hôtels... parfois même les hôteliers, mais le problème reste insoluble... les consommateurs prolos, maghrébins, trouvent de quoi s'exprimer le zob sur leurs chantiers, carrément, les dames viennent se faire tringler en série dans des cabanes, sur des lits de fortune... le tout avec la complicité vénale des contremaîtres... des entrepreneurs!

Le boulevard de La Chapelle avait trois bordels de même vocation... l'abattage... les passes à la chaîne, le quartier veut ça! Au 76, face à l'ancien poste de police de la rue Fleury, devenu fortin pendant la guerre d'Algérie, on devine un peu que c'était un claque, cette petite bâtisse à deux étages... il reste encore une mosaïque bleue... dorée... sur un coin de la façade. Un point c'est tout pour le chercheur. Le marchand de fripes qui déballe ses hardes sur le trottoir me regarde d'un œil méfiant... il se demande si je ne suis pas un flic... un espion quelconque du fisc.

L'ex-*Panier Fleuri*, à l'angle de la rue Caillé, on se doute, bien sûr, que c'était une taule d'abattage. Il n'en reste plus qu'une façade avec des fenêtres garnies de barreaux... deux étages... on passe devant sans s'arrêter... on se prélasse pas dans ces coins-là. Mais en y regardant de plus près, on imagine très bien ce que ça pouvait être.

Au 106... autre boxon de haute renommée. Dans les années qui suivirent la Fermeture, il faisait la joie des photographes... enfin sa façade... l'Armée du Salut s'y était installée... son siège parisien, il me semble... C'était une drôlerie pour les amateurs d'ironie involontaire. Aujourd'hui, ils se sont cassés, les Salutistes... en région musulmane, les protestants n'ont rien à foutre. C'est un grand bazar à la place... avec des valoches, des tapis, des ustensiles en cuivre... des instruments de musique et on a les esgourdes assaillies par la musique arabe... toujours la même, on dirait, depuis la nuit de l'Hégire.

Au 122, rue de Provence, du *One two two*, il ne reste qu'un immeuble assez banal. On dit que c'est devenu le siège du *Syndicat des cuirs et peaux*. Rien ne l'indique sur sa façade... ni plaque, ni enseigne. A cet endroit, la rue de Provence, coincée entre la rue de Rome et la rue du Havre, après le grand magasin du Printemps, que les péripatéticiennes font la retape... dans un quadrilatère entre la rue de Mogador, la rue Joubert et la Chaussée-d'Antin. Elles y sont par tous les temps, nos tapineuses de charme, en chandelle bien évidente... les dimanches et fêtes... à toutes les heures du jour... de la nuit!

Au 31, Cité d'Antin, il ne reste d'une maison close que quelques vestiges de dessins sur les vitres de l'immeuble. Cet endroit vaut pourtant qu'on s'y arrête. Il avait été patronné, fondé par M. Raoul Mayer, le Président-directeur général des Galeries Lafayette toutes proches. Sans doute M. Mayer pensait-il que ses chefs de rayon iraient s'éclater là avec les filles plutôt que de lutiner ses vendeuses. Naïveté de sa part, une activité n'empêchant pas l'autre.

Le peintre Henri Mahé, grand ami de Louis-Ferdinand Céline, composa pour ce bordel une histoire de l'amour, fresque en treize tableaux qui décorait les murs le long de l'escalier, dont il ne reste aujourd'hui que quelques reproductions photographiques.

Louis-Ferdinand Céline venait au 31, Cité d'Antin se payer des jetons de mate. A l'abri d'une glace sans tain, il assistait aux ébats sexuels de son amie Élisabeth Graig, celle à qui il a dédié le *Voyage au bout de la nuit*. C'était son truc à Ferdinand, il ne s'en est jamais caché. Il était voyeur.

Parlant des deux célèbres maisons closes de la rue du Hanovre, près du théâtre de la Michodière, Sacha Guitry disait : « Nous avons une paire de claques. » Au 4, c'était l'*Acropole,* réputée pour sa chambre des glaces et son musée érotique. Le 7, tenu par Mme Denise, recevait surtout une clientèle de masochistes.

Du 6 de la rue des Moulins, où Toulouse-Lautrec avait presque élu domicile, il ne reste qu'un immeuble XVIIIe et en bas *Angola Airlines*... une agence de voyages. Le rêve trépasse... quel promeneur peut se figurer qu'à la Belle Époque!...

Le 14, rue Montyon a-t-il été fréquenté par Degas ? Il se serait inspiré de ce bordel fréquenté par la bonne bourgeoisie pour illustrer *La Maison Tellier* de Maupassant.

Rue Colbert, le long de la Bibliothèque nationale, le 8 garde un air discret coquin... une sorte d'hôtel particulier... XVIIe, celui-là... je crois. En tout cas, il a de beaux restes bordéliques! Peut-être les chercheurs, les savants venaient-ils là s'offrir un peu de luxure après leurs heures studieuses à la Nationale ? Il est vrai que ces gens, ces profs, ces rongeurs de documents ne sont pas très souvent argentés. Ça nécessite une sacrée dose d'abnégation que d'aller se farcir, comme ça, des textes poussiéreux à la loupe... des enculeries de mouches infinies à propos de choses mortes... ces longues patiences entre les pages, les lignes... à l'affût de la moindre virgule déplacée. Tout ça, pour nourrir des thèses, des livres qui ne seront lus que par trois dizaines d'autres rats de bibliothèque et qui vont encore trouver à redire, les salauds, à enfiler d'autres mouches plus ou moins charbonneuses! A part les fils de famille à fric, les autres ça déambule plutôt une partie des pieds hors des grolles... des pellicules sur les endosses... des cheveux qui s'y arrêtent, comme à regret de quitter un crâne.

Autour de leur temple du savoir, on ne sait pourquoi, les bobinards proliféraient dans les rues Croix-des-Petits-Champs, Molière... Jean-Jacques-Rousseau... Pélican... Coquillière... Saint-Augustin! Plus rien n'indique que jadis s'élevaient là d'aimables lupanars. Ils sont devenus de tristes immeubles d'habitation... de petites boutiques de coiffure, d'alimentation, de vêtements. Leurs occupants, patrons patronnes et employés, savent-ils qu'autour d'eux circulent les fantômes froufroutants de la galanterie?

A la Porte Saint-Denis, le gardien de la paix à la barbe de patriarche biblique qui faisait la joie des enfants et des touristes est calanché depuis triste lurette, mais les alentours restent le domaine quasi réservé de la prostitution. Elles sont toutes là, les vioques, les jeunes et les moins jeunes, les maigriottes et les gravosses tétonnières et les sacs à bite... elles se pressent, s'offrent sur le trottoir comme pour mieux personnifier les péchés capitaux de la chair! Certaines sont ici depuis toujours, on dirait... des vendeuses d'amour de démonstration en tenue de combat, nibards hors du balconnet... la guêpière... les bas noirs!... toutes les féroces, les tigresses pour les maso... Une variété de fesses pas croyable!... de la minette dernier modèle en jean, souiteur à Mickey, fringues de surplus, de marché aux Puces... de la mi-mec à cheveux en brosse, mèches roses ou bleues... ambiguë pour semi-pédoques... de la tristounette employée de bureau pour le patron qui n'a jamais osé... n'est-ce pas... et des négresses et des fatmas... de la cuisse à l'étal... des bouches prometteuses... des clins d'œil vicelards!

Sur la chaussée passent les hommes... repassent, borgnottent droite à gauche... les furtifs honteux pressés et les flâneurs main dans la poche... les pépères et les jeunots acnéeux... les riches, les pauvres et les Arabes et les Maliens... « Entrez, messieurs, vous payer encore un instant de bonheur! » Les femelles happent et lappent et dévorent... c'est à l'état pur... on ne peut pas se tromper.

Avant 46, ça tapinait déjà tout autant dehors autour des *Belles Poules* au 32... et de la *Brasserie du Moulin* au 16. Les bordels ouverts ou fermés n'ont rien changé à la ronde... le ballet des putes et des michetons en plein air.

La rue Sainte-Apolline, la parallèle, est un peu moins grouillante de filles. Les demi-grossistes juifs peuvent tout de même travailler presque tranquilles. Au 25 était un boxon à la façade typique... genre établissement de bains... la petite mosaïque blanc-bleu... C'est là que Mariette, l'héroïne d'une de mes nouvelles des « Enfants de chœur », était à la tâche six jours sur sept pendant l'Occupe. Je n'y suis venu qu'une seule fois... un soir... comment me souvenir de l'extérieur ? Je me suis glissé là en lousdoc. Je recherche plutôt des visages, des impressions... la pierre, les briques... les enjolivures architecturales ne m'ont jamais marqué la souvenance.

A l'angle de la rue de la Lune et de la rue Poissonnière, au 43, ça devait être une taule de prestige. Façade 1925... elle occupait un bel espace. C'est une bonneterie à la place... On est à deux pas du cinéma Rex transformé en *Soldaten Kino* sous la botte.

Le quartier Saint-Germain-des-Prés était bien pourvu en claques. Rue de l'Échaudé au 27 et 29... aucun doute... ça ne pouvait être que là. On entrait par une porte étroite comme dans l'Évangile... Ça devait être coquin... couffin... douillet! Je me fais des suppositions. Maintenant, c'est l'Hôtel Buci-Latin... l'enseigne avec au-dessus, en plus petits caractères, « *Chez le Président* »... Quel Président ? Je me complais à supposer que c'est le dernier hommage à un grand homme de la IIIe... Président de quoi ? Tous plus ou moins ont été Présidents du Conseil! C'était la grande habileté du régime... les ministères tombaient, se relevaient et les hommes, un moment ou l'autre, avaient le pouvoir pour trois mois... six mois au plus!... Le temps qu'ils s'usent, que le bon peuple ait envie de voir de nouvelles tronches. Il est versatile, le bon peuple... il aime le changement.

Rue Mazarine, rue Grégoire-de-Tours et rue Monsieur-le-Prince... il faut se forcer, se triturer un peu l'imagination pour se représenter les bocards qui furent et ne sont plus.

Rue Dauphine, au *Popot Bar* célébré par Antoine Blondin dans *Monsieur Jadis*, c'était aussi, et je le découvre seulement, un petit bobinard. Il figure dans le *Guide Rose* de 1935. J'y traînais mes lattes douze ans plus tard avec des petits potes... une bande anarcho-alcoolique, sans savoir sur quelles traces nous marchions. On y rencontrait le peintre Wols, Ernest Gengenbach, le poète surréaliste curé défroqué. Lui, peut-être avait-il posé ses fesses sur les banquettes au temps où ces dames venaient offrir leurs petits services.

On m'avait parlé de bordels réservés quasiment à la clientèle ecclésiastique. Sur ma liste, ça m'a semblé être ceux de la rue Saint-Sulpice... autant pécher pas trop loin du confessionnal. Au 15, c'est devenu une boutique de miroirs anciens... un immeuble de cinq étages. Rien d'évident, et ça se comprend... messieurs les abbés préféraient la plus grande discrétion possible. Après avoir sonné à la lourde, la sous-maque les gaffait par le judas (quelle ironie!), elle ouvrait et les conduisait directos au choix... un parcours ingénieux dans les couloirs, les dédales du sérail, les empêchait de faire des rencontres inopportunes... des paroissiens prêts à pécher... voire leur archevêque... le nonce apostolique... un académicien bien-pensant. Les tenancières de ces établissements étaient sans doute d'anciennes élèves d'école chrétienne. J'ai ouï dire que l'une d'elles fut déflorée par un gaillard prédicateur!

Miss Beety, c'était au 36... et là, je reste un instant admiratif sur le trottoir en face... tout contre l'église! L'immeuble surmonte la porte d'entrée à la verticale! C'est blanc, avec des colonnades pseudo-antiques. Juste la largeur d'une fenêtre. On est coincé entre deux librairies religieuses. Tout autour ce n'est que ça! des procures du clergé, des étals de bondieuseries. Certes, Mai 68 a dû, là-dedans comme ailleurs, faire des ravages. Les curetons ne disent plus de chapelet, ne lisent plus de bréviaire... toutes les statuettes, les scapulaires sont à la scaille... à Saint-Ouen, au milieu de ces choses qui vont devenir décoratives dans une perspective quasi sacrilège. Plus de soutane... on ne sait plus du tout qui est qui et l'habit tout de même devait faire le moine. Aujourd'hui, les vicaires portent des blousons cloutés... ils jactent verlan... ils se marient même plus, ils sont à la colle avec des nénettes pas possibles, mal torchées, mal embouchées... ou alors ils refilent de la jaquette, mais pas comme leurs anciens, style mielleux... chochote pleine de réticence pour aller se faire enfiler. Ils sont *hard*... voilà. Dieu y cherchera les siens. Les anticléricaux les plus farouches n'avaient pas prévu qu'ils n'auraient plus aucune raison de bâfrer du curé matin, midi et soir... « Plus marxiste que moi, tu meurs! »

Le numéro 36 est en lettres d'or sur fond bleu au-dessus de la lourde. Étrange bâtisse... elle détonne dans l'alignement. Sans savoir, on se demande ce qu'il y a derrière cette grande porte... dans les profondeurs... Un médecin... un kinésithérapeute... rien de plus à présent. Les jolies servantes des plaisirs des hommes d'église se sont envolées... peut-être au ciel... au septième, bien entendu.

Il y a vingt ans, j'avais fêté mon anniversaire, mes quarante balais, dans un petit troquet rue Saint-Placide... au *Colibri*... avec le lanternier de la magie, mon pote Cherel, Vulcanos, l'illustre mage, et quelques vieux et nouveaux amis. Il n'existe plus ce *Colibri,* à la place c'est un magasin de soldes... de robes... de fringues de dames. J'ai la surprise de retrouver l'endroit sur mes tablettes... La taulière se faisait appeler Miss Sinty. En 65, c'était devenu ce petit restaurant où nous allions souvent déjeuner toute la bande de *la Lanterne magique*. C'est là que j'ai coiffé Ap'Felturk, l'éditeur de *Bibi Fricotin*, d'un plat de semoule de couscous... l'épisode que j'ai narré dans *Le Banquet des Léopards*.

Autrefois, c'était donc un bordel ce *Colibri*. Me revient à la mémoire la tronche du patron... un petit homme tremblant de poivrade, un alcoolo... garanti pur cidre... n'est-ce pas, un Breton, Marie-Joseph Kervidic. Je me souviens brusquement d'un détail... il avait tenu... enfin il était taulier avant-guerre d'un bobinard à Quimper... Au *Moulin Rose* rue Pen-Ar-Stang. On en avait jacté avec Auguste le lanternier... voilà. Je n'arrivais pas à me faire à l'idée que ce Marie-Joseph avait pu être tenancier de claque dans sa jeunesse. S'il était déjeté à présent... enfin en 1965!... la bloblote des pognes... édenté... il s'exprimait la bouche en coin comme un vieux prisonnier de Centrale. Il s'animait, ses yeux brillaient que lorsqu'on parlait de son *Moulin Rose,* de ses petites dames de petite vertu de la rue Pen-Ar-Stang... un nom digne de figurer dans les œuvres de Mac Orlan.

Si je me glisse dans les draps, les suaires du souvenir, je vais dévier, me barrer ailleurs... vous fourvoyer. Revenons à nos chers lupanars... consultons le plan de la capitale... le IVᵉ arrondissement... Je me devais d'aller rue de Fourcy, retrouver les traces du *Moulin Galant.* En partant de la rue Saint-Antoine, au point où elle se prolonge en rue de Rivoli, on remonte la rue de Fourcy vers la Seine. C'est à gauche, au 10, le *Moulin Galant...* Une façade triste genre dispensaire qui englobe le 8 et le 6. Devenu le siège de l'*Administration Générale de l'Assistance Publique* et c'est conforme à l'architecture des lieux. On imagine mal un boxon dans ce bâtiment. Les clients, paraît-il, attendaient dehors par tous les temps... neige, pluie, soleil. Une affaire qui roulait rondement, soixante nanas à cinquante soixante passes par jour. On s'est battu pour le Fourcaga... sauvagement. Tout un véritable roman dans le style des meilleurs Le Breton... L'Équipe des Parisiens... celle des Corses... le Boulanger... Maurice l'Algérien... Armand le Fou... Paletot de Cuir... Charlot le Cordonnier... Difficile, à présent, de s'y reconnaître dans cette salade au raisiné... le Moulin valait douze briques de 1939... ça méritait pour les hommes du Milieu de s'entre-tuer... tout du moins l'estimaient-ils.

Du Fourcy, je reviens vers Saint-Paul, je prends la rue Pavée (*Pavée d'andouilles* au temps de Rabelais) et je suis en plein quartier juif... je passe devant la synagogue, je tourne et je suis dans la célèbre rue des Rosiers. S'y nichaient trois boxons... au 38... 40... 44... de petits immeubles... Au rez-de-chaussée, près de la porte d'entrée du 40, c'est la boucherie kasher Ben Simon... au 44, on vend des plats cuisinés « Oriental Express ». Rien de très attrayant pour l'histoire anecdotique. Les choses se passaient en lousdoc, en évitant les cris, la musique tapageuse... les bagarres... en bonne intelligence avec le voisinage, comme dans la plupart des quartiers. Ça faisait partie des avantages de la Tolérance. Elle n'agressait rien... elle amusait... peu de gens voulaient qu'elle disparaisse.

Une question me vient... pendant la botte... l'Occupation... comment ça s'est passé par ici ? A partir de 1942, de la rafle du

Vel' d'Hiv'... ça devait être désert la rue des Rosiers, tous les environs... Ses trois bordels et les autres... rue Saint-Paul, rue d'Ormesson, rue des Ecouffes... *L'As de Trèfle,* rue Jean-Beaussire... fonctionnaient pourtant... Je me demande un peu quels clients venaient se perdre par là, dans ces rues froides... ce climat de mort. Je n'ai pas de réponse... un vieux flic à la retraite me précise juste que *« c'était comme avant! »*.

Je m'aperçois qu'à cette époque je circulais pas lerche. En dehors de quelques incursions le dimanche sur les Boulevards... certains soirs à l'A.B.C. pour voir Charles Trenet ou la Môme Piaf, je restais plutôt dans mon XIIIe... Jamais je n'ai mis les pieds dans le quartier Saint-Paul. Ça manque, hélas, aujourd'hui à ma culture historique.

Dans le IXe, le quartier Saint-Georges, sans doute Maupassant et quelques écrivains de moindre importance ont-ils fait la tournée des petits bobinards à la fin du siècle dernier... rue Notre-Dame-de-Lorette, rue La Rochefoucault, rue Laferrière... le 10 de la rue des Martyrs où mourut un ancien Président du Sénat... etc. Aujourd'hui, plus rien n'y paraît, ils ont disparu et leurs murs se sont fondus dans l'anonymat. Rue Ballu, à deux pas de la Société des auteurs, le claque était au 32... dans un petit bâtiment à deux étages. Les volets, lorsque j'y vais voir, sont clos... je ne pense pas que ce soit pour les mêmes raisons qu'avant la loi scélérate. La porte est discrète. On devait sonner... un tintement de clochettes... la bobinette des bobinards! Ça serait pratique, à présent, pour les auteurs dramatiques qui viennent de toucher un chèque... ils s'offriraient, pour fêter ça, une gentille partie de jambes en l'air... quelques fantaisies avec Chloé, Aline, Léa, sous les auspices de la petite-fille de Mme Colette, la tenancière des années 30. Je vois ça en rose... thé au citron... quelques biscuits... une musique douce... un bordel un peu provincial... désuet... propre à faire rêver les écrivains trop timorés pour lutiner les belles actrices.

Bientôt dix ans que j'ai installé mes pénates dans le IXe arrondissement. Je traîne souvent mes lattes dans ce secteur. J'y ai un pote de guerre, un ancien des Commandos de France, un héros marrant musardeur. Il sait tout sur le quartier. Il a même connu quelques maquerelles à la retraite. Peu à peu, elles gâtifient... savent plus trop le vrai du faux, l'hier d'aujourd'hui, et puis elles clamsent... encore dommage!... Marie-Jeanne de la rue Laferrière m'eût été précieuse... elle est quelque part dans un cimetière et je ne saurai rien de plus que ce que peuvent me dire les listes, les rapports... ces choses qui jaunissent et se consument sans que le feu ait besoin de s'en mêler.

Les deux boxons qui restent dans le coin avec une façade qui ne trompe pas, je vous en ai parlé, je crois... Le 9 de la rue Navarin, la petite maison simili-gothique... On dirait, à première vue, une petite église bien proprette. Les touristes qui débarquent à plein autocar... parfois, ils prennent des photos pour rapporter au Japon, aux U.S.A... sans savoir de quoi il retourne... qu'on célébrait là le dieu Priape... d'étranges messes pour masochistes et que ça leur coûtait, en obole, c'est bien normal, la peau des couilles.

Le 50 rue Saint-Georges est plus massif, plus important. Un immeuble blanc avec des grosses fenêtres en forme de hublots. Construction sans doute 1925-30... c'est dans ce style qu'on retrouve les vestiges de pas mal de bobinards. Les Allemands l'avaient réquisitionné pour leurs officiers et il y venait le gratin du Haut Commandement puisque le maréchal Goering lui-même s'y est pointé au moins une fois... sinon plus. J'ai du mal à faire accorder les témoignages... 1941... 42... 43. Personne ne peut me dire le temps qu'il est resté dans les murs, le gros poussah... s'il a exigé des gâteries tout à fait spéciales ou quoi... Plaisant, bien sûr, de se le figurer en toutou lui aussi, en train de se faire déféquer sur la tronche... se faire flageller... l'ardeur, alors, de la préposée!

On n'a, la plupart du temps, que les ressources de l'imagination à ce sujet et à bien d'autres. Infinies, certes. « Il n'y a pas d'Histoire, dit Paul Valéry, et je le cite de mémoire, il n'y a que des historiens! » Rien de plus exact... on a beau se mettre en six... fureter les livres, brochures, documents... interviewer les témoins... le plus souvent, on accouche d'un roman.

Je me suis glandé dans d'autres quartiers, puis dans d'autres villes pour ne découvrir en fin de compte que des choses sans grand intérêt. Parfois un hasard... un clin d'œil d'ironie du sort... comme au 9, rue de la Liberté, ex-rue du Maréchal-Pétain, à Nice, où une boutique de lingerie féminine sous l'enseigne « *Aux fruits de la passion* » a remplacé la lanterne rouge. Place Pellegrini, au 3, toujours à Nice, l'endroit où se trouvait la maison est devenu une boutique de *Soldes et liquidations* appelée tout simplement *La Faillite,* ce qui ne manque pas de sel.

Souvent l'ex-bordel est devenu un bar, une boîte de nuit-discothèque... Si quelques filles, putes plus ou moins occasionnelles, se traînent par là... c'est qu'il est des lieux prédestinés... Beau faire des lois... interdire, décréter... si le diable s'en mêle, ses créatures reviennent toujours sur les terres du péché.

A Lille, la rue de l'A.B.C., qui pourtant avait une réputation commerciale de la fesse datant du XIXe siècle, a disparu à coups de bulldozer. Il ne reste rien des neuf ou dix claques où les bons bourgeois allaient se pervertir et les soldats oublier un peu les inepties de la caserne.

Dans toutes les villes qui furent bombardées en 39-45 beaucoup de claques ont disparu. Souvent ils étaient situés dans des quartiers mal famés, insalubres... autour des années 60, on a rénové... à leur place, c'est des H.L.M... des buildings plus sinistres que n'importe quelle vieille rue à putes.

Curieusement, c'est à Tours, la ville de M. Royer, qu'on a préservé un bordel au nom du patrimoine culturel. *L'Étoile Bleue,* rue du Champ-de-Mars, fut menacée, comme je viens de le dire, de destruction en 1980 dans le cadre de la rénovation du vieux quartier. *L'Étoile Bleue* était un des claques les plus réputés de Tours. Décoré de fresques de Jacquemin, un artiste local, beaucoup d'amateurs estimaient qu'il méritait d'être préservé. Déjà *Le Singe vert* et *La Lune* avaient été rasés sur l'autel du progrès. Les Tourangeaux décidèrent alors de sauver *L'Étoile Bleue.* Une pétition circula qui reçut de nombreuses signatures. M. Royer a une réputation de pisse-froid, de pudibonderie surtout depuis sa candidature aux élections présidentielles de 1974, mais il est le maire dans une région de haute graisse, rabelaisienne et productrice de crus réputés... sans trop de résistance, il va céder tout en sauvant les apparences et *L'Étoile Bleue,* devenue le siège de *La Jeune Chambre économique,* va conserver ses fresques et même sa fameuse *chambre du curé* où les voyeurs pouvaient se rincer l'œil derrière une glace sans tain.

Tours apparaît comme une sorte de ville modèle en ce qui concerne les maisons avant-guerre. On y avait toutes les catégories... les bordels pour bourgeois aisés comme *Le Petit Soleil* ou la *Psalette,* ceux de la classe moyenne... *L'Étoile Bleue... La Lune* et puis *Le Singe Vert* dont les murs appartenaient à l'épiscopat, le boxon de la soldatesque et de la plèbe.

Mme Andrée, la tenancière de *L'Étoile Bleue,* a laissé un souvenir impérissable chez ses vieux clients, les survivants de la bonne époque. Elle menait son affaire avec le sérieux d'une véritable Mère supérieure de couvent. Deux fois par semaine, on pouvait la voir, sèche, raide, en tailleur strict, conduire à travers la ville ses pensionnaires en rang par deux à la visite médicale. Et la sous-maque endimanchée fermait la marche. Tableau de genre pour film de Dino Risi. On dit aussi qu'il y avait à *L'Étoile Bleue* une chambre noire. C'est-à-dire une sorte de mitard où les filles ayant commis une faute contre le règlement de la maison étaient enfermées dans l'obscurité, sans boire ni manger pendant un temps plus ou moins long selon la gravité de l'infraction.

Ça ferait le sujet de tout un volume si je m'attardais à Tours où les hommes ne disaient pas qu'ils allaient au bordel mais *aux petites bottines.* L'origine de cette expression ? Du terroir, bien sûr, et de la meilleure veine, celle qui nourrissait la langue française avant qu'elle ne crève d'intellectualisme.

Existait avant 40, rue de la Vendée, une maison appelée *Le Cocktail* qui fut fermée bien avant la loi de Marthe Richard. Elle offrait, paraît-il, cette originalité d'accueillir certaines dames de la meilleure société qui venaient se faire régaler leurs fantasmes les plus honteux et sans doute, joignant l'utile à l'agréable, prendre un peu d'argent de poche qui ne devait rien à leur mari.

Que sont devenus tous ces *Chat Noir* de Montluçon, Armentières, Cahors, Le Mans, Commercy, Avignon, Toulouse, Verdun, Sarlat, Montbrisson, Cholet, Montpellier, Clermont-Ferrand?... Tous ces *Chabanais* petits ou grands de Calais, Metz, Aix-en-Provence, Vallauris, Autun, Hyères ou Lens?... Toutes ces *Belles Poules* de Meaux, Troyes, Périgueux... du Camp de la Valbonne?... Ces *Moulin Rouge* de La Rochelle, Perpignan, Olonzac, Modane?... *Le Chat qui fume* à Ivry... et les *Clair de Lune* et les *Lunes* toutes simples?... *Le Pompéi* à Poitiers... *Le Chanoine* de Péronne... *les Iris* de Romans?... Toutes les taules de la rue des Casernes-de-la-Marine à Dunkerque écrasées sous les bombes des Stukas en juin 40... Ceux de la rue de l'Épée à Lyon... la *Villa Phi Phi* à Saint-Rémy-de-Provence?... Que sont nos bordels devenus? Ce *Chat* celui-là *siamois* de Rueil?... Tous les *Palais de Glace ou de Cristal* (certains avec un Y... pour faire chic, probablement...) et les *Petit et Grand Soleil*... les *Pavillons Bleus ou Roses,* les *Étoiles d'or ou d'argent* comme sur les croix de guerre?... le *Cythéria,* rue de la Juiverie à Corbeil... *L'Épatant* à Draguignan... Le *Luna-Park* de Fécamp... Les *Fantasio,* les *Sultanas,* les *Robinsons,* les *Mascottes*... et *Les Palais des Fées* sis à Villerupt?...

On énumère... on rêve... les vieux de la vieille s'en vont aux lamentations le long du mur du *One two two,* du *Chabanais,* du *Panier Fleuri*... Ils pleurent des larmes de sperme, les nostalgiques des temples d'amour. Ils égrènent des noms déjà désuets de taulières aux yeux pervers, de sous-maques aux gueules bariolées, de gentilles putes si douces aux secrets honteux des hommes... Lison, Gaby, Ginette, madame Raymonde, Marie-Thérèse... Justine comme chez le marquis de Sade... Maud-la-Blonde et la Grande Léone, la lamedé du Gros Rouquin... la petite Mariette de la rue Blondel, la folle Madeleine, Suzanne et Gertrude qui se broutaient dans les dentelles derrière les glaces sans tain... Félicie aussi, bien sûr... et Rachel et madame Céleste... la Grosse Margot de M. François dit l'Écolier, dit le Poète... dit le Pendu!

Allons faire un tour à Marseille... ça mérite qu'on s'y arrête, n'est-ce pas... tout un livre, si j'avais encore le temps. On n'en finit jamais d'avoir tout dit... tout écrit.

A la Marsiale... dans le quartier réservé, on n'a pas attendu Mme Marthe Richard pour liquider les bordels... la *Maison Théo*... le *Cythéria*... la rue Ventomagy... le gros du travail était déjà fait depuis trois ans en 1946. Zorro-Oberg était arrivé sur le Vieux Port... avec ses joyeux SS et puis, il faut bien le dire, nos chers gendarmes, nos gardes mobiles bien de chez nous... pour dynamiter 15 000 immeubles... expulser 35 000 habitants. La grande, la seule bonne méthode épurative... enfourner toute cette racaille dans des wagons à bestiaux... direction Fréjus... les baraquements... les miradors... le camp entouré de barbelés! Dix-sept jours durant les explosions déchirent la ville... et plus de Vieux Port, plus de rue de la Bouterie! La grisaille qui va s'installer où tout n'était que chatoiements de toutes les couleurs... les cris des vertes et des pas mûres... les œillades du vice... les romances à quatre sous de la vie... les poèmes de Blaise Cendrars et Mac Orlan et toujours Francis Carco!

Adieu, pianos mécaniques déglingués, orgues de barbarie sous la fenêtre aux volets clos... Gramophones à pavillon au fond du café qui vous diffusaient dans la rue sans loi les plus belles goualantes de Damia, les *Sombreros et les Mantilles* de Rina Ketty, les tangos de Carlos Gardel, les sérénades corses de Tino, les escales de Suzy Solidor... les hymnes aux copains de la grosse Fréhel et Piaf avec son disque usé... la vie, l'espoir... Plus que dalle... plus de Chanson des Cagoles... Mon barbeau de Saint-Jean... les comiques du Théâtre Chichois... la rue de la Reynarde... les bars à matelots... les fausses Espagnoles... et les fausses blondes et les vraies négresses!

La Rocca dit la Scoumoune, que José Giovanni nous fait revivre dans une *Série Noire*... lorsqu'il va sortir de Centrale, ce super-caïd d'avant-guerre, il ne reconnaîtra plus rien et il ira se faire tuer ailleurs... Marseille n'en vaut plus la peine.

Et nos petites putes... la plupart, elles ont senti la cagade... pas attendu d'être entassées à coups de crosse dans les camions immatriculés WH... elles ont pris la tangente vers les boxons extérieurs, ceux des rues sauvegardées... et aussi *Le Figuier* à Aubagne... *le Chat Noir* à Aix... *la Villa Robinson* à Manosque!...

Mais si elles s'imaginaient que xava xava... Après Oberg, c'est Marthe Richard, reine des vertus, rosière de la IVe République... l'amie qui vous veut du bien! Et c'est cuit, c'est râpé, c'est class! Tout est mal qui finit mal... et tout est mort parce que tout meurt. On se garde juste le souvenir grâce à Marcel Montarron de cette grande actrice du Théâtre Français qui, par défi, par vicelardise, s'est placée dans le choix parmi les putes, un soir chez Aline au *Grand 2,* rue Ventomagy, et qui a poussé le jeu jusqu'à se faire un petit matelot de la Royale qui n'a jamais su qu'il avait fait l'amour avec...

On retrouve aussi, par-ci par-là, les carnets d'amour de ces dames... C'est ainsi qu'on appelait leurs petits livres de comptes où elles additionnaient le prix de leurs passes, bien soigneuses comme leur maman paysanne, les bénéfices de la récolte. Elles désignaient leurs clients d'une particularité... d'un mot... d'un souvenir. Il suffit de lire un de ces carnets et c'est tout un univers... tous les hommes défilent, payent et s'en vont... Blond aviateur... Petit boursier... Gros rougeaud... Copain Dédé... Juif petit brun... Partie avec Georgette... Monsieur Eugène... Les lunettes du matin... Casquette blanche... Grand nez... Voix enrouée... Tout petit rouquin... Soldat boutonneux... Mal rasé... Type correct... Boulanger... Copain de Marcelle... Belge qui rit... Marchand de cochons... Tatoué de partout... Péteur dégueulasse... Figure rouge... Un des Bat' d'Af'... Soupeur... Gentil sympathique... Vieux grigou... Adjudant qui pleure... Petit père sale... Frisé énervant... Jeune avec des fleurs... Laitier... Copain du Consul... Long comme un jour sans pain... Peintre... Robert... Béret basque... Cloche... Chemise bleue... Grandes dents... Auvergnat au saucisson... Choix avec Ginette... Italien avec Carmen... Légionnaire saoul... Vieux à charentaises... etc... à n'en plus finir, avec le prix de la passe en regard... 20... 25... 40 francs... sans doute vers 1939... Le résultat chiffré des journées en bas de page. C'est écrit en anglaise avec de belles majuscules, comme on apprenait naguère à la Communale ou chez les sœurs des écoles chrétiennes... les s accompagnent le pluriel... les deux e le féminin... les lunettes et Ginette ont leurs deux t comme il se doit. Ces dames avaient presque toutes leur certif... on fautait de la cuisse mais on respectait l'orthographe au temps des lanternes rouges! Sur la première page, quelques dessins naïfs... des fleurs... des feuilles... un visage de femme avec de grosses lèvres... une gueule de voyou à gapette... le protecteur, le profiteur de toute cette comptabilité d'amour! *« A mon homme chéri... Charlot Mandoline! »*

Que sont nos putes devenues...
et leurs souteneurs?...

En 1974, ce qui fut *La Psalette,* maison réputée à Tours, était devenu un bureau d'études. Un soir, un septuagénaire est entré là... un monsieur tout à fait bien, distingué comme on dit, une moustache blanche, une tache rouge à la boutonnière... quelques secrétaires tapaient à la machine.

– Ces dames ne sont plus là ? a-t-il demandé avec un peu d'angoisse au fond de la voix.

On n'a pas compris tout de suite dans le bureau... on ne savait plus... le bobinard, ça faisait partie des choses tellement dans le lointain passé que ça leur sautait pas à l'esprit, aux dactylos, de quelles dames parlait ce monsieur... ce revenant guilleret, ce micheton du temps perdu.

Trente ans... quarante ans après cette loi de la Fermeture, le monde a plus changé en ces quelques décennies qu'en plusieurs siècles auparavant. On va dans la Lune, on peut faire sauter la planète en appuyant sur un bouton, n'est-ce pas... les fillettes avec la pilule escaladent allegretto toutes les braguettes que bon leur semble. On parle une langue qui tend à devenir internationale... on écoute de drôles de musiques... les gens se fringuent en clown, en clochard... etc. Le vieux monsieur de Tours est reparti dans des décors oubliés... Où sont-elles donc alors ces dames ?

Oh, il pourrait en trouver un peu partout. Tout a changé,

certes, dans les formes, qui... en apparence, mais dans les structures, les profondeurs, pour peu qu'on se penche sur la question, on va retrouver notre petit monde... la même fable... La tenancière, le Julot et les petites gagneuses. En cherchant bien, on découvrira même le placier... Ils n'ont plus les mêmes défroques... Madame est sapée par Yves Saint-Laurent, Monsieur par Cardin... Les Jules, selon leur niveau, adoptent le style cadre supérïeur ou motard à jean. Quant aux filles, elles se confondent plus qu'autrefois avec les autres femmes. Ou bien c'est le contraire... n'importe, elles sont toujours aux asperges.

On va me dire... certains journalistes, les sociologues, les psy de toutes sortes que la révolution de Mai 68 dans ce domaine, comme dans les autres, a tout bouleversé... que les nanas ont pris conscience de leur condition... qu'elles s'assument à présent... etc., qu'elles se sont libérées.

En apparence, vers 1974-75, elles ont rué dans les trottoirs. La révolte contre la société de consommation, avec quelques années de retard comme dans les prisons. Leur Cohn-Bendit à elles, c'était Ulla, une tapineuse lyonnaise, et ce qui a foutu le feu aux poudres est une conséquence de la lutte entreprise par les pouvoirs publics contre le proxénétisme hôtelier. Les gonzesses jetées à la rue se faisaient écraser de procès-verbaux pour racolage... la fameuse *attitude de nature à provoquer la débauche!* Certes, on est dans l'hypocrisie la plus totale... la loi n'interdisant pas la prostitution mais en somme *la publicité* de cette prostitution.

En 74-75, on arrive au moment où l'espèce de tolérance officieuse accordée par les flics depuis 1946 sa sauter. Jusque-là, je vous ai expliqué, l'hôtel de passes avait remplacé les taules d'abattage et les petits ou grands clandés fonctionnaient un peu partout. Et brusquement c'est la répression qui s'abat. On boucle les maisons clandestines, on ferme les hôtels, on condamne les hommes de paille, quelques petits maques et, bien sûr, les gros bonnets restent intouchables.

Les filles sont traquées maintenant par le fisc et par les rondes de police qui les amendent sévèrement nuit et jour.

La révolte éclate. A Lyon d'abord, Ulla la blonde et ses copines occupent l'église Saint-Nizier. Ça fait la Une goguenarde des quotidiens... des articles de fond dans les hebdos sérieux... des photos choc dans les publications à grand tirage. Bientôt, les putes des autres grandes villes suivent le mouvement. Ça va aboutir à des sortes d'états généraux de la prostitution à la Mutualité à Paris. Les habituels palabreurs curetons, sociologues et autres sont accourus coudes au corps à la tribune. Et en avant pour la jactance, les proclamations, les propositions... le dialogue est ouvert... On s'exprime... L'océan de salive où se noient les meilleures intentions du monde.

Ça avait l'air tout de même d'être un événement pharamineux, cette révolte des putes. Du jamais vu depuis l'Antiquité la plus haute. Ulla et Sonia et leurs jolies camarades nous annonçaient une sacrée nouvelle, un véritable virage dans le plus vieux métier du monde. Voilà, elles n'avaient plus de maque. Tout net. Fini les harengs de maman, la traite des blanches, la comptée, les roustes pour un rien... le proxénétisme était aboli. Il n'existait plus qu'à l'état moribond dans quelques bouges de quartiers pauvres, mais ces états généraux de la prostitution devaient l'achever définitif... C'était la prise de la Bastille... l'abolition des privilèges machos. Toute l'intelligentsia emboîtait les talons aiguilles d'Ulla... Dans les meilleurs raouts littéraires, on paraissait diplodocus réactionnaire si on émettait le moindre doute à ce sujet. Je les fréquente pas, je les fuis plutôt, mais les échos de petits fours toujours me parviennent. Mes fidèles lecteurs, mes suaves lectrices sont au parfum de mes démêlés avec la justice, mes séjours en cul-de-basse-fosse dont j'ai alimenté une partie de mes bonnes œuvres. Tout ça remonte à la IVe République, mais il me reste des relations, des potes survivants... j'ai encore quelques antennes dans le monde de la truanderie. Ce que j'entendais de ce côté-là alimentait mon scepticisme quant à cette surprenante évolution de la gent putassière.

La simple lecture des journaux d'ailleurs pouvait donner à réfléchir. Les dirigeantes émeutières déclaraient sans plus de façon que les proxénètes ayant cessé leurs vilaines activités, elles revendiquaient le droit d'avoir leurs amis de cœur, leurs amants, leurs minets à domicile et de leur donner un peu de fric si ça leur faisait plaisir, sans que les pauvres garçons encourent les foudres de la loi... les plus méchantes inculpations... l'article 334 du Code Pénal.

On en revenait aux greluchons du XVIIIe siècle et les intellos, les grosses têtes pensantes, d'appuyer avec véhémence une revendication si naturelle au nom des droits de la femme à disposer d'elle-même.

Au bout du compte, comme le Tout-Paris et le tout-public se lassent des meilleures choses, après que le président Giscard eut nommé un Monsieur Prostitution qui s'appelait Pinot (il y a des noms prédestinés), on passa à d'autres exercices de style.

Et, bien entendu, rien n'avait changé. On retrouvait tout le monde à sa place comme à la belle époque des maisons closes. En haut de l'échelle, les grossiums proxos. Ils ont pris, eux, le style P.-D.G. Ils gèrent des opérations maintenant dans le cadre de l'Europe des six (ou des huit ou des douze à présent). Les nanas haut de gamme travaillent en Belgique, au Luxembourg ou en R.F.A. Ces messieurs investissent dans la pierre. Ils peuvent acheter aussi beaucoup de gens, ils ont du répondant, n'est-ce pas, et on ne les coince pas facilement.

Second niveau, c'est le maque encore assez près de l'ancien modèle. Il est plutôt baskets, jean et moto que costard croisé, pompes en lézard et cravate à ramages. Il a une, deux ou trois filles qui taquinent le bitume. Il est vulnérable parce qu'il a besoin de se montrer, s'affirmer. C'est à peu près le Gégé dépeint par Jeanne Cordelier dans *La Dérobade*.

Dernière catégorie, les Julots casse-croûte et les amants de cœur, les minets dont parlaient les militantes d'Ulla. Ceux-là attendent que madame ait travaillé pour se payer quelques joints. Ils sont tout ce qu'on veut... vaguement étudiants, dealers, voleurs occasionnels, mendiants à main armée. Ils sont parfois le maquereau veule et lâche... l'indic à coup sûr ou le dangereux... le dingue qui peut devenir un tueur pour à peu près rien.

Voilà... En gros, le schéma de la pègre proxénète vers 1975. Jusqu'aux années 80, certains hôtels de passes vont encore fonctionner par-ci par-là. Notamment à Barbès pour les clients travailleurs immigrés. La Presse signalera quelques petits scandales... des découvertes qui n'en sont que pour ceux qui ne savent jamais rien. Un B.M.C. sous l'appellation non contrôlée de centre Culturel à Calvi réservé à la Légion Étrangère...

Indignation... On signale que les pensionnaires de ce centre adressent des mandats substantiels à des messieurs désœuvrés sur le continent... Est-ce dieu possible!

Le réseau de Mme Claude, cheftaine de louveteaux dans sa jeunesse, fournissait les clients qui en ont les moyens en geishas occidentales qu'elle appelle aimablement ses *salopes distinguées.* Le fisc lui cherche des misères. On la plaint ou on la blâme... n'importe! Elle a fait sa pelote et elle fout le camp, je ne sais où aux U.S.A., puis en Océanie où elle aurait monté un club de vacances avec des gentilles organisatrices douées pour les langues fourrées... Aux dernières nouvelles, revenue en France, elle s'est fait coffrer pour fraude fiscale.

De temps en temps, la police sévit contre des entreprises tout à fait inoffensives. Un réseau de ballets gris à Marseille, dirigé par une veuve, qui fournissait à des pépères du troisième âge des dames à la retraite qui recherchent en même temps qu'un peu d'argent de poche leurs derniers orgasmes pendant les derniers outrages. Un petit scandale tristounet, d'un profit modeste, mais on envoie la veuve aux Baumettes. Ceci à l'époque où s'ouvrent les sex-shops un peu partout, où le cinéma porno devient libre et où les étudiants de Vincennes copulent sur les pelouses mitées de leur université. On cherche des noises à La Rouquine, une femme qui ne se cache pas d'informer les Renseignements Généraux. Brusquement, on s'aperçoit qu'elle reçoit des putes et leurs clients dans son hôtel rue du Débarcadère. L'I.G.S. sévit contre les flics qui la couvraient.

Etc., je pourrais citer de multiples exemples de ce genre. On amuse un peu la galerie mais les poulets de la répression contre le proxénétisme, qui a remplacé la Mondaine, en sont réduits à expédier les affaires courantes. Depuis 1946, ils continuaient le système de la tolérance en dépit de la loi... au coup par coup, pour éviter d'être désarmés. Ce n'était pas la plus mauvaise solution, seulement, comme toujours, arrivent les épurateurs politiques, les moralistes, et on est bien obligé d'exécuter leurs ordres.

Nouveau flottement. Les flics ont besoin de contrôler un peu la prostitution et surtout d'avoir des indics. Ils répriment mais il leur faut toujours *composer,* la police ne peut être qu'empirique. Les principes, les lois sont faits pour être contournés.

Dès qu'on a bouclé les hôtels de passes, les maisons clandestines, le Milieu – ou ce qu'on désigne de la sorte et qui n'est jamais très précis – réagit ultra-rapide. Exactement comme au temps de Marthe Richard. Tout reprend, à peine sous une autre forme. On va louer des studios où les filles recevront leurs clients. Contre-attaque... les propriétaires de ces studios vont *tomber* pour proxénétisme hôtelier. D'où l'obligation pour les putes d'en devenir acquéreuses. En bonne et due forme... devant notaire... Par-derrière, n'est-ce pas, on trouve comme par le passé récent ou ancien le maque. Il est vrai qu'on trouve de nos jours des tapineuses bachelières, licenciées ès je-ne-sais-quoi... Des gonzesses qui ont rompu avec la bourgeoisie de papa, ses préjugés rances... pour se retrouver, au bout du compte, sous la férule la pire, celle des julots... Ça se passe souvent de la sorte à Stockholm où les maques sont pléthore. Farce tragique... le plus difficile étant de protéger les jeunes contre ce qu'ils croient être leur libération.

Arrivent au pouvoir les socialistes... Mme Roudy, ministresse de la Condition féminine, va s'occuper sérieux de la question. Elle entreprend, dès 1981, une croisade contre le proxénétisme. Les socialistes vont peut-être quitter le pouvoir et ça tapine, ça baise partout... studios, bagnoles... dans le Bois de Boulogne, les contre-allées de l'avenue Foch... la forêt de Sénart... ça pompe, ça s'emmanche... les travelos, les Blanches, les Noires... les cafés au lait. On masse, on turlute, on éponge le micheton dans les bains thaïlandais, les saunas, les parkings. Ça passe de France en Belgique, en Allemagne, à Dakar.

Les gonzesses peuvent être maquées à dix-huit ans puisque c'est maintenant l'âge de la majorité. Enfin, ça explose de partout... La pute est admise dans les médias, elle reçoit sa feuille d'impôts... profession : *péripatéticienne*. On ne lui jette plus la première pierre. Les occasionnelles, les fins de mois se confessent dans les magazines féminins. Ça banalise le métier. La notion de péché ayant à peu près disparu de tous les catéchismes, ça facilite les débats de conscience devant la porte de l'hôtel. Le seul vrai risque... de tomber entre les pattes d'un

Jules qui joue au micheton. Ça arrive et la petite occasionnelle peut se retrouver loin de son point de départ... très loin... Un voyage au bout de la peur, disent quelques victimes de ce genre de procédés.

En somme, quarante ans après la loi Marthe Richard, la prostitution se porte à merveille! On parle de l'Europe du vice, de multinationales de la prostitution à propos de réseaux qui fonctionnent à partir du Luxembourg. Toutes les estimations de police parlent de 90 à 95 % de filles *protégées.* Du haut en bas de l'échelle... depuis les hôtesses de luxe qui laissent entre 40 et 50 % de leur bénéfice aux organisateurs du réseau jusqu'aux filles des rues de Budapest, Joubert, Blondel, etc. qui sont toujours maquées dans la vieille tradition de la *comptée.*

Les journaux parlent d'une enveloppe globale de dix milliards concernant les bénefs du proxénétisme. Comment calcule-t-on pour affirmer ça? Ne sais. Il n'en reste pas moins que tout ce qu'on peut encore raconter à travers colloques, revues, enquêtes, émissions de radio ou de télé à propos de la libération même progressive des putes n'est que foutaise. La prostitution, c'est un pacte entre la fille et le Jules. Le Milieu est une sorte de secte. On ne comprend rien à la question tant qu'on ne se met pas ça dans la tronche. La fille qu'on dit toujours soumise a les mêmes réactions qu'au temps du Bel Armand et de la Remonte. Elles sont *conditionnées, façonnées,* elles ne voient plus, ne respirent plus le monde et les choses comme les autres femmes. Je pense m'être fait comprendre depuis le début de ce livre. *Rien n'a changé d'essentiel.*

Moins de tapineuses? Peut-être... Mai 68, la pilule, le laxisme ont permis à beaucoup de jeunes garçons de se passer des putes. L'initiation sexuelle se fait maintenant au lycée... minets minettes s'emmanchent avec la bénédiction des profs, de papa-maman et même de l'abbé, si nous sommes en milieu catholique. Le commissaire Olivier Foll pense que ça a fait tomber de 15 à 20 % le chiffre des filles qui se défendent sur la place de Paris (les proportions étant les mêmes ailleurs). Plus de fichier aux Mœurs... et les visites prophylactiques n'étant plus obligatoires, ça devient coton de s'y retrouver. En 1945, elles étaient 10 000 à Paris (l'effectif de la Division Leclerc), aujourd'hui ça tourne, au pif, autour de 8 000 en se basant sur les procès-verbaux pour racolage.

Pour ce qui est de la propagation des maladies vénériennes, elles surveillent leur outil de travail, si je puis dire. D'elles-mêmes, elles se font suivre régulièrement et les habitués des putes risquent moins d'attraper la chtouille ou la vérole que les copains-copines des grands ensembles.

Reste... ou plutôt arrive le Sida sur le marché du sexe. Pour l'instant, il menace surtout les homos... les amateurs de travestis. Ceux-ci, très voyants, très tapageurs dans certains secteurs de la prostitution, ne sont pas encore très nombreux. A peu près trois ou quatre cents dans la région parisienne.

En ce qui concerne les proxénètes, les comparaisons statistiques sont durailles en regard d'avant Marthe Richard, en raison de l'éclatement du département de la Seine. Les Parquets du Val-de-Marne ou des Hauts-de-Seine s'occupent d'affaires qui relevaient autrefois des tribunaux parisiens. On parle d'environ 1 200 inculpations par an pour tout le territoire français.

Toutefois, on condamne... enfin ceux qui sont assez inexpérimentés ou assez bêtes pour se faire prendre... le menu fretin des julots casse-croûte... en majorité des Algériens ou des Antillais. Et on ne leur fait pas trop de cadeaux... les femmes accédant de plus en plus à la magistrature, on ne trouve plus de bienveillant Président Poupoupe... de ces hommes qui étaient à même d'apprécier les services rendus par les dames de ces messieurs. Le tarif se situe toujours autour de dix-huit mois à deux ans de placard, agrémentés de belle et bonne *Interdiction de séjour,* vivier où les flics pêchent les plus beaux spécimens de poissons-indics.

Rien de très neuf, on réprimait de la même façon le proxénétisme en 1930. Ça s'intitulait alors sur le casier judiciaire *exercice du métier de souteneur* ou *vagabondage spécial.*

La Presse a placé sous ses projecteurs... a fait ses choux gras, naguère, de l'affaire de Grenoble. Une première, disait-on... des filles qui dénonçaient leurs Jules, des Ritals, Calabrais ou

Siciliens plus ou moins caïds du pain de fesses dans la région, qui les avaient maltraitées. Un jeune magistrat qui les soutenait (c'est le mot, je n'y peux rien!) leur a promis toutes les protections possibles. Les maques ont été condamnés lourdement. Il faut tout de même remarquer que ceux-ci étaient des brutes, de la graine de tortionnaires, des types de la même espèce que ceux qui travaillaient pendant l'Occupe pour la Carlingue. Ils avaient dépassé les limites à peu près permises dans ce curïeux métier. Au temps des maisons closes, on savait déjà que le barbeau qui était trop cruel ou qui prenait à peu près tout le pognon gagné par sa nana, courait le risque d'avoir des ennuis. La môme faisait des fugues ou provoquait des embrouilles, de ces salades saupoudrées à la mort-aux-rats dont les femmes ont le secret pour se débarrasser de leur maque. Bien des règlements de comptes, des histoires sanglantes du Milieu n'avaient pas d'autre origine.

Il serait intéressant de savoir aujourd'hui ce que sont devenues les plaignantes de Grenoble... L'aide et la protection du petit juge sont-elles encore de raison? Sont-elles réinsérées ou se sont-elles remises sur le tapin? Leurs maques doivent être encore à l'ombre, mais ils vont sortir inéluctablement et la vengeance se déguste fraîche, comme on sait, au grand livre des aphorismes. Si elles n'ont pas pris de larges distances professionnelles et géographiques, je crains le pire.

A Grenoble, bien sûr, on a lutté contre ce gang de Ritals. La police a reçu l'ordre d'épurer la ville. Les rescapés de la répression ont donc jugé préférable d'aller exercer leurs talents sur la Côte d'Azur. Non sans mal... les truands du cru leur ont préparé un comité d'accueil à coups de calibres... les mêmes fusillades que celles des années 60 lors du rapatriement des voyous pieds-noirs après la guerre d'Algérie. Ça nous a valu de jolis feux d'artifice... des guet-apens... des promenades en belle... des séances de tortures au fond des caves. De quoi faire des articles, des livres... des films!

Coupez les têtes, les tentacules de l'Hydre... ils repoussent. On interdit, on pourchasse les activités de la fesse, leur commercialisation qu'on dit honteuse dans une ville, un quartier, et sitôt elles reparaissent ailleurs. On a fermé les hôtels d'abattage de la Goutte-d'Or et les filles ont repris le travail dans les studios vers la Porte Saint-Denis. Le voisinage se plaint des nuisances... le bruit... le spectacle de la rue livrée aux prostituées les plus démonstratives. Le maire veut les expulser, faire murer les chambres de passes... les filles protestent, manifestent, demandent à être entendues par le Premier ministre. Elles ont le droit, certes, de fourguer leur cul à qui bon leur semble et où elles veulent.

La pression des électeurs du IIe arrondissement risque d'être déterminante... on peut leur interdire ce secteur sous divers prétextes. Dans la semaine qui suivra cette décision, elles auront essaimé à droite à gauche, aussi bruyantes et aussi tendrement *protégées*.

Déjà en 1836, les *honnêtes gens* du Palais-Royal, à force de pétitions, obtinrent qu'on expulse les filles galantes du quartier. Elles allèrent vendre leurs charmes ailleurs et il s'ensuivit pour le quartier un marasme commercial, un silence qui dure encore.

Les flics semblent-ils avoir réglé un problème qu'il en éclate un nouveau. Avec les travailleurs immigrés de plus en plus nombreux en Europe occidentale, les choses se compliquent à l'infini. La plupart sont ici sans femme et on leur prête des fonctions, des capacités génésiques au-dessus de la moyenne. Impératif, ils doivent se soulager et si l'on boucle les hôtels d'abattage, de la rue de la Charbonnière, ils trouvent des femmes dans les squatts du XVIIIe arrondissement où le contrôle policier ne peut se faire qu'à coups d'opération dite de *Coup de poing*. Le quartier cerné, quadrillé... les rafles... les fouilles pour trouver de la drogue plutôt que des filles de joie.

On pourrait se demander aussi quelle sorte de malheureuses aboutissent là ? En grande majorité des Noires... quelques Antillaises et surtout des Africaines qui s'accommodent des plus horribles conditions... taudis sans eau courante, sans électricité, sans chauffage... une paillasse par terre suffit bien souvent pour copuler avec le client. On tombe sur la filière...

des Ghanéennes qui nous arrivent par le truchement de l'O.F.P.R.A., c'est-à-dire *l'Office Français de Protection des Réfugiés et Apatrides*... La France étant terre d'asile pour tous les persécutés politiques ou raciaux de la terre, l'astuce consiste pour les souteneurs, la plupart eux-mêmes Ghanéens, de débaucher les filles de leur tribu et de les expédier par avion sur la France. Sont-elles consentantes ?... Certainement, les recruteurs connaissent la musique. Toujours la même. On promet aux filles de devenir hôtesses, coiffeuses, barmaids... je ne sais quoi... des places qui paraissent mirifiques à ces malheureuses.

Une fois à Roissy, elles demandent l'asile politique. On leur accorde, pour le moins, grâce à l'O.F.P.R.A., un permis de séjour renouvelable... et sans ménagement, les Jules les envoient faire *boutique leur cul*, comme dit le président Bongo, dans les squatts ou, si elles ont un peu de chance, sur les trottoirs de la Porte Saint-Denis. Facile d'imaginer que les maladies vénériennes les accompagnent ponctuellement.

J'ai parlé de Roissy, c'est-à-dire de la région parisienne, il est évident que Marseille, Lyon, Bordeaux, Nice ou Toulouse reçoivent aussi leur contingent de Ghanéennes. Ça se propage d'ailleurs... les recruteurs de viande à plaisir se ravitaillent maintenant au Togo, Cameroun, Sénégal, Congo, etc. Ça doit faire partie de nos liens culturels avec nos anciennes possessions africaines... les bienfaits de la francophonie.

Dans le haut de gamme, la Brigade de répression des stupéfiants et du proxénétisme s'est payé un coup d'éclat... l'arrestation d'une dizaine de gardiens d'hôtels 4 étoiles qui procuraient à des messieurs en voyage de jeunes dames bien sous tous rapports pour étancher leur soif de compagnie nocturne. La chose se pratique depuis des lustres, mais tout à coup on nous annonce à grand fracas ce coup de filet digne des Incorruptibles! Par ailleurs, la drogue circule jusque dans les lycées, les filles férocement maquées tapinent sans trop de problèmes à pied ou en voiture... les travelos qui payent leur place assez cher (à qui ?) se font enfiler dans toutes les allées du Bois de Boulogne... les cinémas pornos annoncent *Un taxi pour que je te broute* ou *L'Assassin a sa bite au 21*... C'est le règne du sex-shop, du peep-show...

Certes, je pourrais vous poursuivre toute une enquête minutieuse... sur les call-girls internationales, les agences d'accompagnatrices, escorteuses de toutes sortes pour P.-D.G. esseulés... les réseaux les plus divers qui ont remplacé en quelque sorte les luxueux bordels de jadis... Le *One two two* voyage... On fait venir les filles de Manille ou de Singapour. On fait du *dispatching* depuis Marseille pour les Pays-Bas ou l'Allemagne de l'Ouest. Vers tout ce qu'on veut, les vitrines d'Amsterdam, les salons de massage... les *Eros Centers* où la légende voudrait qu'elles fussent libres de toute entrave maquereautière. Il s'agit d'un mythe, bien sûr. Je connaissais un vieil arcan, mort aujourd'hui, qui fournissait précisément en pensionnaires un *Eros Center* de Dusseldorf à la fin des années 70. Rien ne pouvait me laisser penser qu'il s'occupait de cette embauche par philanthropie... pour meubler l'inactivité de sa retraite.

Le 13 avril 1946, on a tiré un trait sur une époque. Les bordels tels qu'ils étaient avant Marthe Richard appartiennent à un monde englouti. La lampe à pétrole donnait du clair-obscur pour adoucir peut-être le tableau. Le néon le frappe de plein fouet. On est passé de Vermeer aux mobiles de Calder. Rien d'autre. Les marchands d'amour sont toujours là, même si les colonnes du Temple ont été abattues.

Le lupanar était un abcès de fixation de la sexualité... plus particulièrement des aberrations de la sexualité. C'était ça, sans doute, sa justification. D'où les réflexions de saint Augustin ou de Montaigne sur le vice, la dépravation répandue dans la cité lorsqu'on le ferme...

L'évidence que, depuis 1946, la sexualité s'est répandue partout, qu'elle s'étale à tous les coins de rues.

Est-il préférable d'avoir des cinés pornos, des sex-shops que des bordels ? Je me garde de répondre.

Il est à remarquer qu'il en va de même dans tous les domaines. Supprimer les bistrots et les ivrognes boiront au goulot des bouteilles à tous les carrefours. Les vespasiennes... les tasses servaient aussi de point de fixation pour les homosexuels. Tous les récits, les romans de la pédale commençaient dans les pissotières... Les initiés appelaient ça les chapelles dans leur argot et le langage n'est jamais tout à fait innocent. On a rasé toutes les tasses de Paris et les pédés, toutes les folles... les sectateurs de la *Brioche infernale* se sont égaillés dans Paris.

On va me trouver sacrilège, mais il me semble que l'Église a perdu son rôle de lieu saint où les fidèles allaient prier, se confesser, chanter la messe en latin... Devenue une simple salle de rencontres, de palabres syndicalistes... tous les puritains, les mystiques, les fous de Dieu... ne savent plus à quels saints se vouer. Les voici qui se répandent eux aussi partout, qui enfourchent toutes les causes qui leur semblent divines et bientôt nous empuantissent l'atmosphère de prêchi-prêcha... de cagoteries en tous genres.

Je constate ces choses... A quoi bon juger... La mer se retire... revient... repart. Mille ans et la terre gagne un mètre... ou le perd... ça dépend de la côte. Il est toujours permis de pêcher... ou de rester sur la falaise à rêvasser devant l'infini.

23 novembre 1985
Entre Pigalle et la place Saint-Georges

Bibliographie

ANTEBI (Elizabeth) et FLORENTIN (Anne) : *Les filles de Madame Claude* (Julliard 1975).

AZIZ (Philippe) : *Tu trahiras sans vergogne* (Fayard 1970).

DARZAL (Jean) : *Marseille galante* (Éditions Paul Tacussel, 1980).

Madame BILLY : *La maîtresse de « Maison »* (La Table Ronde, 1980).

BRASSAI : *Le Paris secret des années 30* (Gallimard, 1976).

CARCO (Francis) : *Jésus-la-Caille.*

CHARLES-ÉTIENNE : *Nuit d'Altesse* (Éditions Curio, 1933).

CHABROL (Jean-Pierre) : *La Chatte Rouge* (Gallimard, 1963).

CHAUTARD (Émile) : *La vie étrange de l'argot* (Denoël, 1931).

CHENNEVIER (Charles) : *La Grande Maison* (Presses de la Cité, 1976).

CHEVALIER (Louis) : *Montmartre du plaisir et du crime* (Robert Laffont, 1980).

– *Les ruines de Subure* (Robert Laffont, 1985).

CHOISY (Maryse) : *Un mois chez les filles* (1928).

CORDELIER (Jeanne) : *La Dérobade* (Hachette 1976).

COURTELINE (Georges) : *Le train de 8 h 47.*

DALLAYRAC (Dominique) : *Dossier Prostitution* (Robert Laffont, 1966).

DAVRAY (Félicien) : *Les maisons closes* (Éditions Pygmalion, 1980).

DELPÊCHE (René) : *L'Hydre aux mille têtes* (1961).

DOMINIQUE (Pierre) et Me MANCINI (Jean-Gabriel) : *Pour ou contre : La réouverture des maisons closes* (Berger-Levrault, 1967).

DUVERNOIS (Henri) : *La Maison des confidences.*
GALTIER-BOISSIÈRE (Jean) : *Mon Journal pendant la grande pagaïe* (La Jeune Parque, 1950).
GIRAUD (Jean) : *Le Royaume d'Argot* (Denoël, 1931).
De GONCOURT (Edmond) : *La Fille Élisa.*
Monsieur GONTRAN (Julliard, 1968).
HOLLANDER (Xaviera) : *Madam'* (Jean-Claude Lattès, 1973).
– *Xaviera* (Jean-Claude Lattès, 1974).
JAMET (Fabienne) : *One Two Two* (Olivier Orban, 1975).
Docteur J. JEANNEL : *De la prostitution dans les grandes villes au XIXe siècle* (Éditions J.B. Baillière, 1874).
KOESTLER (Arthur) : *La quête de l'absolu* (Calmann-Lévy).
Commandant LADOUX : *Marthe Richard, espionne au service de la France* (Éditions du Masque, 1932).
LE BRETON (Auguste) : *Les Pégriots* (Robert Laffont, 1973).
– *Les Maq's* (Plon).
LONDRES (Albert) : *Le chemin de Buenos Aires* (Albin Michel, 1927).
LORRAIN (Jean) : *La Maison Philibert* (Jean-Claude Lattès, 1979).
G. MACE : *La Police Parisienne* (1888).
MAC ORLAN (Pierre) : *Nuits aux Bouges* (1927).
G. MANCINI : *Prostitution et Proxénétisme* (Presses Universitaires de France, 1962).
MARIE-THÉRÈSE : *Histoire d'une prostituée* (Éditions Gonthier, 1964).
MARTOUNE : *Madame Sphinx vous parle* (Euredif, 1974).
De MAUPASSANT (Guy) : *La Maison Tellier* (Folio).
MÉLIE (Amélie), dite « CASQUE D'OR » : *Mes Jours et mes Nuits* (1904).
MONTARRON (Marcel) : *Tout ce joli monde* (La Table Ronde, 1965).
PARENT-DUCHATELET : *La Prostitution dans la Ville de Paris* (1836).
PHILIPPE (Charles-Louis) : *Bubu de Montparnasse.*
REBOUX (Paul) : *Guide Galant* (1952).
RICHARD (Marthe) : *Ma vie d'espionne* (Éditions de France, 1935).
– *Faire Face* (S.L.I.M., 1941).
– *Mon fils Gil au carrefour du vice* (S.L.I.M., 1949).
– *Appel des sexes* (Prix du Tabou) – (Éditions du Scorpion, 1951).
– *Mon Destin de Femme* (Robert laffont, 1974).
ROBERTI (Jacques) : *Maison de société* (Fayard, 1927).
ROLLAND (Martin) : *La Rouquine* (Balland, 1976).
ROMI : *Maisons closes* (Éditions Serg, 1965).

De SAINT-AGNES (Yves) : *Le sexe qui vient du froid* (Presses de la Cité, 1975).

SCHREIBER (Hermann) : *Le plus vieux métier du monde* (Albin Michel, 1968).

SIMONIN (Albert) : Série Noire : *Touchez pas au grisbi.*
– *Le cave se rebiffe.*
– *Le Hotu.*
– *Le Hotu s'affranchit.*
– *Hotu soit qui mal y pense.*
– *Lettre ouverte aux voyous* (Albin Michel).
– *Le savoir-vivre chez les truands* (Hachette).

SERVAIS (Jean-Jacques) et LAURENT (Jean-Pierre) : *Histoire et Dossier de la Prostitution* (Éditions Planète, 1965).

VALTI (Luc) : *Femmes de cinq heures* (Éditions de France, 1930).

Le Procès VIDOCQ.

VIRMAITRE (Charles) : *Trottoirs et Lupanars* (1822).

XAVIÈRE : *La punition* (La Table Ronde, 1973).

Divers

GUIDE PANCARD DES FILLES DE PARIS (Éditions Carrère, 1985).

FILLES DE JOIE (Grove Press. Inc. New York).

LES PETITES BOTTINES (Édité par la Jeune Chambre Économique de Tours.)

LES TEMPS MODERNES (Décembre 1947-Janvier 1948).

DÉTECTIVE (Série « QUI ? POLICE. ») Numéros du 17 juillet au 25 septembre 1947.

MIROIR DE L'HISTOIRE (mai-juin 1975).

LE CRAPOUILLOT : *1re série de J. Galtier-Boissière.*

– La Guerre inconnue (août 1930).

– Les Mystères de la Guerre (juin 1931).

– La Farce des Services Secrets (n° 15).

– Les bas-fonds de Paris (n° 1 - Mai 1939). – (n° 2 - Septembre 1939).

– Dictionnaire d'Argot.

2e série de Jean Boiseau.

– Petite histoire des maisons closes (n° 42).

– Le sexe (Hors série n° 3).

Je remercie,

tout d'abord Sophie Leroy, ma précieuse documentaliste...

... Ces messieurs de la Grande Maison : les commissaires Jacques Arnal,

Jacques Delarue, Serge Devos, Olivier Foll...

... Me Delcroix, avocat à la Cour...

... Mme Billy, ex-maîtresse de Maison, ainsi que quelques-unes de ses consœurs qui ne tiennent pas à figurer sous leur véritable identité dans ce livre puisqu'elles sont reconverties dans les commerces honnêtes, voire les associations de bienfaisance.

... Quelques messieurs Charly, Gaston, Marcel, Gégène, Antoine, Fernand, etc., harengs retirés de la mare, devenus bien tranquilles par la force des choses et les effets de l'âge.

... Mes amis Maurice Fasquel, Roger-Henri Guerrand, Jean-Claude Lestang, Éric Mazet, Pierre Monnier, Louis Nucera, Jacques Petitjean, Philippe Robrieux, Jean Schmitt, André Vers, Anne-Marie Théallier et Mme Lucienne, dite La Rouquine.

... M. Claude Corbin, Secrétaire général des Journaux Officiels.

... M. Paul Roche, Chef du Service de Presse et des relations publiques de la Préfecture de Police.

... M. Marcel Montarron, témoin irremplaçable de la Fermeture.

... M. Romi... le grand historien de la galanterie et du bordel.

... M. Camille Cabana, Secrétaire général de la Mairie de Paris.

... Mme De Buffevent de la bibliothèque de l'Hôtel de Ville de Paris.

... Et je n'oublie pas, bien sûr, quelques aimables ex-demoiselles de petite vertu qui ne demandent qu'à s'ouvrir pourvu qu'on sache le leur demander comme il faut.

Table des matières

Cet ouvrage a été réalisé sur
Système Cameron
par la SOCIÉTÉ NOUVELLE FIRMIN-DIDOT
Mesnil-sur-l'Estrée
pour le compte des Éditions Laffont
le 21 mars 1986

Imprimé en France
Dépôt légal : avril 1986
N° d'édition : L 911 – N° d'impression : 3948